从零开始
玩转科创板

蔡　超◎著

中国铁道出版社有限公司
CHINA RAILWAY PUBLISHING HOUSE CO., LTD.

内 容 简 介

通过阅读本书，读者可以对公司在科创板发行上市需要具备哪些条件、上市费用金额、如何选取上市中介、上市前需要对公司哪方面进行规范整改、上市委审核流程、发行承销流程、上市后股东如何进行减持、公司如何设计股权激励、如何进行股权回购等方面有一定清晰的认识。

本书行文简洁清晰明朗，案例丰富，实用性强，特别适合筹划科创板上市的相关公司的管理人员阅读，也适合从事辅导上市相关工作的人员包括投资银行从业者、律师和会计师等阅读。

图书在版编目（CIP）数据

从零开始玩转科创板/蔡超著.—北京：中国铁道出版社有限公司，2020.5

ISBN 978-7-113-26522-9

Ⅰ.①从… Ⅱ.①蔡… Ⅲ.①创业板市场—上市公司—研究—中国 Ⅳ.①F279.246

中国版本图书馆CIP数据核字（2020）第002059号

书　　名： 从零开始玩转科创板
作　　者： 蔡　超

策　　划： 巨　凤　　**读者热线电话：** 010-63560056
责任编辑： 苏　茜　吕　芠
责任印制： 赵星辰　　**封面设计：** 宿　萌

出版发行： 中国铁道出版社有限公司（100054，北京市西城区右安门西街8号）
印　　刷： 北京柏力行彩印有限公司
版　　次： 2020年5月第1版　2020年5月第1次印刷
开　　本： 700mm×1 000mm　1/16　**印张：** 18.25　**字数：** 200千
书　　号： ISBN 978-7-113-26522-9
定　　价： 88.00元

PREFACE

前　言

2019 年资本市场最火热的热点就是科创板了。自国家主席习近平 2018 年 11 月在首届中国国际进出口博览会上宣布设立科创板后，仅仅 7 个月时间，科创板就正式开板，并在 2019 年 7 月 22 日正式开市。科创板不仅聚焦了市场眼光，也聚集了市场上的大量资金。开盘首日，首批上市的 25 家上市公司股价涨幅均翻倍，平均涨幅达到 160%，涨幅最高的 N 安集达到近 500%。

科创板相比传统主板、创业板有着巨大的制度红利，因此是众多筹划登录资本市场、完成上市的公司的首选资本市场板块。而科创板的发行上市标准、上市费用、上市前企业的规范化整改、科创板上市的审核流程模式、发行承销流程以及上市后的治理运行规则等还不为筹划科创板上市的公司管理人员所熟悉。

本书汇集整理了证监会、交易所等部门发布的科创板审核上市的主要规则，并结合上交所实际审核案例，系统全面地介绍了科创板上市的各个环节内容。通过阅读本书，读者可以对公司在科创板发行上市需要具备哪些条件、上市费用金额、如何选取上市中介、上市前需要对公司哪方面进行规范整改、上市委审核流程、发行承销流程、上市后股东如何进行减持、公司如何设计股权激励、如何进行股权回购等方面有一定清晰的认识。

正所谓，事预则立，在对科创板有一定认识后，公司管理人员可以更好、更有效率与投资银行等中介、上交所、证监会等监管机构沟通，使得公司在科创板上市的概率大增！

本书特色

1. 内容系统、全面，详略得当，方便读者学习理解

公司上市是受到重监管的行为，公司不仅要遵守上交所为科创板出台的

一系列相关法规，而且还要遵守证监会、上交所过往出台的部分法规、制度以及国资委、外管局等部门出台的相关规定。本书汇集整理了烦琐庞杂的法规法条，对科创板上市的每一个环节都做了全面系统的介绍。

2. 实用性强，同时结合实际案例，方便读者把握监管的审核尺度

本书按照一家公司上市的进程顺序：递交上市申报材料前的规范整改上海证券交易所审核流程、注册生效后的发行上市流程、上市后的治理运行来安排章节顺序，使读者可以更有逻辑地把握科创板上市全流程。

同时，本书还加入了科创板最新审核案例，使得读者在了解科创板相关规则后，可以进一步把握监管对于法规的审核尺度。

3. 行文简洁、不拖泥带水

为了节约读者时间、方便读者尽快对科创板上市有所了解，本书行文简洁，清晰明朗。

本书适合读者人群

1. 筹划科创板上市的公司的管理人员。

2. 从事辅导上市相关工作的人员，包括证券公司投资银行从业人员、律师事务所律师和会计师事务所会计师等。

3. 有志于从事公司、上市相关工作的大学生。

4. 对科创板感兴趣的其他人员。

目录
CONTENTS

第1章

科创板概述

科创板，英文名称是“Sci-Tech innovation board”（STAR Market），是2018年11月，国家主席习近平在首届中国国际进口博览会上提出设立的，是同现有上主板、深主板、中小板、创业板和新三板完全不同的新的资本市场上市板块，是实行注册制的试点。

1.1 资本市场概述

我国资本市场自20世纪90年代初发展至今，主要由场内市场和场外市场构成。场内市场是上海证券交易所（简称上交所）和深圳证券交易所（简称深交所）两个市场。其中上交所的股票交易板块包括主板（简称上主板，于1990年12月开市）和科创板（科创板于2019年7月22日开板）；深交所的股票交易板块包括主板（深主板亦于1990年12月开版）、中小板（2004年开市）和创业板（俗称“二板”，2009年开市）。

场外市场主要是全国中小企业股份转让系统（俗称“新三板”，2012年成立）和区域性股权交易市场（俗称“四板”）。

1.1.1 我国证券市场多层次的结构体系

目前，我国证券市场多层次的结构体系如图1.1所示，包括主板、中小板、创业板、科创板、新三板和地方股权交易场所。

主板是我国证券发行、上市和交易的主要场所，对发行人的盈利水平、内控合规等方面要求较高，适合规模较大、盈利较好的处于成熟期的公司上市（主要是国企和行业内的规模较大公司）。截至2019年9月30日，上交所传统主板市场共有1484家上市公司，总市值约为36.52万亿元；深交所主板市场共有461家上市公司，总市值约为7.13万亿元。

中小板的上市标准同主板相同，更多适合于民营公司和行业内的细分领域的头部公司。截至2019年9月30日，中小板共有940家上市公司，总市值约为9.18万亿元。

创业板上市对公司的持续盈利和盈利规模要求弱于主板，主要适合于业绩增长比较迅速的新兴行业的公司。截至2019年9月30日，创业板共有773家上市公司，总市值约为5.52万亿元。

截至2019年9月30日，科创板共有33家上市公司，总市值约为5 877亿元。科创板以市值 + 净利润 / 营业收入 / 现金流 / 研发投入占比等作为上市标准，同时包容亏损、双重股权架构、红筹架构公司上市，但是要求公司具有科创属性。

新三板属于场外交易市场，挂牌的公司体量较小。新三板挂牌的公司股权流动性相对较差。截至 2019 年 9 月 30 日，新三板共有 9 299 家挂牌企业，总市值约为 2.21 万亿元。

地方股权交易场所为特定区域内的公司提供公开的股权交易场所，包括但不限于北京股权交易中心、前海股权交易中心、上海股权托管中心等。

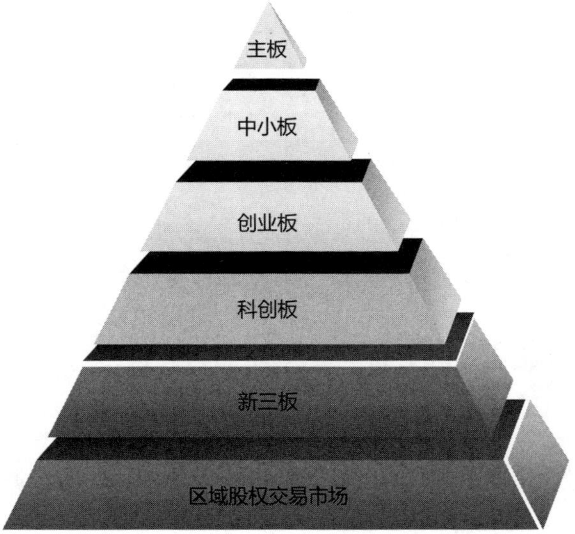

图 1.1　我国证券市场多层次的结构体系

1.1.2　A 股各板块 IPO 主要信息对比

主板、中小板、创业板和科创板在审核理念、上市审核周期、审核通过率和盈利要求等方面的要求均有所不同（表 1.1）。截至 2019 年 9 月底，共有 161 家公司申报在科创板上市（包括已成功注册的 42 家公司），共有 10 家主动终止上市进程、2 家上市委审核未通过（上海泰坦科技和北京国科环宇）、1 家证监会未予以注册〔恒安嘉新（北京）科技股份公司〕，合计 13 家公司上市失败。

表 1.1　2019 年 A 股各板块 IPO 主要信息对比

项目	主板	中小板	创业板	科创板
审核理念	核准制（由发审委进行核准）[①]			注册制
上市审核周期	上市审核周期远高于科创板			3-6 个月
审核通过率	十七届发审委 2017 年 10 月至 2018 年 9 月，57.69% 十八届发审委，2018 年 9 月至 2019 年 8 月，81.29%			高于传统板块
主要盈利要求[②]	1）最近 3 个会计年度净利润[③]均为正数且累计超过 3 000 万元；2）最近 3 个会计年度经营活动产生的现金流量净额累计超过人民币 5 000 万元；或者最近 3 个会计年度营业收入累计超过人民币 3 亿元		最近 2 年连续盈利，最近 2 年净利润累计不少于 1 000 万元；或者最近一年盈利，最近一年营业收入不少于 5 000 万元	市值 + 净利润 / 营业收入 / 现金流 / 研发投入等（除普通市值标准一外，其他标准没有盈利要求）

目前实际在审核当中，对于在主板、创业板上市的企业的盈利要求远高于表 1.1 中的法规标准。2019 年 7 月份以来，发布招股意向书的拟主板 IPO 的公司最近一年净利润基本都在 8 000 万元以上；拟创业板 IPO 的公司最近一年净利润基本都在 5 000 万元以上。

1.2　科创板的发展历程

科创板的发展历程如下：

2018 年 11 月 5 日

国家军委主席习近平在国际进出口博览会上正式提出在上交所设立科创板并试点注册制，支持上海国际金融中心和科技创新中心建设，不断完善资本市场基础制度。

2018 年 12 月 21 日

中央经济工作会议指出，“提高上市公司质量、完善交易制度、引导更多中长期资金进入、推动在上交所设立科创板并试点注册制尽快落地。”

① 证券法修订后，IPO 审核将由核准制过渡为注册制。
② 证券法修订后，IPO 审核将放宽对公司盈利能力的要求。
③ 净利润同样以扣非前后较低者为计算依据。

2018 年 12 月 24 日

证监会官网部署 2019 年九项重点工作，科创板落地排名第一。

2019 年 1 月 23 日

中央深化改革委员会通过《在上海证券交易所设立科创板并试点注册制总体实施方案》《关于在上海证券交易所设立科创板并试点注册制的实施意见》。

2019 年 1 月 27 日

上海市市长应勇作政府报告：全力支持、全面配合设立科创板并试点注册制的方案制订和落地，培育优质上市资源，优化金融生态环境，进一步加强金融中心和科技创新中心联动发展。

2019 年 1 月 30 日

证监会正式发布科创板制度及实施细则征求意见稿。

2019 年 2 月 17 日

2019 年 2 月 15 日到 2 月 17 日，上交所召开设立科创板并试点注册制配套规则征求意见座谈会。全国 113 家证券公司、13 家基金管理公司、24 家代表性创投机构、5 家保险资管企业、6 家律师事务所和 4 家会计师事务所的主要负责人以及部分个人投资者代表参加了座谈。

2019 年 3 月 1 日

上海交易所正式发布科创板实施办法和细则，以及《科创板首次公开发行股票注册管理办法》《科创板股票发行与承销实施办法》两项基本制度和六大配套细则。六大配套细则包括《科创板股票发行上市审核规则》《科创板股票交易特别规定》《科创板股票上市规则》《科创板上市企业推荐指引》《科技创新委员会工作规则》《科创板上市委员会管理办法》。

2019 年 3 月 18 日

科创板发行审核系统正式上线，审核系统正式开始接受发行人申请。

2019 年 4 月 22 日

华夏科技创新混合基金、南方科技创新混合基金正式获批，成为首批参与科创板投资的公募基金。

2019 年 6 月 5 日

首批上会的三家科创板拟上市企业（微芯生物、安集微电子、天准科技）成功过会。

2019 年 6 月 13 日

科创板正式宣布开板。

2019 年 6 月 19 日

华兴源创在上交所披露招股意向书、上市发行安排及初步询价公告等多个文件。股票代码为 688001，成为科创板第一股。

2019 年 7 月 22 日

科创板首批 25 家公司在上海证券交易所挂牌交易。

自 2018 年科创板概念提出，至 2019 年 7 月 22 日首批公司上市，仅历时八个月。首日 25 家上市公司集体高开并收涨，16 家公司涨幅超过 100%。

1.3　科创板都欢迎哪些行业

中国证券监督管理委员会《关于在上海证券交易所设立科创板并试点注册制的实施意见》（以下简称《实施意见》）中提到，科创板重点支持行业包括新一代信息技术、高端装备、新材料、新能源、节能环保、生物医药等高新技术产业和战略性新兴产业，推动大数据、云计算、人工智能和制造业深度融合，引领中高端消费，推动质量变革、效率变革和动力变革。

1.3.1　鼓励在科创板上市的行业范围

鼓励在科创板上市的行业与《中国制造 2025》里面提到的我国重点发展行业基本一致，因此可以看出，科创板的设立是服务于我国强国战略的大目标，是保证我国强国战略实现的配套措施（表 1.2）。

表 1.2　科创板鼓励的行业范围

大类行业名称	细分行业
信息技术领域	半导体和集成电路、电子信息、下一代信息网络、人工智能、大数据、云计算、新型软件、互联网、物联网和智能硬件等
高端装备领域	智能制造、航空航天、先进轨道交通、海洋工程装备及相关技术服务等
新材料领域	先进钢铁材料、先进有色金属材料、先进石化化工新材料、先进无机非金属材料、高性能复合材料、前沿新材料及相关技术服务等
新能源领域	先进核电、大型风电、高效光电光热、高效储能及相关技术服务等
节能环保领域	高效节能产品及设备、先进环保技术设备、先进环保产品、资源循环利用、新能源汽车整车、新能源汽车关键零部件、动力电池及相关技术服务等
生物医药领域	生物制品、高端化学药、高端医疗设备及相关技术服务等

需要强调的是，科创板主要聚焦六大战略新兴行业，但是不局限于六大战略新兴行业，传统行业中致力于推动互联网、大数据、云计算、人工智能和制造业深度融合，引领中高端消费，推动质量变革、效率变革、动力变革的企业都可以在科创板上市。

1.3.2　科创板申报 IPO 公司行业分类

根据 WIND 数据，截至 2019 年 12 月 24 日，科创主题分为新一代信息技术产业、新能源汽车产业、新材料产业、相关服务业、生物产业、节能环保产业和高端装备制造产业（表 1.3）。

表 1.3　科创板申报 IPO 公司行业分类

科创主题	科创主题明细	公司家数
新一代信息技术产业	电子核心产业	24
	新一代信息技术产业	2
	下一代信息网络产业	13
	新兴软件和新型信息技术服务	27
	互联网与云计算、大数据服务	10
	人工智能	3
新能源汽车产业	新能源汽车装置、配件制造	2
	新能源汽车相关服务	1

续上表

科创主题	科创主题明细	公司家数
新材料产业	先进钢铁材料	2
	先进无机非金属材料	3
	先进有色金属材料	3
	高性能纤维及制品和复合材料	1
	前沿新材料	5
	先进石化化工新材料	8
相关服务业	新技术与创新创业服务	1
	其他相关服务	1
生物产业	其他生物业	2
	生物质能产业	1
	生物医学工程产业	13
	生物医药产业	26
	生物农业及相关产业	1
节能环保产业	先进环保产业	3
	高效节能产业	7
高端装备制造产业	卫星及应用产业	3
	航空装备产业	2
	轨道交通装备产业	3
	智能制造装备产业	22

1.4 上市费用

企业上市的成本一般包括支付中介费用、税收规范补税、补缴员工社保费用三大块，其中，税收规范补税、补缴员工社保费用各个公司情况有所不同，有的公司会补得多，有的公司会补得少，所以本节主要讨论中介费用部分。

中介费用一般包括支付给投资银行的保荐承销费用、支付给会计师事务所的审计费用、支付给律师事务所的法律服务费用和支付给资产评估机构的资产评估费用等。

按照首批登录科创板的 25 家上市公司统计，平均募集资金 14.81 亿元，平均中介费用为 9 192.59 万元，其中保荐承销费 7 528.54 万元、审计验资费 717.51 万元、律师费 389.94 万元、信息披露费 434.65 万元、其他费用 121.95 万元①。

扣掉中国通号（中国通号 IPO 募资 105.3 亿元，上市中介费用共计 1.75 亿元，其中保荐承销费用 1.49 亿元）的影响后，首批登陆科创板上市公司平均募集资金 11.04 亿元，平均中介费用为 8 843.71 万元，其中保荐承销费 7 221.36 万元、审计验资费 704.17 万元、律师费 378.67 万元、信息披露费 431.68 万元、其他费用 107.84 万元。

其中证券公司收取保荐承销费用金额一般占募集资金总额的 6.86%。如果募集资金规模较小的话，承销费金额占比会稍高些，比如心脉医疗募集资金规模为 8.32 亿元，承销费金额为 8 733.96 万元，占比为 10.5%；如果募集资金规模较大的话，承销费金额占比会有所下降，比如中国通号，募集资金总额为 105.3 亿元，承销费金额为 1.49 亿元，占比 1.42%。

审计费用和律师费用和发行人募集资金总额没有直接关系，更多是与发行人自身财务、法律信息披露和整改的复杂程度有关。如果发行人自身情况比较复杂，则审计费用和律师费用会比较高。

1.5 上市奖励

为了鼓励当地的企业赴科创板上市，多个省市出台了科创板上市的补贴政策，其中，上海市最高补贴达到 2 000 万元，补贴最低的省市也有 100 万～200 万元。下面简单介绍几个省市的科创板补贴政策。

1.5.1 北京市

2018 年 5 月，北京市发布《关于进一步支持企业上市发展的意见》，明确北京市级财政给予每家拟上市的公司不超过 300 万元的资金补贴，区级财

① 同 2019 年以来的 A 股的平均承销保荐费用比对来看，科创板 IPO 由于超募和跟投的存在，因此保荐机构收取的科创板保荐承销费要高于 A 股的平均承销保荐费用（4 603 万元），审计费用和律师费用则差异不大。

政资金补贴不能低于市级标准，因此北京市区两级财政给企业的上市补贴合计最高可达 600 万元。

1.5.2 上海市

2018 年 12 月，上海市徐汇区发布《关于建设人工智能发展新高地打造徐汇高质量发展新引擎的实施办法》，徐汇区将大力支持发展人工智能产业、支持开展基础芯片、通用操作系统、核心算法及智能传感等应用技术，推动医疗健康、智能安防、智能芯片设计等重点领域突破。经认定后，可给予落地项目建设单位不超过项目总投资的 50%，且每年最高不超过 2000 万元的补贴。

1.5.3 安徽省

2018 年 11 月，安徽省出台《关于大力促进民营企业发展的若干意见》，提出将设立规模 100 亿元以上的民营企业纾困救助基金，设立 10 亿元以上的中小企业发展专项基金，对在科创板等境内外证券交易所首发上市的民营企业，省级财政分阶段给予奖励 200 万元。

1.5.4 河南省

2018 年 12 月，郑州市出台《关于促进民营经济健康发展的若干意见》，提出在沪深交易所主板（中小板）、科创板、创业板上市以及在境外交易所上市的企业，给予 500 万元奖励；在全国中小企业股转系统（新三板）挂牌的，给予 100 万元奖励；在区域性股权交易市场挂牌的，给予 10 万元奖励。

而平顶山市金融工作局提出对在主板、中小企业板、创业板成功上市的企业，给予 1000 万元奖励；对在纽约证券交易所、纳斯达克证券交易所、中国香港地区证券交易所主板上市的企业，给予 500 万元的一次性奖励。

1.5.5 江苏省

2019 年 1 月，江苏省南京市发布《关于深化创新名城建设提升创新首位度的若干政策措施》，提出对在科创板上市的企业，一次性给予 300 万元的奖励。另外，对进入省高新技术企业培育库的科技型中小企业，在享受研发费用加计扣除基础上，按市税务部门认定的企业上一年度研发费用的 10% 给予一次性奖励。以及对经省认定的技术先进型服务企业，一次性给予 50 万元奖励。

1.5.6 山东省

2019 年 2 月，济南市出台《济南市加快现代金融产业发展若干扶持政策》，提出对在上海证券交易所科创板上市挂牌的企业一次性补助 600 万元。另外，济南市还提出按照上市工作实施进程分阶段给予奖励补贴，拟上市企业在中国证监会山东监管局完成报备并正式进入辅导期的，补助 200 万元；中国证监会受理上市申报材料的，奖励 200 万元；企业上市成功的，奖励 400 万元。新迁入济南市企业 3 年内成功上市的，除享受企业上市各项补助外，另补助 100 万元。

同时，济南市还对通过借壳、买壳、吸收合并等资产重组方式实现上市的企业，一次性补助 800 万元。对在境外主要证券交易所实现上市的企业，一次性补助 800 万元。

同时，济南规定，对 IPO 首发上市的公司按融资额给予补助：融资额达到 10 亿元（含）以上的，补助 80 万元；达到 5 亿元（含），不足 10 亿元的，补助 50 万元；不足 5 亿元，补助 20 万元。

1.5.7 云南省

2019 年 1 月，云南省出台《云南省推进企业上市倍增三年行动方案》，进一步加大财政对企业上市的补贴力度，对于在上交所和深交所主板、中小板、创业板上市的企业，省财政给予 1 600 万元奖励，对于在上交所科创板上市的企业，参照主板、中小板、创业板上市企业给予奖励。

第2章
科创板发行上市标准

科创板发行上市条件主要包括：发行条件、上市条件和是否具备科创行业属性。相较于传统主创板，科创板新增了市值＋财务指标的上市标准，在放宽对发行人盈利能力要求的同时，对技术研发水平的要求则有所提高。

2.1 发行条件

发行人需要是持续运营 3 年[①] 以上的股份有限公司，有限责任公司按原账面净资产值折股整体变更为股份有限公司的，持续经营时间可以从有限责任公司成立之日起计算。

发行人需要按照账面净资产值折股，有限公司业绩才可以连续计算，如果按照净资产评估值折股，则业绩不能连续计算。

另外，如果发行人由有限公司整体变更为股份有限公司时存在未弥补亏损，或者因会计差错更正追溯调整报表而致使整体变更时存在未弥补亏损的，持续经营时间可以由有限公司成立之日起计算。发行人可以在完成整体变更的工商登记注册后提交上市申请文件，不受运行 36 个月的限制。

2.1.1 会计与内控条件

发行人会计基础工作规范，注册会计师出具的审计报告为标准无保留意见的审计报告。审计报告意见类型见表 2.1。

发行人内控制度健全且被有效执行，注册会计师可以出具无保留结论的内部控制鉴证报告。

其他类型审计报告均不可以，都是科创板上市的障碍。

表 2.1 审计报告意见类型

类型	是否可以接受
标准无保留意见审计报告	唯一可以接受
带强调事项段的无保留意见审计报告	不能接受
保留意见审计报告	不能接受
否定意见审计报告	不能接受
无法表示意见审计报告	不能接受

① 3 年的含义是 36 个月，不是 3 个完整的会计年度（会计年度指的是当年度 1 月 1 日至 12 月 31 日）。

另外，如果首发材料申报后，发行人同一会计年度内因会计基础薄弱、内控不完善、必要的原始资料无法取得、审计疏漏等原因（除特殊会计判断事项外）导致会计差错更正累积净利润影响数达到当年净利润的20%以上（如为中期报表差错更正则以上一年度净利润为比较基准）或净资产影响数达到当年（期）末净资产的20%以上，以及滥用会计政策或者会计估计以及因恶意隐瞒或舞弊行为导致重大会计差错更正的，则视为会计与内控条件不符合发行要求。

案例：恒安嘉新——因财务内控不规范首例科创板证监会不予注册

恒安嘉新于2018年12月28日、12月29日签订当年签署验收报告的4个重大合同，金额15 859.76万元，2018年底均未回款、且未开具发票，恒安嘉新将上述4个合同收入确认在2018年。2019年，发行人以谨慎性为由，经董事会及股东大会审议通过，将上述4个合同收入确认时点进行调整，相应调减2018年主营收入13 682.84万元，调减净利润7 827.17万元，扣非后归母净利润由调整前的8 732.99万元变为调整后的905.82万元，调减金额占扣非前归母净利润的89.63%。发行人将该会计差错更正认定为特殊会计处理事项的理由不充分，不符合企业会计准则的要求，发行人存在会计基础工作薄弱和内控缺失的情形。

2.1.2　业务完整条件

除表2.2所列条件外，发行人也不能存在主要资产、核心技术、商标的重大权属纠纷，重大偿债风险，重大担保、诉讼、仲裁等或有事项，经营环境已经或将要发生的重大变化等对持续经营有重大影响的事项。

表2.2　业务完整条件

名称	具体内容
资产完整	生产型企业具备与生产经营有关的主要生产系统、辅助生产系统和配套设施，合法拥有与生产经营有关的主要土地、厂房、机器设备以及商标、专利、非专利技术的所有权或者使用权，具有独立的原料采购和产品销售系统
	非生产型企业具备与经营有关的业务体系及主要相关资产

续上表

名称	具体内容
人员独立	发行人的总经理、副总经理、财务负责人和董事会秘书等高级管理人员不能在控股股东、实际控制人及其控制的其他企业中担任除董事、监事以外的其他职务（只能做董事或者监事）
	发行人的总经理、副总经理、财务负责人和董事会秘书等高级管理人员也不能在控股股东、实际控制人及其控制的其他企业领薪（即使做董事或者监事，也不能领取薪酬）
	发行人的财务人员不能在控股股东、实际控制人及其控制的其他企业中兼职
财务独立	发行人已建立独立的财务核算体系、能够独立做出财务决策、具有规范的财务会计制度和对分公司、子公司的财务管理制度
	发行人不能与控股股东、实际控制人及其控制的其他企业共用银行账户
机构独立	发行人与控股股东和实际控制人及其控制的其他企业间不存在机构混同
业务独立	发行人业务独立于控股股东、实际控制人及其控制的其他企业，与控股股东、实际控制人及其控制的其他企业间不存在对发行人构成重大不利影响的同业竞争，以及严重影响独立性或者显失公平的关联交易

2.1.3 稳定性条件

发行人主营业务、控制权、管理团队和核心技术人员稳定，最近 2 年内主营业务和董事、高级管理人员及核心技术人员均没有发生重大不利变化。

控股股东和受控股股东、实际控制人支配的股东所持发行人的股份权属清晰，最近 2 年实际控制人没有发生变更，不存在导致控制权可能变更的重大权属纠纷。

需要注意的是，重大不利变化的主体是不包括监事的。

审核规则只是要求最近 2 年实际控制人没有发生变更，控股股东是可以变更的，即如果变更前后的控股股东受同一实际控制人控制，并不构成发行障碍。

2.1.4 关于控制权的认定

签署一致行动协议共同控制上市公司的，需要在协议中明确共同控制安排及解除机制。具有下列情形之一的，构成控制（表 2.3）：

表 2.3　控制权的认定

序号	具体情形
1	持有上市公司 50% 以上的股份，但是有相反证据的除外
2	实际支配上市公司股份表决权超过 30%
3	通过实际支配上市公司股份表决权能够决定董事会半数以上成员的任免
4	依其可实际支配的上市公司股份表决权足以对公司股东大会的决议产生重大影响
5	可以实际支配或者决定上市公司的重大经营决策、重要人事任命等事项

实际控制人为单名自然人或有亲属关系多名自然人，实际控制人去世导致股权变动，股 权受让人为继承人的，通常不视为公司控制权发生变更。其他多名自然人为实际控制人，实际控制人之一去世的，则要以去世自然人在股东大会或董事会中发挥的作用、对公司持续经营的影响程度综合判断。

实际控制人认定中涉及股权代持情况的，发行人、相关股东要说明存在代持的原因、并在招股说明书中进行信息披露，并且把代持股份还原至实际持有人。

2.1.5　实际控制人的配偶、亲属会不会被认定成实际控制人

实际控制人的配偶、直系亲属，如其持有公司股份达到 5% 以上或者虽未超过 5% 但是担任公司董事、高级管理人员并在公司经营决策中发挥重要作用，除非有相反证据，原则上应认定为共同实际控制人。

也就是说，只有实际控制人的配偶、直系亲属，持有公司股份未超过 5%，同时不在公司担任董事、高管（不在生产经营中发挥重要作用），才可以不被认定为共同实际控制人。

被认定为共同实际控制人后，共同实际控制人就应该遵守两年稳定期的规定，以及在上市后比照实际控制人的规定进行股份减持。

另外，通过一致行动协议主张共同控制的，无合理理由的（如第一大股东为纯财务投资人），一般不能排除第一大股东为共同控制人。

2.1.6　合规条件

发行人及其控股股东、实际控制人，在最近 3 年内，不能存在贪污、贿赂、侵占财产、挪用财产或者破坏社会主义市场经济秩序的刑事犯罪；欺诈发行、

重大信息披露违法或者其他涉及国家安全、公共安全、生态安全、生产安全、公众健康安全等领域的重大违法行为。

董事、监事和高级管理人员，在最近 3 年内，不能存在受到中国证监会行政处罚，或者因涉嫌犯罪被司法机关立案侦查或者涉嫌违法违规被中国证监会立案调查，尚未有明确结论意见等情形。

2.1.7 与主板、创业板的发行条件主要不同之处

发行人由有限公司整体变更为股份有限公司时存在未弥补亏损，或者因会计差错更正追溯调整报表而致使整体变更时存在未弥补亏损的，如果申请在主板或者创业板上市，需要自完成整体变更的工商登记文件后运行满 36 个月；而如果申请在科创板上市，则可以在完成整体变更的工商登记注册后提交上市申请文件（表 2.4）。

表 2.4 科创板与主板、创业板的发行条件主要不同之处

	主板	创业板	科创板
未弥补亏损公司上市持续运营时间	持续运行 36 个月	持续运行 36 个月	完成整体变更的工商登记注册后提交上市申请文件
经营业务	没有数量限制，同时并不要求具备科创属性	要求只能经营一种业务	没有数量限制，但要求具备科创属性
主营业务、董事、高管、实际控制人重大变化期限	3 年	2 年	2 年
核心技术人员重大变化	无要求	无要求	2 年
同业竞争	不允许	不允许	不对发行人构成重大不利影响

发行人申请在科创板上市，如果同业竞争不对发行人构成重大不利影响，可以存在。重大不利影响的判断标准为：竞争方的同类收入或毛利占发行人该类业务收入或毛利的比例达到 30% 以上。

2.2 上市条件

发行人考虑自身适用何种市值标准时，主要考虑因素包括自身财务状况、公司治理特点、发展阶段以及上市后的持续监管要求等因素，在保荐机构的辅助下，审慎选择适当的市值标准。对于预计市值指标，主要判断依据为发行人报告期外部股权融资情况、可比公司在境内外市场的估值情况等因素。

2.2.1 普通公司市值标准①

普通公司市值标准从标准一到标准五，要求发行人达到的预计市值逐步提高（从 10 亿元达到了 40 亿元），但是对财务指标的要求基本上是逐步下降的，比如只有标准一要求发行人必须是盈利的；标准二对研发投入比例有要求；标准三对经营活动现金流量净额有要求；标准四只对营业收入有要求（表 2.5）。

表 2.5 普通公司市值标准

序号	标准
标准一：市值 + 盈利	预计市值不低于人民币 10 亿元，最近两年净利润均为正且累计净利润不低于人民币 5 000 万元；或者预计市值不低于人民币 10 亿元，最近一年净利润为正且营业收入不低于人民币 1 亿元（10 亿元 +2 年 netprofit ≥ 5 000 万元 /10 亿元 +1 年 netprofit> 0 且 revenue ≥ 1 亿元）
标准二：市值 + 收入 + 研发投入	预计市值不低于人民币 15 亿元，最近一年营业收入不低于人民币 2 亿元，且最近三年研发投入合计占最近三年营业收入比例不低于 15%
标准三：市值 + 收入 + 现金流	预计市值不低于人民币 20 亿元，最近一年营业收入不低于 3 亿元，且最近三年经营活动现金流量净额累计不低于人民币 1 亿元
标准四：市值 + 收入	预计市值不低于人民币 30 亿元，且最近一年营业收入不低于人民币 3 亿元
标准五：市值 + 产品	预计市值不低于人民币 40 亿元，主要业务或产品需经国家有关业务部门批准，市场空间大，目前已经取得阶段性进展，并获得知名投资机构一定金额的投资。医药行业企业需要取得至少一项核心产品二期临床试验批件，其他符合科创板定位的企业需具备明显的技术优势，并满足相应的条件

① 净利润以扣除非经常性损益前后的孰低者为准，所称净利润、营业收入、经营活动产生的现金流量净额均指经审计的数值。

预计发行后总市值是指初步询价结束后，按照确定的发行价格（或者发行价格区间下限）乘以发行后总股本（不含采用超额配售选择权发行的股票数量）计算的总市值。

2.2.2 公司如何选择适用市值标准

表 2.5 所列的市值标准是以市值为中心，结合净利润、营业收入、研发投入和经营活动产生的现金流量等财务指标的综合标准。发行人可以根据自身条件，自主选择适用上面五条标准其中任意一条。

即便发行人获取证监会的发行许可，但是如果在初步询价结束后没有达到申报发行时选取的预测市值标准，发行过程会被中止，因此发行人应审慎选择适当的市值标准。

案例：苏准科技市值标准选择

苏准科技本次申请科创板上市选取的市值及财务指标标准为："预计市值不低于人民币 20 亿元，最近一年营业收入不低于人民币 3 亿元，且最近三年经营活动产生的现金流量净额累计不低于人民币 1 亿元。"

选择市值标准分析：

（1）苏准科技最近一年实现营业收入 50 828.00 万元，超过人民币 3 亿元；2016 年、2017 年、2018 年，公司经营活动产生的现金流量净额分别为 1 557.20 万元、5 155.12 万元、9 829.21 万元，累计金额超过 1 亿元。营业收入和现金流满足第 3 套指标要求；

（2）报告期内，苏准科技外部股权融资的 PE 分别为 51.72、42.75 和 42.23 倍，公司最近一次外部股权融资时的估值已超过 20 亿元，若根据公司 2018 年净利润 9 447.33 万元、报告期内历次外部增资的最低 PE42.23 倍估算，公司目前的预计市值约 40 亿元；

（3）同行业上市公司精测电子、赛腾股份、康耐视、基恩士的市盈率在 36 ～ 42 倍（以 2019 年 3 月 25 日收盘时的股价计算），按照公司 2018 年的净利润及同行业上市公司 36 ～ 42 倍市盈率估计公司的整体估值在 34 ～ 40 亿元。

最终，选择第 3 套标准申报上市，留有一定空间，预计市值不低于 20 亿元。

2.2.3 申请上市标准的变更

科创板股票上市委员会召开审议会议前，发行人因更新财务报告等情形导致不再符合申报时选定的上市标准，需要变更为其他标准的，应该及时向上交所提出申请，说明变更原因并更新相关文件。不再符合任何一项上市标准的，也可以撤回发行上市申请。

2.2.4 发行人报告期内尚未盈利，可以申请科创板上市吗

发行人报告期内未盈利的，可以申报科创板上市，但是要在上市申请文件中充分披露尚未盈利的成因，以及对公司现金流、业务拓展、人才吸引、团队稳定性、研发投入、战略性投入、生产经营可持续方面的影响。

2.2.5 红筹公司上市市值标准

红筹公司上市条件有所放宽，如果是已经在境外上市的大型红筹企业，市值不低于 2 000 亿元的，没有其他要素要求。如果是尚未在境外上市的红筹企业，则有三套上市标准可供选择（表 2.6）。

表 2.6　尚未在境外上市的红筹企业上市市值标准

<table>
<tr><th>序号</th><th>市值 / 估值</th><th colspan="2">其他要素</th></tr>
<tr><td>1</td><td>估值≥ 200 亿元</td><td colspan="2">最近一年营业收入≥ 30 亿元</td></tr>
<tr><td>2</td><td>预计市值≥ 100 亿元</td><td></td><td rowspan="2">营业收入快速增长，拥有自主研发、国际领先技术，同行业竞争中处于国际领先地位</td></tr>
<tr><td>3</td><td>预计市值≥ 50 亿元</td><td>最近一年营业收入≥ 5 亿元</td></tr>
</table>

案例：

1. 九号智能

九号智能 2018 年营业收入为 42.47 亿元，远超 5 亿元，选择以预计市值不低于 50 亿元，且最近一年营业收入不低于 5 亿元的标准上市。

2. 华润微电子

华润微电子 2018 年营业收入为 627 066.02 万元，远超 5 亿元，选择以预计市值不低于 50 亿元，且最近一年营业收入不低于 5 亿元的标准上市。

2.2.6 具备表决权差异安排公司上市市值标准

（1）预计市值不低于人民币 100 亿元；

（2）预计市值不低于人民币 50 亿元，且最近一年营业收入不低于人民币 5 亿元。

案例：优刻得

第 1 家具有表决权差异安排的科创板上市公司是优刻得，其每份 A 类股份拥有的表决权数量为每 B 类股份拥有的表决权 5 倍，每份 A 类股份的表决权数量相同。以上市标准预计市值不低于人民币 50 亿元，且最近一年营业收入不低于人民币 5 亿元的标准上市。

2.2.7 股本及公开发行股份比例条件

发行人申请在科创板上市，除了需要满足上述的市值财务标准之外，还需要满足如下标准：

（1）发行后股本总额不低于人民币 3 000 万元[①]；

（2）如果发行后股本总额不高于人民币 4 亿元的，公开发行的股份达到公司股份总数的 25% 以上；如果发行后股本总额超过人民币 4 亿元的，公开发行股份的比例为 10% 以上。

2.2.8 与主板、创业板的上市财务条件主要差异

科创板与主板、创业板的上市财务条件在市值要求、营利性水平、经营活动现金流量净额或营业收入、净资产规模、无形资产比例和未弥补亏损等方面存在差异（表 2.7）。

① 主板上市要求为发行前股本总额不低于 3000 万元。

表 2.7　科创板与主板、创业板的上市财务条件主要差异

	主板上市[1]	创业板	科创板
市值	无要求	无要求	有要求，最低不能低于 10 亿元
营利性	最近 3 个会计年度净利润均为正数且累计超过人民币 3 000 万元，净利润以扣除非经常性损益前后较低者为计算依据	最近两年连续盈利，最近两年净利润累计不少于一千万元；或者最近一年盈利，最近一年营业收入不少于 5 000 万元。净利润以扣除非经常损益前后孰低者为计算依据	只有普通公司标准一对盈利有要求
经营活动现金流量净额或营业收入	最近 3 个会计年度经营活动产生的现金流量净额累计超过人民币 5 000 万元；或者最近 3 个会计年度营业收入累计超过人民币 3 亿元	对经营活动现金流量净额没有要求，如果净利润规模不符合要求，则要求营业收入不少于 5 000 万元	只有普通公司标准三对经营性现金流有要求
净资产规模	无要求	最近一期末净资产不少于 2 000 万元，且不存在未弥补亏损	无要求
无形资产比例	最近一期末无形资产（扣除土地使用权、水面养殖权和采矿权等后）占净资产比例不高于 20%	无要求	无要求
未弥补亏损	最近一期末不存在未弥补亏损	最近一期末不存在未弥补亏损	可以

① 《关于开展创新企业境内发行股票或存托凭证试点的若干意见》等规定认定的试点企业申报在主板、创业板上市，可以豁免对盈利性和未弥补亏损的要求。

2.2.9 科创板上市公司选取市值标准统计

截至 2019 年 8 月 8 日，所有申报科创板已受理的公司选择的上市标准统计（包含已上市科创板公司）中，绝大部分都以普通上市标准一申报上市（数据来源：Wind）（表 2.8）。

表 2.8 科创板上市公司选取市值标准统计（截至 2019 年 12 月 10 日）

上市标准	家数
上市标准一	153
上市标准二	46
上市标准三	1
上市标准四	14
上市标准五	6
特殊表决权上市标准二	1
红筹上市标准二	2

另外，在首批上市的 25 家科创板上市公司中，绝大部分都以普通上市标准一上市，没有公司以标准二上市，只有 1 家公司以标准三上市（天准科技），4 家公司以标准四上市。

选用第 5 套上市标准的公司是相对少的，第 5 套市值标准要求预计市值不低于人民币 40 亿元，主要业务或产品需经国家有关业务部门批准，市场空间大，目前已经取得阶段性进展，并获得知名投资机构一定金额的投资。医药行业企业需要取得至少一项核心产品二期临床试验批件，其他符合科创板定位的企业需具备明显的技术优势，并满足相应的条件。

案例：泽璟生物

苏州泽璟生物制药股份有限公司是第 1 家以第 5 套上市标准申请上市的公司。泽璟制药为一家医药制造业公司，主营业务为肿瘤、出血及血液疾病、肝胆疾病等多个治疗领域的新药研发。该公司有 3 个产品已处于 II/III 期临床试验阶段，正在开展 11 个创新药物的 23 项在研项目，其中用于肿瘤治疗的甲苯磺酸多纳非尼片、用于出血领域的外用重组人凝血酶 2 个产品处于 III 期临床试验阶段；用于肿瘤、免疫疾病多种适应症治疗的盐酸杰克替尼片处于 II 期临床试验阶段。最近一期投后估值约为 47.5 亿元。

2.3 科创板定位

发行人进行自我评估是否符合科创板定位时，主要考虑以下因素：

（1）所处行业及其技术发展趋势与国家战略的匹配程度；

（2）拥有的核心技术在境内与境外发展水平中所处的位置；

（3）核心竞争力及其科技创新水平的具体表征，如获得的专业资质和重要奖项、核心技术人员的科研能力、科研资金的投入情况、取得的研发进展及其成果等；

（4）保持技术不断创新的机制、技术储备及技术创新的具体安排；

（5）依靠核心技术开展生产经营的实际情况等。

第3章 科创板上市前整改工作

一般来说，发行人在向上海证券交易所提交上市申报文件之前，需要在上市中介的协助下完成一系列的法律、财务方面的合规整改工作。选择合适的上市中介机构，是保证发行人更好、更快地完成IPO的良好开端。

3.1 聘请上市中介

科创板上市同主板、创业板相同，仍然是保荐制。发行人需要聘请证券公司作为保荐机构保荐公司在科创板上市。除此外，也需要聘请会计师事务所、律师事务所、资产评估机构为发行人提供审计、法律和资产评估服务。

3.1.1 各个中介机构发挥的作用

总体来说，证券公司负责公司上市的整体进程，协调各方工作，是“总导演”，对项目的推动及顺利完成起着关键的作用。具体作用见表 3.1。

表 3.1 证券公司发挥的主要作用

整体变更	财务顾问，协助发行人梳理改制中的各种问题，制订股改方案
申报前整改阶段	向当地证监局报送辅导备案材料；在法律、财务等方面对发行人进行合规化整改，符合申报上市标准后，制作完成招股书等全套上市申报文件
审核问询回复阶段	牵头其他中介共同完成上交所反馈问题回复
定价承销阶段	挖掘公司投资亮点，对公司进行合理估值，安排路演及机构投资者询价，协商定价，并完成新股销售及上市工作
跟投	证券公司按照一定比例（2% ～ 5%）认购公司公开发行的股票
持续督导阶段	督导公司上市后遵守上交所的规定

律师事务所在上市过程中的主要作用为：

（1）改制尽调。提供法律事务咨询服务，并出具法律意见书和律师工作报告。

（2）审核阶段。协助完成反馈问题法律部分回复。

会计师事务所在上市过程中的主要作用为：

（1）改制尽调。提供财务咨询服务、协助公司编制完成财务报表、非经常性损益表及出具审计报告和内控鉴证报告。

（2）审核阶段。协助完成反馈问题回复。

除此外，公司在改制的过程中可能还需要聘请资产评估机构，为公司的部分资产（比如土地、房产）提供资产评估服务，并出具资产评估报告；在发行阶段，投资银行会牵头成立承销团，发行人需要与每一个承销团成员签订承销协议。

3.1.2 选择证券公司的数量

在科创板上市的过程中，证券公司为发行人主要提供两项服务：保荐和发行承销。因此，发行人需要分别聘请保荐机构和主承销商。

一般情况下，发行人聘请一家证券公司担任保荐机构即可。如果发行人募资金额较大（超过 100 亿元），可以实行联合保荐①，聘请两家证券公司同时作为保荐机构。

如果出现下列情形之一的，发行人必须聘请两家证券公司担任保荐机构（两家保荐机构联合保荐），并且任命同发行人无关联关系的保荐机构为第一保荐机构（表 3.2）。

表 3.2　必须聘请两家证券公司担任保荐机构

序号	情形
1	保荐机构及其控股股东、实际控制人、重要关联方持有发行人的股份合计超过 7%
2	发行人持有、控制保荐机构的股份超过 7%②

对于主承销商的数量，没有限制，发行人可以自行确定主承销商家数。

一般来说，发行人聘请的保荐机构同时会作为发行人的主承销商（也就是说，发行人会同提供保荐服务的证券公司同时签订保荐协议和承销协议）。反过来，主承销商不一定是发行人的保荐机构③。

目前，国内有 100 家左右的证券公司，可以通过四个维度筛选考量证券公司。

① 上市后再融资可以采用联合保荐的要求是融资金额超过 200 亿元。
② 正好 7% 不需要联合保荐。
③ 只提供承销服务，也需要主承销商具备保荐资质。

3.1.3 选择证券公司的因素——资质

按照证监会相关规定，对于证券公司来说，证券公司需要具备保荐与承销业务资质才可以为发行人提供保荐承销服务。

同时，在发行战略配售阶段，强制要求保荐机构跟投。跟投主体可以是保荐机构自己依法设立的另类投资子公司，也可以是实际控制该保荐机构的证券公司依法设立的另类投资子公司。

因此，证券公司需要具备保荐承销资质，相关的跟投公司需要具备另类投资子公司资质①，才可以为发行人提供完整的科创板 IPO 上市服务。

3.1.4 选择证券公司的因素——资本金规模

在战略配售阶段，保荐机构跟投子公司需要以自有资金参与战略配售，认购发行新股。认购的股份数量和金额的要求见表 3.3。

表 3.3 发行规模与跟投比例

发行规模	跟投比例
发行规模不足 10 亿元的	跟投比例为 5%，但不超过人民币 4 000 万元
发行规模 10 亿元以上、不足 20 亿元的	跟投比例为 4%，但不超过人民币 6 000 万元
发行规模 20 亿元以上、不足 50 亿元的	跟投比例为 3%，但不超过人民币 1 亿元
发行规模 50 亿元以上的	跟投比例为 2%，但不超过人民币 10 亿元

据对首批上市的科创板 25 家上市公司的统计，保荐机构合计跟投资金 12.87 亿元，平均一单 IPO 跟投资金 5 122.67 万元，跟投比例 4.17%（数据来源：Wind）。

如果另类投资子公司资本金不足，在证券公司承接多单 IPO 业务的情况下，有可能在战略配售阶段，另类投资子公司无法满足强制跟投最低金额要求，使得发行人的发行承销阶段进程受阻，因此，建议发行人选择资本金较大的另类投资子公司关联的证券公司作为保荐机构。

经过梳理，国内另类投资子公司资本金实力前十名证券公司见表 3.4。

① 只可以是另类投资子公司，不可以是直投子公司，因为按照监管要求，只有自有资金才可以参与战略配售，直投子公司已经对外开放募资，不全部都是自有资金。

表 3.4　国内另类投资子公司资本金实力前十名证券公司

证券公司名称	另类子公司名称	另类子公司注册资本（万元）
中信证券	中信证券投资有限公司	1 400 000.00
东方证券	上海东方证券创新投资有限公司	500 000.00
海通证券	海通创新证券投资有限公司	410 000.00
西南证券	西证创新投资有限公司	400 000.00
东吴证券	东吴创新资本管理有限责任公司	400 000.00
民生证券	民生证券投资有限公司	400 000.00
财通证券	浙江财通创新投资有限公司	380 000.00
中信建投证券股份	中信建投投资公司	370 000.00
广发证券	广发乾和投资有限公司	360 350.00
华泰证券	华泰创新投资有限公司	350 000.00

数据来源：中国证监会官网、中国证券业协会官网、天眼查网站整理，时间截至 2019 年 12 月 10 日。

3.1.5　选择证券公司的因素——保荐经验

证券公司保荐 IPO 的数量越多，投资业务能力越强，协助发行人在法律、财务等各方面整改达到科创板上市条件的经验越丰富，相应的，完成 IPO 工作的效率越高。截至 2019 年 12 月 24 日，有关证券公司保荐 IPO 审核数量（在审企业数量）排名见表 3.5。

表 3.5　证券公司保荐 IPO 审核数量（在审企业）排名

排名	证券公司名称	保荐家数
1	中信建投证券	162
2	中信证券	161
3	广发证券	146
4	招商证券	145
5	海通证券	135
6	国信证券	117
7	国金证券	111
8	民生证券	107
9	华泰联合证券	100
10	中国国际金融股份公司	87

数据来源：Wind。

同时，与主板、创业板施行核准制不同，科创板是中国资本市场试行“注册制”的试验田，在审核阶段更重视信息披露，在发行阶段是完全市场化询价发行[①]。

港股 IPO 审核类似于科创板的注册制同时，发行阶段也是完全的市场化发行，因此证券公司如果有着丰富的港股 IPO 保荐经验，那么对于发行人在上市申报文件中信息披露、回复监管问询和发行销售更有利。从这个角度来说，国内的合资证券公司比如瑞信方正证券，其外方股东为瑞士信贷投资银行（CS），港股、美股发行承销经验都比较丰富，比较有利于保荐企业在科创板发行上市。

截至 2019 年 12 月 24 日，证券公司保荐科创板公司数量见表 3.6。

表 3.6　截至 2019 年 12 月 24 日，证券公司保荐科创板公司数量（包含在审和已上市公司）

排名	证券公司名称	保荐家数
1	中国国际金融股份有限公司	18
2	中信建投证券	17
3	中信证券	13
4	华泰联合证券	10
5	国信证券	10
6	国泰君安证券	9
7	招商证券	8
8	广发证券	8
9	光大证券	7
10	民生证券	6

数据来源：Wind。

3.1.6　选择证券公司的因素——定价和承销能力

科创板新股完全市场化发行，因此非常考验主承销商的定价能力，如果定价过低，对发行人有害；如果定价过高，则有可能导致新股上市后跌破发行价（2018 年，港股市场 IPO 破发率达到了 32%）。

考察证券公司的定价和承销能力，可以从如下几个维度进行考量：

① 主板、创业板一般有 23 倍市盈率限制，即 IPO 新股发行价不能高于 23 倍市盈率。

对于承销能力，可以从证券公司股票主承销金额规模判断，股票承销金额规模越大，证券公司承销组织能力相对越强。2018 年度证券公司股票主承销金额排名（前十名）见表 3.7。

表 3.7　2018 年度证券公司股票主承销金额排名（前十名）

排名	证券公司	股票承销金额（万元）
1	中信证券	9 831 479
2	中信建投	9 405 186
3	国泰君安	7 724 240
4	中金公司	5 489 299
5	华泰证券	4 923 128
6	国信证券	2 135 233
7	申万宏源	1 075 097
8	招商证券	1 052 266
9	瑞银证券	1 043 549
10	海通证券	1 042 636

数据来源：中国证券业协会。

对于定价能力，主要考查证券公司对于发行人股票的估值能力（证券公司发布的投资价值研究报告对网下机构投资者的报价有一定引导作用），如果证券公司发布的行业研究报告数量越多，近似认为其对发行人所在行业的研究能力越强，定价越准确。

3.1.7　发行人如何选定会计师事务所和律师事务所

会计师事务所和律师事务所的选择是否得当也会影响发行人的上市进程。

主要从两个维度考量选择会计师事务所和律师事务所，分别为专业性和合规性。专业性指的是会计师事务所和律师事务所基于特定会计准则和法律制度对发行人财务、法律的业务规范能力和信息披露能力。主要从会计师事务所和律师事务所承接的科创板 IPO 家数来考查（会计师事务所和律师事务所承接的科创板 IPO 家数越多，相应的经验越丰富，专业性越强）。

截至 2019 年 12 月 29 日，会计师事务所为科创板公司上市提供审计服务数量排名见表 3.8。

表 3.8　上交所受理科创板公司（包含已上市公司）背后会计师事务所排名

排名	会计师事务所名称	审计家数
1	天健会计师事务所（特殊普通合伙）	33
2	立信会计师事务所（特殊普通合伙）	30
3	致同会计师事务所（特殊普通合伙）	15
4	容诚会计师事务所（特殊普通合伙）	14
5	信永中和会计师事务所（特殊普通合伙）	12
6	安永华明会计师事务所（特殊普通合伙）	10
7	天职国际会计师事务所（特殊普通合伙）	10
8	大华会计师事务所（特殊普通合伙）	9
9	普华永道中天会计师事务所（特殊普通合伙）	8
10	瑞华会计师事务所（特殊普通合伙）	7

数据来源：Wind。

截至 2019 年 12 月 29 日，律师事务所为科创板公司上市提供法律服务数量排名见表 3.9。

表 3.9　上交所受理科创板公司（包含已上市公司）背后律师事务所排名

排名	律师事务所名称	服务家数
1	国浩律师事务所	25
2	北京市中伦律师事务所	19
3	北京德恒律师事务所	14
4	北京市金杜律师事务所	13
5	北京市君合律师事务所	13
6	上海市锦天城律师事务所	12
7	北京国枫律师事务所	11
8	北京市康达律师事务所	10
9	北京市天元律师事务所	6
10	上海市通力律师事务所	5

数据来源：Wind。

根据科创板发行上市审核规则的要求，如果上交所在审核发行人上市申请文件过程中，发行人聘用的上市中介出现涉嫌违法违规被证监会立案调查或司法机关立案侦查，尚未结案；或者被中国证监会依法采取限制业务活动、责令停业整顿、指定其他机构托管或者接管等监管措施，尚未解除；或者在上市申请文件中签字的中介人员出现涉嫌违法违规被证监会立案调查或司法机关立案侦查，尚未结案或者被中国证监会依法采取市场禁入、限制证券从业资格等监管措施。出现上述情形，按照《中国证券监督管理委员会行政许可实施程序规定》和《科创板股票发行上市审核规则的规定》，发行人的上市审核进程将被中止[①]。因此，发行人在聘用上市中介时，除了考查上市中介的专业性外，还需要考查上市中介的合规性，对其过往所受的处罚及过失进行考量。

比如因康得新涉嫌信息披露违法涉案的瑞华会计师事务所，已被立案调查，受此牵连，洛阳建龙微纳新材料股份有限公司、北京国科环宇科技股份有限公司、深圳市杰普特光电股份有限公司和北京龙软科技股份有限公司的科创板上市审核进程都被中止。

同样因康得新事件被立案调查的还有广东正中珠江会计师事务所，受此牵连，江苏联瑞新材料股份有限公司、武汉科前生物股份公司的科创板上市审核进程也被中止。

3.1.8 更换中介机构程序

提交上市申报材料前，如果变更证券公司项目人员（辅导人员），一般情况下，需要向报送辅导备案的证监局提交书面报告，并提交新辅导人员的资格证明。

如果变更保荐机构（辅导机构），首先需要与现任保荐机构（辅导机构）签订解除辅导协议，在办理完毕终止辅导手续后，由继任的保荐机构（辅导机构）重新向证监局办理辅导备案登记手续。

如果是变更会计师事务所、律师事务所或其签字中介人员的，有的证监局也会要求发行人报送变更原因及具体情况（具体咨询当地证监局）。

如果是发行人在向上海证券交易所申报上市文件后，因为发行人自身原因更换保荐机构的，需要重新履行申报程序。

① 可以变更保荐机构、会计师事务所等中介，但聘请的新上市中介也需要履行复核程序。

3.2 有限公司整体变更

按照发行条件的要求，发行人首先需要将有限公司变更为股份有限公司，以股份公司作为上市的主体。

3.2.1 整体变更的含义

整体变更是指以有限公司的现有股东作为发起人，将有限公司变更为股份公司，股份公司的股东及股权结构与有限公司完全一致，公司变更前的债权、债务由变更后的公司承继的改制方式（整体变更并不需要公告取得债权人同意）。

在整体变更的前提下，同时按照账面净资产值折股，在考察持续运营条件时，有限公司的业绩可以连续计算，即不需要股份公司成立满 3 年，只需要有限公司成立满 3 年（36 个月，不是 3 个会计年度）即可。

如果以净资产评估值折股，则需要股份公司成立后，运行满 3 年才可以发行上市。

3.2.2 公司整体变更的过程

需要说明的是，发行人可以在股改前引入新股东，也可以在股改后引入新股东，但是不能在股改时引入新股东。因为这样的话，股改后的股份公司的净资产就不同于基准日经审计的账面净资产，与整体变更的原则相矛盾，影响业绩连续计算的判定。

如果发行人在股改之前，引进投资者，那么投资者的入股方式既可以是增资，也可以是老股东的股权转让，但是新引进的投资者将成为股改后股份公司的发起人，发起人持有公司的股份自公司成立之日起一年之内不能转让要受到发起人一年之内不能转让股份的制约；在股改之后引进投资者，投资者只能以增资的方式入股。

另外，入股的时间不同，可能股份溢价程度也不同。一般来说，入股时间越晚，股份溢价程度越高。整体变更主要流程见表 3.10。

表 3.10　整体变更主要流程

序号	名称	备注
1	资产业务规范	主要是对发行人未办理完毕财产权转移手续的资产办理完毕财产权转移手续；对之前历次股权转让过程，补充相应文件（如果有缺失）等
2	设计完成改制方案	主要包括三块内容：1. 确定股改比例（确定股改后的股本数量）；2. 如果有引进投资者或者设立员工持股平台的需求，明确在股改前还是股改后引进；3. 制订股份公司名称、股份公司章程和各项管理制度
3	确立审计基准日和评估基准日	由具备证券从业资格的会计师事务所出具股改审计报告和证券资格的资产评估机构出具资产评估报告[3]。审计基准日和评估基准日为同一天
4	董事会和股东会通过整体变更相关方案	整体变更改制方案需要股东会三分之二表决权通过
5	发起人签署《发起人协议》和公司章程	要注意发起人协议条款内容不能与公司章程条款内容相冲突
6	验资	审计基准日和验资基准日不要相隔太久
7	名称预核准	需要到当地市场监管部门办理股份公司名称预核准程序
8	召开创立大会暨第一次股东大会	审议通过《股份公司设立相关事宜的议案》等议案，选举公司第一届董事会成员、第 1 届监事会成员（由职工代表大会选举由职工代表担任的监事）
9	注册登记手续	在创立大会召开 30 天内，向市场监管部门申请设立登记

发行人需要在招股说明书中完整披露上表中股改的过程和发起人情况（包括股东名称、持股数量和出资比例等）。同时要在招股说明书中披露说明如下信息：

公司由有限公司整体变更设立，依法承继了有限公司的全部资产及业务。公司成立时拥有的主要资产为变更设立股份公司时承继的有限公司的整体资产。①

公司改制设立前后，拥有的主要资产和实际从事的主营业务均未发生重大变化。

---

① 具体做不做资产评估，可以同发行人注册地的工商部门沟通，建议完成资产评估程序，同时净资产评估值要大于经审计净资产账面价值，说明折股的净资产不存在出资不实的情况，符合公司法第 27 条的规定。

3.2.3 股改时是否可以同步进行分红

股改的时候不可以同步进行分红，原因是和整体变更的原则不符，因为审计基准日已定，同步分红会造成净资产缺失一部分，造成业绩不能连续计算。

因此，一般情况下，只能先分红完成，再进行股改[①]。

3.2.4 股改时净资产审计值低于注册资本如何处理

按照公司法的要求，有限公司在改制为股份公司的时候，折合的实收资本金额不能高于净资产。同时按照科创板上市规则对公司业绩连续性的要求，只有按照有限公司账面净资产值折股，有限公司业绩才能连续计算。因此，实施股改的前提条件是股改时的账面净资产值要高于注册资本。

但是部分公司在过往生产经营过程中，要么长期亏损过多，导致净资产低于注册资本；要么公司负债金额过大，导致净资产过低。

解决净资产低于注册资本主要有三种方式：

1. 股东溢价增资

如果股东对公司进行增资，增资金额大于股本部分将进入资本公积，充实净资产。增资金额主要参照净资产低于注册资本的差额。比如公司注册资本 2 000 万元，净资产账面金额 1 500 万元，差额为 500 万元，股东可以增资 600 万元，50 万元进入股本，其余的 550 万元进入资本公积。股东增资完成后，注册资本为 2 050 万元，净资产为 2 100 万元。

另外，还需要说明的是，在确定增资价格的时候，还需要考虑公司之前融资出让股权时的价格，尽量保证随着时间的推移，公司的估值是递增的状态。主要流程见表 3.11。

表 3.11 股东溢价增资主要流程

序号	流程名称	备注
1	股东与公司签订增资协议	股东与公司签订增资协议（如果是非货币资产增资，还需要出具资产评估报告，并需要办理完毕非货币资产的产权转移手续）

① 实际上，股改之后马上进行分红，也是做不到的，因为此时留存收益为零。

续上表

序号	流程名称	备注
2	通过董事会、股东会的决议	通过董事会、股东会的决议，同时还要修改公司章程
3	股东缴款	出资缴款备注为“投资款”
4	会计师出具验资报告	证明股东出资到位
5	备齐相关文件，去工商局做变更	具体需要文件，提前同当地工商部门沟通

2. 股东捐赠

股东捐赠的资金可以全部计入资本公积，相比于股东溢价增资充实净资产的方式，股东以捐赠的方式充实净资产优点是可以用更少的资金解决净资产低于实收资本的问题，同时维持股权结构不变。

3. 减资

用减资的方式解决净资产低于实收资本优势是股东不需要向公司转移财产，但是减资程序相对繁琐复杂，需要时间较长（一般需要两个月左右），而且涉及到同债权人的沟通。按照公司法的规定，发行人需要减少注册资本时，必须编制资产负债表及财产清单。发行人需要自作出减少注册资本决议之日起十日内通知债权人，并于三十日内在报纸上公告。债权人自接到通知书之日起三十日内，未接到通知书的自公告之日起四十五日内，有权要求公司清偿债务或者提供相应的担保。减资主要流程见表 3.12。

表 3.12　减资主要流程

序号	流程名称
1	制订减资方案
2	通过董事会和股东会审批
3	编制资产负债表和财产清单
4	通过股东会决议后，一个月内在报纸上公告
5	针对减少后的注册资本，由会计师出具验资报告
6	备齐相关文件，在减资公告 45 日后去工商局做变更

除了上述方式，发行人也可以等待生产经营好转，通过生产经营积累增厚留存收益，使得净资产大于注册资本。

3.2.5 如何确定股改后的股本

发行人确定折股后的股数，可以参考表3.13。

表3.13 确定折股后的股数参考因素

序号	因素
1	行业规定的最低限额。有的行业监管部门对公司的股数有最低限额的规定，需要满足其规定
2	发行后股本总额不低于人民币3 000万元的上市要求
3	如果发行后股本总额不高于人民币4亿元的，公开发行的股份达到公司股份总数的25%以上；如果发行后股本总额超过人民币4亿元的，公开发行股份的比例为10%以上。因此，发行人可以根据后续想公开发行的股份数量及比例，设计股改后的股本数量

3.2.6 整体变更时发行人存在未弥补亏损的处理

如果整体变更时，发行人未弥补亏损金额较大，导致净资产低于实收资本的，参照3.2.4进行处理；如果整体变更时，发行人虽然存在未弥补亏损，但是净资产高于实收资本的，在整体变更时，有限公司发起人以股改审计基准日的净资产作为对股份公司出资，对净资产超过股本部分计入资本公积——股本溢价。

案例：安集有限（科创板代码：688019）——整体变更存在未弥补亏损

根据毕马威上海分所出具的毕马威华振沪审字第1702719号《审计报告》，截至2017年2月28日，安集有限实收资本为39 831 285.00元、资本公积金为270 268 313.42元、未分配利润为−48 746 382.97元、净资产为261 353 215.45元。

安集有限全体发起人按各自持股比例所对应的安集有限截至2017年2月28日经审计净资产合计261 353 215.45元进行出资，其中39 831 285元为外商投资股份有限公司实收资本，净资产超过实收资本部分221 521 930.45元计入外商投资股份有限公司资本公积。

安集有限整体变更时，进行的会计处理如下：

借：整体变更基准日安集有限实收资本（39 831 285.00元）、资本公积—资本溢价（270 268 313.42元）、未分配利润为（−48 746 382.97元）；贷：股本（39 831 285.00元）、资本公积——股本溢价（221 521 930.45元）。

经过上述处理，减少安集有限所有者权益包括实收资本（39 831 285.00 元）、资本公积——资本溢价（270 268 313.42 元）、未分配利润为（−48 746 382.97 元），增加安集有限所有者权益包括股本（39 831 285.00 元）、资本公积——股本溢价（221 521 930.45 元）。

3.3 辅导备案

发行人与证券公司签订完毕辅导协议后，即可着证券公司向证监局办理辅导备案手续，证监局出具受理文件后，发行人即进入上市辅导期。

一般来说，发行人需要向公司注册所在地证监局办理辅导备案手续（如果是红筹公司，则发行人需要向主营业务地的证监局申请办理辅导备案）。

证监局会在官方网站公告辅导备案登记情况。

3.3.1 接受上市辅导的人员

发行人的董事、监事和高级管理人员、持有 5% 以上股份的股东（如果股东是法人，则为其法定代表人）和实际控制人（如果实际控制人是法人，则为其法定代表人）需要在上市辅导期接受系统的法规知识、证券市场知识培训。

各地证监局一般都对培训时长有所规定，比如江苏证监局规定集中授课时间应当不少于 20 个小时，集中授课次数应当不少于 6 次。

3.3.2 辅导期限

辅导期限[①] 由当地证监局规定，一般为三个月，具体以当地证监局为准。北京市证监局规定，在表 3.14 所列的几种情况下，可以申请缩短辅导期限：

① 指的是自辅导备案日始到提出辅导验收申请日期限。

表 3.14 北京市证监局关于可申请缩短辅导期限情形

序号	具体情形
1	国有大型改制企业，国务院豁免连续计算三年业绩的
2	已在境外发行股份并上市的境内公司拟在境内市场公开发行股份，且股权、资产架构未发生重大调整的
3	前次发行未通过发审会，一年内拟再次申报，且发审委意见中未涉及辅导工作内容的
4	由于行业特点等问题，需要变更拟上市目标市场而撤回材料重新申报的

一般来说，如果继任的保荐机构认可前任保荐机构的工作，愿意承担前任保荐机构的责任，辅导期可以连续计算（具体以当地证监局要求为准）。

如果在辅导期内，发行人打算变更上市目标市场，也需要告知证监局。

如果发行人在此期间，决定终止 IPO 上市进程，需要与证券公司签订解除协议，并将解除协议及证监局要求的其他文件，报证监局备案。

3.3.3 辅导验收

在满足辅导期限规定时间及其他要求后，发行人可以申请向证监局进行辅导验收。辅导验收合格后，即可以向上海证券交易所申报上市材料。

证监局会安派辅导验收小组进驻发行人进行辅导验收，辅导验收工作一般以现场察看、约见谈话、抽查制度执行和检查底稿资料的方式进行。

北京市证监局还会对辅导对象进行书面闭卷考试，考试采取百分制，六十分为及格线，考试不及格人员需进行补考①。

如果证监局认为发行人存在需要整改的问题，则需要将问题整改完毕后，再申请辅导验收。

3.4 尚未盈利的公司特殊信息披露要求②

如果发行人尚未盈利或最近一期存在累计未弥补亏损，应结合行业特点分析并披露该等情形的成因：比如产品仍处研发阶段，未形成实际销售；产

① 参考人员如已在上一年度和本年度参加中国证监会及其派出机构组织的培训，考试成绩合格，并能够提供相关证明文件，可申请豁免参加考试。
② 未盈利的公司在科创板上市，代码简称前会有一个“U”字。

品尚处于推广阶段，未取得客户广泛认同；产品与同行业公司相比技术含量或品质仍有差距，未产生竞争优势；产品产销量较小，单位成本较高或期间费用率较高，尚未体现规模效应；产品已趋于成熟并在报告期内实现盈利，但由于前期亏损较多，导致最近一期仍存在累计未弥补亏损。另外，发行人还需要说明尚未盈利或最近一期存在累计未弥补亏损是偶发性因素，还是经常性因素导致。

发行人应充分披露尚未盈利或最近一期存在累计未弥补亏损对发行人的现金流、业务拓展、人才吸引、团队稳定性、研发投入、战略性投入、生产经营可持续性等方面的影响。

3.4.1　需要在上市申请文件中披露趋势分析

发行人需要披露未来是否可实现盈利的前瞻性信息，对其产品、服务或者业务的发展趋势、研发阶段以及达到盈亏平衡状态时主要经营要素需要达到的水平进行预测，并披露相关假设基础。

存在累计未弥补亏损的公司需要分析并披露在上市后的变动趋势。披露前瞻性信息时应当声明其假设的数据基础及相关预测具有重大不确定性，提醒投资者进行投资决策时应谨慎使用。

3.4.2　需要在上市申请文件中披露相关风险因素

发行人要充分披露关于尚未盈利或者最近一期存在累计未弥补亏损的相关风险因素，包括但不限于：未来一定期间无法盈利或无法进行利润分配的风险，收入无法按计划增长的风险，研发失败的风险，产品或服务无法得到客户认同的风险，资金状况、业务拓展、人才引进、团队稳定、研发投入等方面受到限制或影响的风险等。未盈利状态持续存在或累计未弥补亏损继续扩大的，应分析触发退市条件的可能性，并充分披露相关风险。

3.4.3　需要在上市申请文件中披露投资者保护措施

尚未盈利或最近一期存在累计未弥补亏损的公司还需要披露依法落实保护投资者合法权益规定的各项措施；还应披露本次发行前累计未弥补亏损是

否由新老股东共同承担以及已履行的决策程序。

也就是说，发行人需要做出决策，发行前累计未弥补亏损是否由新老股东共同承担还是老股东独自承担。

3.4.4 披露相关人员做出的关于减持股份的特殊安排或承诺

按照科创板上市规则的要求，公司上市时未盈利的，在公司实现盈利前，控股股东、实际控制人自公司股票上市之日起 3 个完整会计年度内，不得减持首发前股份；自公司股票上市之日起第 4 个会计年度和第 5 个会计年度内，每年减持的首发前股份不得超过公司股份总数的 2%。

公司上市时未盈利的，在公司实现盈利前，董事、监事、高级管理人员及核心技术人员自公司股票上市之日起 3 个完整会计年度内，不得减持首发前股份；在前述期间内离职的，也要遵守该项规定。

3.5 同业竞争认定及处理方式

发行人需要在上市申请文件中说明不存在同业竞争、或者说明现有的同业竞争不构成重大不利影响。如果现有的同业竞争状态对发行人构成了重大不利影响，那么需要采取措施将同业竞争降低到重大不利影响之下或者消除同业竞争。

3.5.1 同业竞争定义

同业竞争要关注两点：

（1）同业。同业指的是同业竞争方，同业竞争方主要见表 3.15。

表 3.15 同业竞争方

序号	主体名称
1	控股股东、实际控制人及其控制的其他企业
2	若控股股东、实际控制人是自然人，夫妻双方直系亲属（配偶、父母、子女）控制的企业

续上表

序号	主体名称
3	若控股股东、实际控制人是自然人，夫妻双方其他近亲属（即兄弟姐妹、祖父母、外祖父母、孙子女、外孙子女）控制的企业①

（2）竞争。竞争指的是同业竞争方与发行人在实际经营业务、经营地域、产品或服务定位上存在竞争性、替代性和利益冲突。

在存在同业竞争的情况下，有可能出现同业竞争方对上市公司中小股东的利益侵害，因此监管机构对同业竞争的监管是要求比较严格的。如果在主板上市，则一般要求发行人在递交上市申报材料之前将同业竞争清理完毕。在科创板上市，要求有所降低，只要不对发行人构成重大不利影响② 即可。

另外，控股股东、实际控制人（直系亲属或近亲属）没有达到控制，但是具有重大影响的企业，如果出现发行人对其利益输送、单方让渡商业机会的可能性比较大时，也会受到监管关注。

3.5.2 如何论述公司不存在同业竞争

首先，发行人需要论述公司与同业竞争方的经营范围不同，具体来说，在经营区域、细分市场、产品 / 服务各方面存在显著差异，不存在替代性。

其次，发行人需要论述从历史沿革来看，公司与同业竞争方在资产、业务、人员、机构、技术等方面相互独立，不存在共享供应商（采购渠道）和客户（销售渠道）的情况。

通过这两方面的论述，说明公司与同业竞争方不存在替代性、也不存在竞争性，不会出现利益冲突。

3.5.3 同业竞争清理的措施

清理同业竞争的主要方式是通过业务重组的方式，将同业竞争业务收入上市公司体内。

① 除 2、3 的亲属关系外，其他亲属关系控制的企业一般不被认定成同业竞争方。
② 同业竞争方的同类收入或毛利占发行人该类业务收入或毛利的比例达 30% 以上的，一般认定为具有重大不利影响。

案例：晶晨股份（科创板代码：688099）

为了避免同业竞争、减少关联交易、整合实际控制人控制下的芯片研发、销售业务相关资产和业务，2015 年 11 月，晶晨股份以现金方式收购了同一控制下关联企业晶晨控股、晶晨开曼和晶晨 BVI 的相关经营性资产和负债，以及晶晨深圳 100% 股权。2015 年 12 月，晶晨股份通过发行股份的方式收购了同一控制下关联企业晶晨 CA 的相关经营性资产和负债。

除此之外，解决同业竞争的方式还包括将同业竞争业务转让给无关联第三方或者关停此业务。

另外，在同业竞争方对发行人具有重大不利影响的情况下，如果仅以同业竞争方与发行人出具市场划分协议的方式来规避同业竞争，监管不一定会认可。

案例：和舰芯片（审核已终止）

和舰芯片与其控股股东联华电子、联华电子控制的其他公司，都存在晶圆代工制造业务。报告期内，同业竞争方的收入、毛利均超过了和舰芯片的 30%。

针对这种情况，和舰芯片与其控股股东联华电子划分了各自的市场区域，其中联华电子及其控制的其他企业的市场区域为中国台湾地区以及日本、新加坡、韩国、欧洲等地；和舰芯片的市场区域为中国大陆地区以及联华电子及其控制的其他企业市场区域外的全球其他国家或地区。双方进入对方市场区域均需要支付服务费或获取销售差价。

并且和舰芯片与联华电子签署了《避免同业竞争协议》，在该协议中约定：

1. 根据《避免同业竞争的协议》，在和舰芯片市场区域的客户优先满足和舰芯片的产能并由和舰芯片主导；联华电子保证和舰芯片具有优先发展、优先受让权和中国大陆境外具有优先受让权：在和舰芯片的市场区域范围内，联华电子将任何可从事、参与、入股、经营、协助、支持或介入任何可能与和舰芯片及其控股 / 控制企业主营业务构成或可能构成直接或间接竞争业务的商业机会以公平合理之条款让与和舰芯片；在和舰芯片的市场区域范围内，将与和舰芯片主营业务相关的新产品或技术以公平合理的条款授予和舰芯片及其控股 / 控制企业优先生产或受让的权利。

2. 联华电子支持和舰芯片扩充 8 英寸产能、提高 12 英寸的产能利用率，同时加大 5G、人工智能、物联网等中国大陆地区急需的芯片技术研发力度，进一步拓展和舰芯片市场区域内的客户，提高和舰芯片市场占有率，降低联华电子在和舰芯片市场区域内晶圆销售比例。

联华电子还出具承诺函，承诺在 2020 年 12 月 31 日之前在和舰芯片的市场区域内联华电子的同类收入占和舰芯片该类业务收入比例降至 30% 以下；在厦门联芯① 连续盈利年度的次年起，在和舰芯片的市场区域内联华电子的同类业务毛利占和舰芯片该类业务毛利的比例降至 30% 以下。

由于和舰芯片最终审核终止，因此承诺限定细分产品及细分市场领域的解决同业竞争的方式可能不受监管认可。

3.5.4 控股股东、实际控制人出具避免同业竞争承诺函

承诺函模板如下：

（1）本人及本人控制的除拟上市公司及其子公司以外的企业或经济组织未在中国境内外直接或间接地以任何形式（包括但不限于以直接或间接投资入股、协议安排的形式）从事与拟上市公司及其子公司主营业务或者主要产品相竞争或构成竞争威胁的业务活动，未在资金、业务及技术等方面向与拟上市公司及其子公司存在竞争关系的企业或经济组织提供任何形式的支持或帮助；本人未投资或任职于与拟上市公司及其子公司存在竞争关系的企业或经济组织。

（2）在本人控制或与他人共同控制拟上市公司期间，本人及本人控制的除拟上市及其子公司以外的企业或经济组织不会在中国境内外直接或间接地以任何形式（包括但不限于以直接或间接投资入股、协议安排的形式）从事与拟上市及其子公司主营业务或者主要产品相竞争或构成竞争威胁的业务活动，也不会向与拟上市公司及其子公司存在竞争关系的企业或经济组织在资金、业务及技术等方面提供任何形式的支持或帮助；本人不会投资或任职于与拟上市公司及其子公司存在竞争关系的企业或经济组织。

（3）若公司将来开拓新的业务领域，公司享有优先权，本人以及本人控

① 厦门联芯为和舰芯片控制公司。

制的其他企业或经济组织将不再发展同类业务。

（4）若本人违反承诺而使公司遭受或产生任何损失，本人同意赔偿公司因本人违反承诺造成的损失。本承诺持续有效，直至本人不再作为公司的实际控制人。

此承诺函模板适合发行人实际控制人是自然人的情形。

3.6 如何理解公司是否存在重大违法行为

最近3年内，发行人及其控股股东、实际控制人在国家安全、公共安全、生态安全、生产安全、公众健康安全等领域，存在以下违法行为之一的，原则上视为重大违法行为：被处以罚款等处罚且情节严重；导致严重环境污染、重大人员伤亡、社会影响恶劣等。

有以下情形之一且中介机构出具明确核查结论的，可以不认定为重大违法：

（1）违法行为显著轻微、罚款数额较小；

（2）相关规定或处罚决定未认定该行为属于情节严重；

（3）有权机关证明该行为不属于重大违法。

但违法行为导致严重环境污染、重大人员伤亡、社会影响恶劣等并被处以罚款等处罚的，不适用上述情形。

3.7 科创板上市对于人员稳定性的要求

按照科创板发行条件的要求，发行人需要最近两年内董事、高级管理人员和核心技术人员均没有发生重大不利变化。如果最近两年内董事、高级管理人员和核心技术人员任一发生重大不利变化，则构成上市障碍。

3.7.1 核心技术人员认定依据

要根据发行人生产经营需要和相关人员对企业生产经营发挥的实际作用，确定核心技术人员范围，并在招股书中确定认定情况和认定依据。原则上，核心技术人员包括公司技术负责人、研发负责人、研发部门主要成员、主要知识产权和非专利技术的发明人或设计人、主要技术标准的起草者等。

被确认为核心技术人员的员工，需要保证最近 2 年之内没有发生重大不利变化，如果持有股份则在上市后还要遵循相比普通持股员工更为严格的减持规定。

但是被确认为核心技术人员的员工，可以成为股权激励的对象。

3.7.2 如何认定董事、高级管理人员和核心技术人员是否发生重大不利变化

本着实质重于形式的原则，综合两方面因素分析：（1）最近 2 年内的变动人数及比例，在计算人数比例时，以上述人员合计总数作为基数；（2）上述人员离职或无法正常参与公司的生产经营是否对公司生产经营产生重大不利影响。

因此，首先可以认定，个别董事、高管或核心技术人员的离职不会对发行人上市构成障碍；其次，如果最近 2 年内的变动人数及比例较大，那么发行人需要从离职人员的离职原因、离职人员的岗位作用、与控股股东和实际控制人的关系、变动对公司生产经营的影响几方面去解释，说明没有对公司生产经营产生重大不利影响（比如离职人员的岗位并非核心岗位、与控股股东和实际控制人并无关联关系、离职出于个人原因等）。

另外，变动后新增的上述人员来自原股东委派或公司内部培养产生的，原则上不构成重大不利变化。公司管理层因退休、调任等原因发生岗位变化的，原则上不构成重大不利变化。但是发行人需要披露相关人员变动对公司生产经营的影响。

还需要说明的是，如果监事发生变动，不管变动数量及比例，都不构成发行人上市的障碍。

3.8 上市标准中的研发投入认定和内控标准要求

研发投入总体金额及比例是体现公司科技创新属性的重要指标，发行人需要合理归集研发投入、制订相关内部制度、合理地进行研发资本化并在招股说明书中完整信息披露。

3.8.1 研发投入如何认定

研发投入为发行人研究开发活动形成的总支出。研发投入通常包括研发人员工资费用、直接投入费用、折旧费用与长期待摊费用、设计费用、装备调试费用、无形资产摊销费用、委托外部研究开发费用、其他费用等。

本期研发投入为本期费用化的研发费用与本期资本化的开发支出之和。

3.8.2 需要制订的研发相关内控制度

发行人需要制订并严格执行研发相关内控制度，明确研发支出的开支范围、标准、审批程序以及研发支出资本化的起始时点、依据、内部控制流程。同时，应按照研发项目设立台账归集核算研发支出。发行人需要审慎制订研发支出资本化的标准，并在报告期内保持一致。

发行人需要在上市前健全并执行的研发内控制度见表 3.16。

表 3.16　制度名称

序号	主要制度
1	研发项目的跟踪管理系统，可以有效监控、记录各研发项目的进展情况，并合理评估技术上的可行性
2	研发项目相对应的人财物管理机制
3	可以明确研发支出开支范围和标准
4	建立研发支出审批程序

发行人需要在招股说明书中披露研发相关内控制度及其执行情况，并披露研发投入的确认依据、核算方法，最近三年研发投入的金额、明细构成，最近三年累计研发投入占最近三年累计营业收入的比例及其与同行业可比上市公司的对比情况。

3.8.3 研发费用资本化要点

从已上市科创板的公司来看，大部分公司还是将研发费用全部费用化，但是仍然有少部分企业将研发支出资本化。其中，研发支出资本化率比较高的是三家公司，分别是微芯生物（科创板代码：688321），研发费用资本化率为 47.67%；中微公司（科创板代码：688012），研发费用资本化率为 47.64%；心脉医疗（科创板代码：688016），研发费用资本化率为 39.34%。

因此，建议发行人谨慎处理研发费用资本化，如果要进行研发费用资本化，要注意表 3.17 所列的各项要点。

表 3.17 注意要点

序号	注意要点
1	研发费用资本化时点符合会计准则规定
2	与同行业可比上市公司相比，研发费用资本化时点要相同或者相对更谨慎
3	不同产品的研发费用资本化处理要相近，且在报告期内保持一致

会计准则对研发费用资本化时点规定如下，只有达到表 3.18 所列的全部条件，才可以进行研发费用资本化。

表 3.18 会计准则关于研发费用资本化时点规定

序号	资本化条件	备注
1	完成无形资产使用或者出售在技术上具有可行性	发行人需要以现在阶段成果为基础，已经完成全部或绝大部分计划、设计或测试，余下的部分没有技术上的障碍或者不确定性
2	具有完成该无形资产并使用或者出售的意图	发行人需要说明开发该无形资产的意图
3	无形资产具有相应方式，产生经济利益	需要说明开发的无形资产生产的产品存在市场，并对市场情况进行可靠的预计
4	有足够的技术、财务或者其他资源支持，可以完成该无形资产的开发	比如自身资金不足的，可以证明有能力获取足够的外部资金支持
5	开发阶段支出可以可靠的计量	开发阶段支出可以可靠的计量

案例：

微芯生物的研发费用以取得药品上市前最后一次临床试验批件作为资本化时点。

心脉医疗的研发费用开始或完成首例临床试验作为资本化时点。

中微公司的研发费用资本化时点开始条件为：资本化项目成功取得技术突破，全部都取得“模拟生产线寿命测试”报告；基本消除技术的不确定性；设定内容初步实现，有可销售性；实现量产转化为产品的概率大大提高。

3.8.4 信息披露要点

为了完整地体现发行人自身的科技创新能力，符合科创板定位，发行人可以按照表3.19所列要点进行信息披露。

表3.19 信息披露要点

序号	名称	具体内容	披露要点
1	研发意义	披露说明公司所处行业及其技术发展、产品趋势与国家战略相匹配、符合国家重点政策	符合科创板定位
2	研发技术先进性	相比于国内外同行业竞争对手，公司拥有的技术具有相对竞争优势，体现证明公司的技术先进性除了技术自身的论述外，还可以从非财务和财务两个角度证明	非财务角度：公司的技术或产品获得的国家奖励奖项、公司或者个人独立或牵头承担国家重大科研课题、制订国家或行业标准情况
			财务：竞争优势要同公司产品的毛利率、市场占有率等财务指标结合分析说明
3	技术成果保障	公司申请获取的自主知识产权、专利情况，说明公司的核心技术权属清晰	国内外同时申请获取的专利情况、除此之外技术研发成果还包括软件著作权及新药批件情况
4	先进技术的持续获得性	公司具备高效的研发体系、持续不断的技术创新能力	完善的研发管理制度、充实的研发团队（包括人员数量/水平）、先进的研发设备、已有的技术储备等
			每年固定的研发资金投入、随营收增加而增长
5	技术成果转化能力	公司具备将技术成果转化为产品或服务的能力，并因此形成相对竞争优势	公司具备相应的软硬件将技术成果转化为产品或服务，硬件包括各项固定资产、软件包括公司的企业文化、组织协调能力等
			另外通过在公司现有及未来产品中的应用、公司的主要客户构成、核心技术相关的营业收入规模及增长、核心技术产品的生产销售数量及市场占有率的成长、公司盈利的变化情况、公司技术成果有效转化为经营成果的情况

3.8.5 研发支出资本化的相关信息披露要求

发行人还需要在招股说明书中披露与资本化相关研发项目的研究内容、进度、成果、完成时间（或预计完成时间）、经济利益产生方式（或预计产生方式）、当期和累计资本化金额、主要支出构成，以及资本化的起始时点和确定依据等内容。

与研发支出资本化相关的无形资产的预计使用寿命、摊销方法、减值等情况，并说明是否符合相关规定。

发行人还应结合研发项目推进和研究成果运用时可能发生的内外部不利变化、与研发支出资本化相关的无形资产规模等因素，充分披露相关无形资产的减值风险及其对公司未来业绩可能产生的不利影响。

3.8.6 可以享受加计扣除的研发费用范围

加计扣除税务口径由《财政部 国家税务总局 科技部关于完善研究开发费用税前加计扣除政策的通知》（财税〔2015〕119 号）《国家税务总局关于企业研究开发费用税前加计扣除政策有关问题的公告》（国家税务总局公告 2015 年第 97 号）和《国家税务总局关于研发费用税前加计扣除归集范围有关问题的公告》（国家税务总局公告 2017 年第 40 号）规范。加计扣除税务口径允许扣除的研发费用范围采取的是列举方式，即政策规定中没有列举的加计扣除项目，不可以享受加计扣除优惠，范围见表 3.20。

表 3.20 可以享受加计扣除的研发费用范围

序号	具体名称	明细名称
1	直接从事研发活动人员的人工费用	工资薪金、基本养老保险费、基本医疗保险费、失业保险费、工伤保险费、生育保险费和住房公积金，以及外聘研发人员的劳务费用
2	研发活动直接投入费用	材料、燃料、检验等费用
3	研发活动的折旧费用	仪器、设备的折旧费
4	研发活动的无形资产摊销费用	用于研发活动的无形资产推销费用
5	新产品设计试验费用	新产品设计、试验的费用

续上表

序号	具体名称	明细名称
6	研发活动直接相关的其他费用	技术图书资料费、资料翻译费、专家咨询费、高新科技研发保险费，研发成果的检索、分析、评议、论证、鉴定、评审、评估、验收费用，知识产权的申请费、注册费、代理费，差旅费、会议费等。此类费用总额不得超过可加计扣除研发费用总额的 10%

需要说明的是，发行人发生的与研发活动相关的房屋租赁费、工会经费和职工教育经费等费用符合研发费用会计核算的口径，但不属于上述规定列举的加计扣除范围。

另根据《财政部 国家税务总局科技部关于完善研究开发费用税前加计扣除政策的通知》（财税〔2015〕119 号）文件规定，企业委托外部机构或个人进行研发活动所发生的费用，按照费用实际发生额的 80% 计入委托方研发费用并计算加计扣除。

3.8.7 对于承担的科研项目的信息披露要求

发行人应结合国家科技创新发展规划、公司承担科研项目的内容、技术创新水平、申报程序、评审程序、实施周期和补助资金来源等，说明所承担的科研项目是否符合国家科技创新规划。

发行人应在招股说明书中披露所承担科研项目的名称、项目类别、实施周期、总预算及其中的财政预算金额，计入当期收益和经常性损益的政府补助金额等内容。

3.9 申报前设置员工持股计划

员工持股计划的参与员工标准由发行人自行制定。参与员工持股计划的员工一般为对公司经营业绩和持续发展有较大影响的科研人员、生产经营管理人员、市场人员等关键岗位工作人员（独立董事不可以参加，监事可以参加）。员工参与员工持股的资金为自有资金或自筹资金（需要注意的是发行人不可以向员工提供资金借贷或者为其贷款提供担保，但控股股东可以向员工提供财务资助）。

如果发行人选择在主板、中小板或者创业板申报上市，证监会会穿透计算员工持股平台的股东人数。因此如果参与员工持股计划的员工人数较多，可能会导致发行人的股东人数超过 200 人（法规要求公司在首次公开发行之前股东人数不能超过 200 人）。

而如果发行人选择在科创板申报上市，同时员工持股计划闭环运行或者在中国证券投资基金业协会登记备案，则员工持股计划可以被视为一名股东。也就是说，参与员工持股计划的员工没有人数限制[①]，这是科创板相对主创板的制度红利。

3.9.1 员工持股计划的模式

持股员工可以个人名义直接持股，也可通过公司制企业、合伙制企业等持股平台持有股权。

个人名义直接持股的优缺点为：

优点：操作步骤相对简单；不存在双重征税，持股员工股权分红和减持股权收益税率均为 20%。

缺点：动态调整相对困难。如果上市申报之前，持股员工发生辞职、退休、被解雇、职位变动等丧失持股资格需要动态调整事项，需要在发行人层面进行股权调整，进而还需要修改发行人公司章程和变更工商登记，程序相对烦繁琐；而且按照审核要求，上市申报之后，通过增资或股权转让产生新股东的，原则上发行人需要撤回发行上市申请，重新申报。因此，一般情况下，上市申报后，发行人股权结构不允许调整；

另外，如果持股员工人数较多，以直接持有方式持股，可能会导致发行人股东超过 200 人。

通过有限公司持股的优缺点为：

优点：由持股平台公司统一行使股东权利，方便发行人管理；在持股平台有限公司层面进行股权调整，有利于保持发行人股权稳定；

---

① 虽然没有人数上限，但是也不宜弄成全员持股。

缺点：税负较大，存在双重税负。持股平台公司减持发行人股份获得收益时，需要按照25%的税率缴纳企业所得税；持股员工从持股平台公司退出时，需要按照 20% 税率缴纳个人所得税。

目前，拟上市公司持股员工多通过有限合伙企业间接持有股权。有限合伙企业作为员工持股平台，其具有如下优点：

（1）由有限合伙企业统一行使股东权利，便于公司管理；

（2）股权转让受让都在持股平台有限合伙企业层面操作，灵活方便，且有利于发行人的股权稳定；

（3）有利于发行人实际控制人控制持股平台。控股股东、实际控制人可以出任员工持股有限合伙企业的普通合伙人或执行事务合伙人 ，来扩大对有限合伙企业的控制能力。

控股股东、实际控制人还可以同员工持股有限合伙企业签订一致行动协议（或表决权委托协议）。员工持股有限合伙企业授权控股股东、实际控制人行使其享有的对发行人的表决权、董事提名权和提案权等权利。通过上述方式进一步巩固控股股东、实际控制人对员工持股有限合伙企业的控制。

（4）不存在双重税负。合伙企业以每一个合伙人为纳税义务人。合伙人的红利收入按照 20% 税率缴纳个人所得税；合伙人（自然人）的股权转让收入比照个人所得税法“5%-35%”的五级超额累进税率纳税。

3.9.2 员工在锁定期内离职，如何处理其持有员工持股平台份额

为了实现闭环原则，可以在合伙协议中约定，员工上市前（或者上市后处于股份锁定期内）离职的，需要将其在员工持股平台中的份额转让给公司控股股东或实际控制人或其指定的第三人。

3.9.3 员工持股平台是否需要在中国证券投资基金业协会登记备案

员工持股平台仅投资拟上市一家公司的股权，投资人为公司员工，不存在以非公开方式向合格投资者募集资金设立投资基金，不存在担任私募基金

管理人从事投资活动的情形，不属于《证券投资基金法》和《私募基金监管办法》规定的私募投资基金管理人或私募投资基金，一般来说，不需要按照相关规定履行登记备案程序。

3.9.4 员工持股平台是否穿透计算股东人数

员工持股计划符合以下要求之一的，在计算公司股东人数时，按一名股东计算；不符合下列要求的，在计算公司股东人数时，穿透计算持股计划的权益持有人数。

（1）员工持股计划遵循“闭环原则”。员工持股计划不在公司首次公开发行股票时转让股份，并承诺自上市之日起至少有 36 个月的锁定期。公司上市前及上市后的锁定期内，员工所持相关权益拟转让退出的，只能向员工持股计划内员工或其他符合条件的员工转让。锁定期后，员工所持相关权益拟转让退出的，按照员工持股计划章程或有关协议的约定处理。

（2）员工持股计划未按照“闭环原则”运行的，员工持股计划应由公司员工持有，依法设立、规范运行，且已经在基金业协会依法依规备案。

也就是说，只有员工持股计划既没有在基金业协会依法依规备案，也没有遵照闭环原则运行，在计算公司股东人数时，才会穿透计算持股计划的权益持有人数（如果被穿透计算，发行人合计股东人数超过 200 人，还需要规范清理，将股东人数降低到 200 人以下）。

案例：海尔生物

海尔生物的员工持股平台海盈康和海创盈康为合伙企业，未在基金业协会备案，根据其出具的承诺，自海尔生物医疗股票在上海证券交易所上市交易之日起 12 个月内，海盈康和海创盈康不转让或者委托他人管理本合伙企业持有的首发前股份，也不由海尔生物回购该部分股份。因此，海盈康和海创盈康未按照“闭环原则”计算股东人数。

经过穿透计算，海盈康和海创盈康合计最终权益持有人为 79 人。

3.9.5 参与持股的员工人数过多怎么办

由于有限合伙企业合伙人要求在 50 个合伙人以下，如果参与员工持股的人数过多，可以设立多个有限合伙员工持股平台。

案例：华特股份

华特股份，其前十大股东名单中有三家是员工持股平台，分别是华弘投资、华和投资、华进投资，分别持股 19.09%、9.76%、6.42%，合计持股比例为 35.27%。

或者设立两级员工持股有限合伙企业。第一级有限合伙企业直接持有发行人股权，有限合伙人份额由二级有限合伙企业认购，普通合伙人份额由控股股东、实际控制人（或者控股股东、实际控制人控制的有限公司）认购。第二级有限合伙企业的有限合伙人份额由公司员工认购，普通合伙人份额仍然由控股股东、实际控制人（或者控股股东、实际控制人控制的有限公司）认购。

案例：中国电器

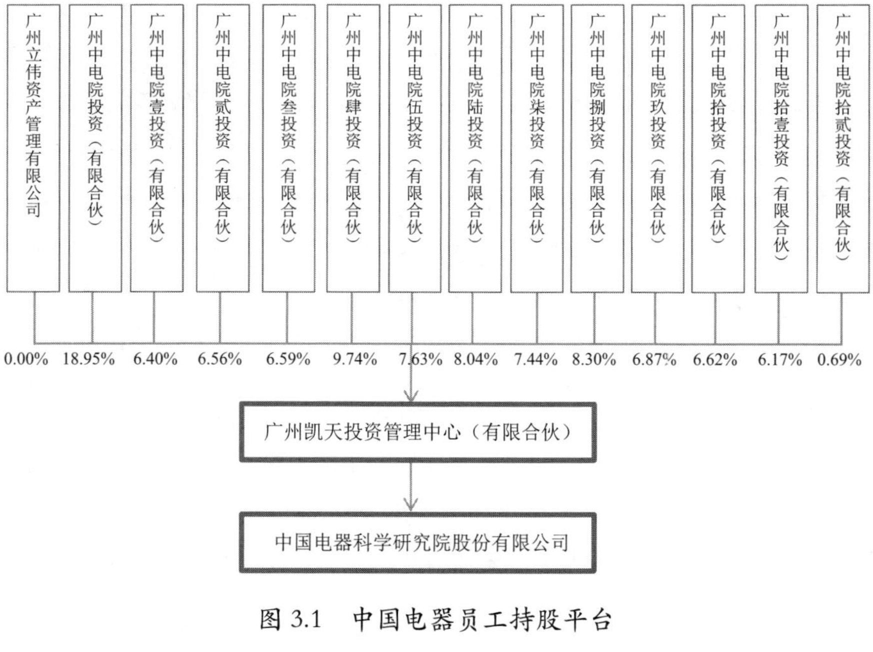

图 3.1　中国电器员工持股平台

资料来源：中国电器科学研究院股份有限公司招股说明书。

广州凯天投资管理中心（有限合伙）为第一级员工持股平台，直接持有中国电器科学研究院股份有限公司的股份。共设立 13 个二级员工持股平台。第一级和第二级员工持股有限合伙企业的普通合伙人均为广州立伟资产管理有限公司（实际控制人控制）。广州立伟资产管理有限公司出资额为一元，因此比例四舍五入为 0.00%。

3.9.6 锁定期满后员工持股平台的减持

锁定期后，员工所持相关权益拟转让退出的，按照员工持股计划章程或有关协议的约定处理。如果持股员工为发行人大股东（合计持股比例超过 5%）或者为发行人的董事、监事、高级管理人员或核心技术人员，则锁定期满后减持需要按照相关规定执行（具体见本书 9.3）。

若持股员工为发行人普通员工，锁定期满后，为了保证员工的稳定性，建议在员工持 股计划章程或者协议中约定，不可以在锁定期满后立即全部将持有的员工持 股平台的份额减持完毕，规定每年减持的员工持股平台份额的上限。

案例：晶丰明源（科创板代码：688368）

员工持股平台规定锁定期结束后，员工每年减持股权比例不得超过其所持股权的 25%，在职期间原则上应当保留所持出资份额总数的 25%（经出资份额管理机构批准可以解除限制）。

案例：中国电器

中国电器首次公开发行股票上市交易满 36 个月后，员工持股计划的参与人可以申请减持，持有人为中国电器董事、党委书记、党委副书记、纪委书记、公司高管的，每年可减持员工股份不得高于其所持全部员工股份的 25%，累计减持份额不得超过其所持全部员工股份的 50%；其他持有人一次或多次减持份额不得超过其所持全部员工股份的 60%。

若持有人退休或死亡、持有人自恃有该股份之日起在公司持续工作满 10 年、持有人在公司工作满 15 年，股份转让不再受限。

3.9.7 需要在上市申请文件中披露的信息

发行人需要在上市申请文件中披露员工持股平台的合伙人姓名、在公司任职情况、出资额、出资比例和合伙人类型等信息。除此之外，还需要披露员工持股平台是否遵循“闭环原则”、是否履行登记备案程序、股份锁定期等内容。

3.9.8 上市前后设立员工持股计划的差异

上市前后设立员工持股计划的差异主要表现在如下几方面，见表 3.21。

表 3.21 上市前后设立员工持股计划的差异

	上市前	上市后
股份来源	发行人增资、控股股东老股转让和股东赠与	上市公司回购、二级市场购买、认购非公开发行股票、股东赠与等
股份锁定期	自设立起至少至上市后 36 个月内	一般为 12 个月，如果以非公开发行方式实施员工持股计划的，锁定期为 36 个月①
持股比例	一般没有规定	全部有效的员工持股计划所持有的股票总数累计不得超过公司股本总额的 10%，单个员工所获股份权益对应的股票总数累计不得超过公司股本总额的 1%
持股平台	多以有限合伙企业为主	多以信托计划或资产管理计划为主

3.9.9 国企员工持股的额外注意事项

若发行人为符合国资发改革〔2016〕133 号文的试点国有企业，则可以在上市前引入员工持股。国有企业引入员工持股需要注意如下事项，见表 3.22。

表 3.22 国企员工持股的额外注意事项

名称	具体事项
参与员工资格	党中央、国务院和地方党委、政府及其部门、机构任命的国有企业领导人员不得持股。如果直系亲属多人在同一企业的，只能一人持股；监事（包含职工监事）不可以参与员工持股
股份来源	需要为发行人新增股份（即员工持股平台需要以增资的方式入股）
股份总量	原则上不高于公司总股本的 30%，单一员工持股比例不高于公司总股本的 1%
员工出资	发行人和国有股东都不可以向员工无偿赠与股份，不可以向持股员工提供垫资、担保、借贷等财务资助，员工也不可以接受与发行人有生产经营往来的其他企业的借款或融资帮助
入股价格	需要不低于每股净资产评估值，一般需要和混改同期引进的外部投资者同价

① 目前，科创板尚未发布员工持股计划信息披露细则，上市后锁定期和员工持股计划持股比例参照主板和创业板规定。

3.10 申报前制订期权激励计划

如果发行人选择在主板或者创业板申报上市，证监会会要求发行人在上市申报之前注销或者加速行权完毕期权激励计划，以免激励人员在上市申报后行权造成发行人股权结构不稳定。而科创板则可以允许发行人携带期权激励计划过会。相对主创板，这又是科创板的一项制度红利。

3.10.1 激励对象

首发前制定的期权激励计划和上市后制订的期权激励计划的激励对象人员在上市前后并无变化，如表 3.23。

表 3.23 股权激励计划激励对象人员

<table>
<tr><th>激励对象人员</th><th>备注</th></tr>
<tr><td>董事</td><td>独立董事除外</td></tr>
<tr><td>高级管理人员</td><td>高级管理人员包括公司总经理，副总经理，财务总监和董事会秘书，实际以公司章程载明为准</td></tr>
<tr><td>核心技术人员或者核心业务人员</td><td>具体认定见 3.71</td></tr>
<tr><td>公司认为应当激励的对公司经营业绩和未来发展有直接影响的其他员工</td><td>但是不可以是监事和独立董事</td></tr>
<tr><td>单独或合计持有公司 5% 以上股份的股东</td><td rowspan="3">同时在公司担任董事、高级管理人员、核心技术人员或者核心业务人员，同时公司要充分说明这些人员成为期权激励对象人员的合理性</td></tr>
<tr><td>公司实际控制人及其配偶、父母、子女</td></tr>
<tr><td>外籍员工</td></tr>
</table>

另外，监事不能成为期权激励对象人员，激励对象人员必须全部都是发行人的员工。同时，期权激励对象人员也不能属出现表 3.24 所列情形：

表 3.24 具体情形

序号	具体情形
1	最近 12 个月内被证券交易所认定为不适当人选
2	最近 12 个月内被中国证监会及其派出机构认定为不适当人选
3	最近 12 个月内因重大违法违规行为被中国证监会及其派出机构行政处罚或者采取市场禁入措施
4	具有《公司法》规定的不得担任公司董事、高级管理人员情形的

续上表

序号	具体情形
5	法律法规规定不得参与公司股权激励的
6	中国证监会认定的其他情形

如果在期权激励计划实施过程中，出现上述情形的，发行人不得继续授予其权益，其已获授但尚未行使的权益必须终止行使。

3.10.2 上市前后制订期权激励计划的差异

上市前后制定的期权激励计划差异如下表 3.25。

表 3.25 上市前后制订期权激励计划的差异

	上市前制订	上市后制订
期权的行权价格	由股东自行商定确定，但原则上不应低于最近一年经审计的净资产账面价值或评估值	行权价格不得低于股票票面金额，且原则上不得低于下列价格较高者：（1）期权激励计划草案公布前 1 个交易日的公司股票交易均价；（2）期权激励计划草案公布前 20 个交易日、60 个交易日或者 120 个交易日的公司股票交易均价之一
对应股票数量	全部在有效期内的期权激励计划所对应股票数量占上市前总股本的比例原则上不得超过 15%	全部在有效期内的期权激励计划所涉及的标的股票总数，累计不得超过公司股本总额的 20%
预留权益	不得设置预留权益①	可以设置预留权益，但是预留比例不得超过本次期权激励计划拟授予权益数量的 20%
行权日后减持规定	激励对象在发行人上市后行权认购的股票，需要承诺自行权日起三年内不减持，同时还要承诺上述期限届满后比照董事、监事及高级管理人员的相关减持规定执行②	行权后没有统一锁定期要求，如果是董事、高管的，要按照对董事、高管的锁定期要求减持；如果不是董事、高管，则没有特定锁定期限要求

总体来看，发行人如果在上市申报前制定期权激励计划，拟定的行权底价一般情况下，可以低于上市后制定的期权激励计划拟定的行权底价；除此外，发行人上市后制定期权激励计划则可以在激励股数、预留权益、锁定期等方面享有更高自由度。

---

① 监管不允许在上市前制定的期权激励中设置预留权益是为了避免发行人期权激励对象不确定而产生利益输送。

② 此处内容可见本书 9.3。

需要注意的是，上市申报前制定期权激励计划不可以设置预留权益，则意味着发行人要在上市申报前明确全部的激励对象人员。

3.10.3 期权激励计划实施

激励计划的必备内容与基本要求，激励工具的定义与权利限制，行权安排，回购或终止行权，实施程序等内容，应参考《上市公司股权激励管理办法》的相关规定予以执行，保证上市前后制订的期权激励计划可以衔接一致[①]。

另外，为了保持股权稳定，在审期间，发行人不可以新增期权激励计划，相关激励对象不得行权。由于股权激励的意义在于激励，因此期权激励不可以导致发行人控制人变更。

3.10.4 招股说明书中信息披露

发行人至少需要在招股说明书中披露有关股权激励的下列信息：

（1）期权激励计划的基本内容、制订计划履行的决策程序、目前执行情况；

（2）期权行权价格的确定原则，以及和最近一年经审计的净资产或评估值的差异与原因；

（3）期权激励计划对公司经营状况、财务状况、控制权变化等方面的影响；

（4）涉及股份支付费用的会计处理等。

3.11 股份支付

股份支付，是指发行人为获取职工和其他方提供服务而授予权益工具或者承担以权益工具为基础确定的负债的交易。股份支付分为两种，一种为权益结算的股份支付，一种为现金结算的股份支付。权益结算的股份支付含义为发行人以权益为对价（一般为自身股票），以低于公允价值的价格授予或转让给职工或第三方，换取其提供的服务；在现金结算的股份支付情况下，发行人换取服务的对价为现金或其他资产（参照股票的价格确定其金额）。

---

① 此处内容可见本书 9.3。

发行人需要合理规划股权激励，避免因股份支付产生大额费用，对净利润造成不利影响，从而加大审核难度和降低股权估值水平。而且，如果发行人因股份支付费用过大，从而导致净利润为负，则不能以普通公司市值标准一申请上市（目前，申报科创板上市的公司多以普通公司市值标准一上市）。

3.11.1 适用股份支付的情况

同时满足表 3.26 所列情形，可以认定为股份支付。

表 3.26 适用股份支付的情况

提供服务方（接受股份方）	接受服务方	转让股份方	入股价格
职工（包括职工持股平台）	发行人	发行人增发新股或者股东及主要关联方转让老股[①]	低于股份的公允价格
客户			
供应商			

需要说明的是，发行人在获取职工、客户、供应商提供的服务或获取相应服务权利的目的是用于其正常生产经营，不是转手获利。

3.11.2 实际控制人受让股份是否构成股份支付

为发行人提供服务的实际控制人以低于股份公允价值的价格增资入股事宜，如果根据增资协议，并非所有股东均有权按各自原持股比例[②] 获得新增股份。实际控制人超过其原持股比例而获得的新增股份，是需要认定为股份支付的。

如果增资协议约定，所有股东均有权按各自原持股比例获得新增股份，但股东之间转让新增股份受让权且构成集团内股份支付，导致实际控制人超过其原持股比例获得的新增股份，也属于股份支付。

3.11.3 可以不适用股份支付的情况

（1）解决股份代持等规范措施导致股份变动；

① 权益结算的股份支付，如果对价为与发行人自身权益工具未来的价值密切相关，即为承担以权益工具为基础确定的负债的交易，也为股份支付。
② 对于实际控制人原持股比例，应按照相关股东直接持有与穿透控股平台后间接持有的股份比例合并计算。

（2）家族内部财产分割、继承、赠予等非交易行为导致股权变动；

（3）资产重组、业务并购导致股权变动；

（4）持股方式转换导致股权变动；

（5）向老股东同比例配售新股等导致股权变动。

上述股权变动，可以证明同发行人获取服务无关的，可以不适用股份支付。

3.11.4 股份公允价值参考

发行人需要把转让股份的公允价值与实际支付价格之间的差额计入管理费用等科目，同时增加资本公积（如果是非权益结算的股份支付，则相应增加负债）。

在确定公允价值时，可合理考虑入股时间阶段、业绩基础与变动预期、市场环境变化、行业特点、同行业并购重组市盈率水平、股份支付实施或发生当年市盈率与市净率指标等因素的影响；也可优先参考熟悉情况并按公平原则自愿交易的各方最近达成的入股价格或相似股权价格确定公允价值，如近期合理的 PE 入股价。

股份公允价值的最主要参照为最近的 PE 入股价，在适用 PE 入股价作为股份公允价值时，不能无条件直接套用。要在 PE 入股时间和股权激励授予时间间隔内，公司有无发生重大变化、PE 入股是否随附估值调整机制（对赌条款），是否有其他条款（比如协助市场拓展、引流客户等）等情况基础上，发行人对 PE 入股价酌情调整确定股份公允价值。

其次，有时候也会采用估值技术确定公允价值，但要避免采取有争议的、结果显失公平的估值技术或公允价值确定方法，如在明显增长预期下按照成本法评估的每股净资产价值或账面净资产。

3.11.5 股份支付的会计处理

股份支付一般有两种会计处理方式，如果是对增资或受让的股份立即授予或转让完成且没有明确约定服务期等限制条件的，原则上需要一次性计入发生当期，并作为偶发事项计入非经常性损益。即按照授予日（一般为董事会确定授予之日的日期）权益工具的公允价值，将取得的服务计入相关资产成本或当期费用，同时计入资本公积中的股本溢价。

案例：洁特生物

2018年12月4次临时股东大会会议审议通过麦金顿（洁特生物员工持股平台）和董事会秘书兼财务总监陈长溪向洁特生物进行增资，此次增资价格系参考同期外部机构投资者增资扩股价格19.06元/股，并综合考虑员工在公司业绩增长及服务等方面的贡献，最终协商确定价格为9.53元/股。洁特生物按照《企业会计准则第11号——股份支付》的相关规定，对此次增资扩股确定为股份支付，该股份支付不存在等待期，授予日即行权，股份支付的费用（所授予股份于授予日的公允价值－实际行权价格）在授予当期一次性计入费用。因此本次股份支付事项增加了洁特生物2018年度管理费用436.90万元，并同时增加资本公积436.90万元。

对设定服务期等限制条件的股份支付，股份支付费用可采用恰当的方法在服务期内进行分摊，并计入经常性损益。发行人需要在等待期内的每个资产负债表日，以对可行权权益工具数量的最佳估计为基础，按照权益工具在授予日的公允价值，将当期取得的服务计入相关资产成本或者费用，同时计入资本公积中的其他资本公积。

案例：安博通（科创板代码：688168）

2016年3月，安博通决定通过崚盛投资对43名骨干员工实施股权激励，制订了《北京安博通科技有限公司股权激励方案》。2016年6月29日，全体合伙人一起签署了《石河子市崚盛股权投资合伙企业（有限合伙）合伙协议》，其中约定被激励对象需要遵守《北京安博通科技有限公司股权激励方案》。2016年7月12日，崚盛投资完成工商登记变更，骨干员工正式成为崚盛投资合伙人。

2016年6月，股权激励实施，该项股权激励分四期行权，其中25%授予后即行权，余下75%分为三期计划，在满足一定业绩指标和个人考核要求后分别于2016年、2017年、2018 年各行权25%。参考最近PE增资价格计算，该项股权激励所涉及的股权于授予日的公允价值总额为4 466.00万元，43名骨干员工购买崚盛投资出资额的价款为732.90万元。

安博通根据各年度相关业绩和个人考核情况，确定 2016 年 12 月 31 日、2017 年 12 月 31 日和 2018 年 12 月 31 日的每期激励计划可行权权益工具的最佳估计，参考授予日最近 PE 增资价格计算股份支付公允价值，分别确认 2016 年度、2017 年、2018 年度股份支付金额为 2 336.29 万元、961.87 万元和 335.45 万元。具体见表 3.27。

表 3.27　经常性损益和非经常性损益

项目	2018 年度	2017 年度	2016 年度
非经常性损益（万元）	—	—	933.28
经常性损益（万元）	335.45	961.87	1 403.01
合计	335.45	961.87	2 336.29

股权授予日的公允价值确定的依据

距离本次股权激励最近的 PE 增资时间为 2016 年 3 月，该次增资有两个股东对安博通进行增资，增资情况见表 3.28。

表 3.28　安博通 2016 年 3 月增资情况

增资股东名称	增资金额（万元）	本次增资取得的安博通股权比例（%）
深圳市和辉财富投资企业（有限合伙）	2 800	7
深圳市中艺和辉股权投资企业（有限合伙）	1 200	3
合计	4 000	10

该次增资前安博通的整体估值为 36 000 万元，加上本次现金增资的 4 000 万元，增资后安博通的整体估值为 40 000 万元。该次增资的两个股东与安博通在交易前不存在关联关系，此项交易系两个股东在实施审慎尽职调查之后，按正常商业条件与发行人自愿达成，因此交易价格公允。

该次增资距离实施股权激励时间仅差三个月，且此期间安博通业务、市场等均未发生重大变化，因此，安博通参考该次增值后发行人的整体估值，计算与股权激励相关的股份支付金额。

3.12　如何申请豁免进行信息披露

发行上市申请文件和对上海证券交易所发行上市审核机构审核问询的回复中，拟披露的信息属于国家秘密、商业秘密，披露后可能导致其违反国家有关保密的法律法规或者严重损害公司利益的，发行人及其保荐机构可以向上海证券交易所申请豁免披露。

3.12.1　涉及国家秘密的要求

发行人需要在豁免申请中逐项说明需要豁免披露的信息，认定国家秘密或商业秘密的依据和理由，并说明相关信息披露文件是否符合招股说明书准则及相关规定要求，豁免披露后的信息是否对投资者决策判断构成重大障碍。

发行人从事军工等涉及国家秘密业务的，需要符合表3.29所列的要求：

表3.29　涉及国家秘密的要求

序号	具体要求
1	提供国家主管部门关于发行人申请豁免披露的信息为涉密信息的认定文件
2	提供发行人全体董事、监事、高级管理人员出具的关于首次公开发行股票并上市的申请文件不存在泄密事项且能够持续履行保密义务的声明
3	提供发行人控股股东、实际控制人对其已履行和能够持续履行相关保密义务出具承诺文件
4	在豁免申请中说明相关信息披露文件是否符合《军工企业对外融资特殊财务信息披露管理暂行办法》及有关保密规定
5	说明内部保密制度的制订和执行情况，是否符合《保密法》等法律法规的规定，是否存在因违反保密规定受到处罚的情形
6	说明中介机构是否根据国防科工局《军工涉密业务咨询服务安全保密监督管理办法》取得军工企业服务资质
7	对审核中提出的信息豁免披露或调整意见，发行人应相应回复、补充相关文件的内容，有实质性增减的应当说明调整后的内容是否符合相关规定、是否存在泄密风险

3.12.2　涉及商业秘密的要求

发行人因涉及商业秘密提出豁免申请的，需要符合以下要求：

（1）发行人需要建立相应的内部管理制度，并明确相关内部审核程序，审慎认定信息豁免披露事项；

（2）发行人的董事长需要在豁免申请文件中签字确认；

（3）豁免披露的信息需要尚未泄漏。

3.13 存在职工持股会 / 工会持股是否需要清理

职工持股会是 20 世纪 90 年代国企股份制改革中的特殊历史产物，是内部职工股的载体形式。最初，部分国企设立职工持股会一方面是为了实现国有企业改制为现代企业制度的目标，另一方面也是为了提高内部职工对公司的积极性，提升员工绩效水平。

职工持股会按载体的形式不同，主要有两种模式，分别是社团法人模式（职工自愿组成团体并登记为社会团体组织，不依赖于工会）、工会模式（以工会或工会下属组织为职工持股载体，不登记为社团法人）。

两种模式的共同点都是职工持股会以全部资金作为注册资金向公司投资，以出资额为限对公司承担责任；职工以对职工持股会的出资额为限承担责任并享受相应权利。持股会按投入公司的资本额享受相应的分红权、对公司资产的权益索取权和相应的选举管理者等治理权。

3.13.1 职工持股会、工会持股需要清理的情况

一般在如下三种情况下，需要对职工持股会、工会持股进行清理：

（1）发行人控股股东或实际控制人存在职工持股会或工会持股情形的，需要清理；

（2）对于间接股东存在职工持股会或工会持股情形的，如不涉及发行人实际控制人控制的各级主体，发行人不需要清理；

（3）对于工会或职工持股会持有发行人子公司股份，如果不构成重大违法违规的，则不需要清理。

3.13.2 职工持股会、工会持股需要清理的原因

如果存在 3.13.1 节的情况，监管机构会要求清理职工持股会、工会持股，原因有如下几点：

1. 与现行法律法规不符。

关于清理职工持股会、工会持股的法规，主要有两部：（1）民政部《关于暂停对企业内部职工会进行社团法人登记的函》民办函〔2000（110）〕）其中提到职工持股会为单位内部团体，不再由民政部门登记管理。各地民政部门暂不对企业内部职工持股会进行社团法人登记，此前已登记的职工持股会暂不换发社团法人证书。

（2）中国证监会《关于职工持股会及工会持股有关问题的法律意见》（法协字〔2002〕第 115 号）中提到证监会停止审批职工持股会及工会作为发起人或股东的公司的发行申请，理由有两点。首先是防止发行人借职工持股会或工会的名义变相发行内部职工股；其二，在民政部门不再接受职工持股会的社会团体法人登记后，职工持股会不再具备法人资格，不再具备成为上市公司股东及发起人的主体资格；其三，按照《中华人民共和国工会法》的规定，工会成为上市公司股东与工会宗旨不符。

2. 容易导致发行人控股权不清晰，出现股权纠纷等情况。职工持股会一般设立较早，历史演变复杂，持股职工众多，容易产生股权代持，造成股权不清晰和股权纠纷的情况。

3.13.3 职工持股会、工会持股清理的方式

1. 职工持股会、工会将其持有的发行人股权转让给发行人实际控制人或控股股东。这种清理方式的优点包括：（1）可以增强实际控制人的控股地位；（2）可以规避发行人在上市前的股东人数超过 200 人；（3）操作起来相对简便。

这种清理方式的缺点包括：（1）实际控制人或控股股东需要付清股权受让款，有一定现金压力；（2）沟通难度相对较大，职工持股会、工会会员众多，沟通工作量相对较大。

2. 首先由职工持股会、工会会员认缴出资新设一家员工持股平台。其次

发行人实际控制人或控股股东提供借款给新设立的员工持股平台。再次职工持股会、工会将其持有的发行人股权转让给员工持股平台。员工持股平台以控股股东、实际控制人提供的借款作为股权受让款。职工持股会、工会获取股权转让款后，办理清算手续，并将资金分配给会员职工。

职工再以此资金实缴新设员工持股平台的出资，新设员工持股平台收讫员工的实缴出资款后再归还实际控制人或大股东的借款。这种清理方式的优缺点如表 3.30。

表 3.30　股权转让给员工持股平台的优点缺点

优点	员工可以通过持股平台继续持有股份，沟通难度相对较小
	实际控制人资金压力相对小，但是仍然需要提供给员工持股平台一笔过桥借款
缺点	如果新设立的员工持股平台没有按照闭环方式运作且没有在基金业协会完成登记备案则员工持股平台的股东人数需要穿透计算。
	操作过程相对复杂
	职工税负相对较大

3.13.4　职工持股会、工会持股清理的实施程序

需要说明的是如果持有内部职工股的载体不是职工持股会，而是工会，那么可以不需要办理清算注销，只需要剥离工会的营利功能，使其工会回归成为纯粹为员工服务的组织即可。具体步骤见表 3.31。

表 3.31　具体步骤

序号	具体步骤	备注
1	召开持股职工大会，通过清理职工持股会的决议	事先做好相关沟通，保证相关决议获得通过
2	签订股权转让协议①，将职工持股会持有的公司股权转让给实际控制人或员工持股平台	保证股权转让价格公允

① 也可以签订附条件生效的股权转让协议，在职工持股会通过相关决议后生效。

续上表

序号	具体步骤	备注
3	清算职工持股会	再次召开职工持股大会，通过终止职工持股会和清算方案决议，成立清算小组开展清算工作。聘请会计师事务所出具审计报告，审定职工持股会的资产、负债（负债主要为应付未付的持股会员的分红款和审计费用、注销费用）和净资产额。首先，支付清算费用（审计费和注销费）。其次将拖欠部分持股会员的分红款支付完毕（若有）。再次按照个人持股比例分配剩余财产（主要是股权转让款）。分配完毕后，让原职工会会员签署《清算剩余财产领款证明》《同原持股职工会无权属或债权异议声明》，同意持股职工会办理注销登记手续。再由会计师事务所出具审计报告，证明已清算完毕，并由清算小组出具《清算报告》，并报职工持股会通过
4	办理职工持股会的注销登记	向当地民政部门或工会申请办理持股职工会的注销登记

3.14 申报前后新增股东锁定期

如果是申报前六个月进行增资扩股的，新进入的股东要承诺新增股份自发行人完成工商变更手续之日起锁定 3 年；

如果是在申报前六个月从控股股东或实际控制人处受让的股份，需要比照控股股东或实际控制人的所持股份进行锁定①。

需要说明的是，在最近一年末资产负债表日后增资扩股引入新股东的，需要在申报前增加一期审计。

申报之后，通过增资或股权转让产生新股东的，原则上发行人需要撤回发行上市申请，重新申报。但是同时满足表 3.32 情况是可以除外的（需要同时满足表中一、二、三）。

① 关于不同人员的锁定期具体要求请见本书 9.3。

表 3.32 发行人重新申报豁免情况

一、整体原则	二、新股东产生主要情形	三、新股东承诺
股权变动没有造成实际控制人变更，没有对公司控股权的稳定性和持续经营能力造成不利影响	继承	所持股份上市后 36 月内不转让、不上市交易（继承、离婚除外）
	离婚	
	执行法院判决	
	仲裁裁决	
	执行国家法规政策要求	
	省级人民政府主导	

3.15 如何整改出资瑕疵或改制瑕疵

在《科创板发行上市审核问答二》中提到，如果发行人历史上存在出资瑕疵，发行人需要在申报之前采取补救措施。

因此，如果发行人股东存在未全面履行出资义务、抽逃出资等存在出资瑕疵或者公司历史上涉及国有企业、集体企业改制等存在瑕疵的情况，需要进行整改。

3.15.1 出资存在瑕疵情况汇总

出资瑕疵情形包括非货币资产出资未办理财产权转移手续、出资不足和货币出资比例不符合早期公司法要求等情况。具体见表 3.33。

表 3.33 发行人历史上存在的瑕疵情形

出资瑕疵情形	具体情况
非货币资产出资未办理财产权转移手续	实物资产（机器设备、厂房大楼）、无形资产（专利、土地使用权、商标等）已经实际交付公司使用，且股东没有从公司收取费用，但是没有办理财产权转移手续（按照实质重于形式原则，只是欠补法律手续，补足手续即可）
出资不足	实际出资金额小于验资报告及协议载明金额
	以发行人公司自身的资产对公司增资

续上表

出资瑕疵情形	具体情况
出资不足	国企改制时以工资、福利费和职工教育经费转为职工个人投资（工资、福利费、职工教育经费不得转作职工个人投资[①]）
	以同一资产重复出资
	长期占用公司资金（可能会导致虚假出资或抽逃出资）
	用作出资的资产与公司主营业务没有关系，没有给公司带来收益
	出资未及时到位
无形资产 / 货币出资比例不合早期公司法要求	早期公司法要求货币出资不能低于 30%（不用补足出资，获取工商部门不予处罚的证明即可）

3.15.2　补足出资主要步骤

（1）确立补足出资资产方式；

（2）资产评估；

（3）财产权转移（如果是非货币资产出资）；

（4）会计师事务所出具验资报告复核；

（5）相关股东出具相应兜底承诺函；

（6）取得工商部门确认出资的文件和不予处罚的证明；

（7）保荐机构、律师发表意见。

3.15.3　非货币资产出资方式

非货币资产出资方式包括：不动产（房屋、厂房和土地使用权）、车辆、商标、专利权和公司股权等。具体见表 3.34。

表 3.34　非货币资产转移

非货币资产出资主要类型	财产权转移手续
不动产（房屋、厂房和土地使用权）	以登记为生效要件，因此需要向不动产所在地（非公司所在地）当地政府不动产登记部门办理不动产转移登记手续

① 《企业公司制改建有关国有资本管理与财务处理问题的暂行规定》（财企〔2002〕313 号）。

续上表

非货币资产出资主要类型	财产权转移手续
车辆	车辆需要办理过户手续（动产所有权以交付为生效要件，但是不登记不能对抗善意第三人，因此若车辆动产未过户，建议为车辆办理过户手续）
商标	需要出资股东和发行人共同向国家知识产权局下属的商标局提出转让申请（需要将商标出资合同副本备案），商标局核准公告后，商标所有权转移完成
专利权	向国家知识产权局下属的专利局提出转让申请，专利局核准公告后，财产权转移手续完成
公司股权	需要完成公司股东名册的变更和工商部门变更登记（以对抗善意第三人）

若出资土地使用权为划拨地，则有两种解决措施：（1）使用货币出资或者其他非货币财 产出资，替代划拨地出资；（2）申请将划拨地转为出让用地，首先报有批准权的政 府部门审批，准予准让的，由受让方缴纳土地出让金、办理土地出让手续。

若出资土地使用权为集体土地使用权，只能用货币出资或者其他非货 币财产出资，替代集体土地使用权出资（见表 3.35）。

表 3.35　非货币资产转移存在实质障碍

序号	障碍类型	障碍原因
1	出资土地使用权为划拨地	受制于划拨土地用途及转让限制，未经市县级土地管理部门批准，不能转让
2	出资土地使用权为集体土地使用权	只能转让给本集体成员，且不能用于非农建设，只有政府征用转为国有土地使用权后，才可以进行转让

3.15.4　确立补足出资资产方式

补足出资资产方式可以为货币出资或者货币和非货币财产复合出资① 需要注意的是，股东不得以劳务、信用、自然人姓名、商誉、特许经营权、销售渠道或者设定担保的财产（设定担保的财产需要解除担保后，才可以作价出资）等作价出资。

如果股东以其他公司的股权进行出资，用于出资的股权需要满足：（1）该

① 货币出资不需要进行资产评估和办理财产权转移手续，效率较高，在股东现金充足的情况下，建 议以现金补足出资。

股权为在中国境内设立公司的股权；（2）股权不能被设立质押（若设立质押，需要解除）；（3）股权所在公司章程没有约定不能转让；（4）如果股权所在公司股东转让股权需要经过国资部门批准，已经得到批准，并取得批准文件。

如果股东以债权进行出资，同样需要债权所在公司为中国境内设立公司，可以用作出资的债权为表 3.36 所列三种情形之一：

表 3.36　出资债权类型

序号	出资债权类型
1	债权人已经履行债权所对应的合同义务，且不违反法律、行政法规、国务院决定或者公司章程的禁止性规定
2	经人民法院生效裁判或者仲裁机构裁决确认
3	公司破产重整或者和解期间，列入经人民法院批准的重整计划或者裁定认可的和解协议

另外，如果债权人不止一家，则需要在债转股之前，债权人对债权进行分割。

3.15.5　非货币财产资产评估

首先，需要聘请具备证券、期货从业资格资质的资产评估机构为出资资产出具资产评估报告。

其次，如果评估后的出资非货币资产价值金额超过需要补足的出资金额，那么超过部分，既可以在补足出资协议中约定作为公司的所有者权益，全部作为资本公积——股本溢价（或者部分作为资本公积——股本溢价，其余作为股东的增资）；也可以约定为股东对公司的债权。

最后，还可以在补足出资协议中约定签订协议到完成出资资产转移期间。如果资产明显贬值，则应由股东以货币补足出资；如果资产明显升值，则约定这部分损益归发行人所有。

3.15.6　在上市申请文件中的信息披露要求

发行人要在招股书中充分披露存在的出资瑕疵事项、采取的补救措施和保荐机构、律师出具的明确意见。

发行人是国有企业、集体企业改制而来的或历史上存在挂靠集体组织经营的企业，如果改制的过程中法律依据不明确、相关程序存在瑕疵或与有关法律法规存在冲突，原则上发行人应该在招股书中披露有权部门关于改制程序的合法性、是否造成国有或集体资产流失的意见。国有企业、集体企业改制过程不存在上述情况的，发行人也要在上市申请文件中披露保荐机构和律师出具的意见。

3.16 关于共同投资

共同投资指的是发行人在经营中存在与其控股股东、实际控制人、董事、监事和高级管理人员及其亲属直接或间接共同设立公司的情形。

在满足表 3.37 条件后，一般情况下共同投资是不需要清理的：

表 3.37 发行人共同投资不需要清理的满足条件

序号	满足条件
1	发行人出资合法合规、出资价格公允
2	如果共同投资设立的公司和发行人存在业务、资金上的交易，需要保证这些交易是真实、合法、必要和公允的，没有损害发行人利益的情况
3	如果共同投资方是董事、高管及其近亲属，则要求必须符合《公司法》148 条的规定，即不存在未经股东会或者股东大会同意，利用职务便利为自己或者他人谋取属于公司的商业机会，自营或者为他人经营与所任职公司同类的业务

同时，发行人在招股说明书中需要披露的信息包括：

（1）共同投资的公司的基本情况，包括：公司名称、成立时间、注册资本、住所、经营范围、股权结构和一年一期的主要财务数据和简要历史沿革；

（2）发行人和控股股东、实际控制人、董事、监事和高级管理人员及其亲属直接或间接共同设立公司的背景、原因和必要性；

（3）如果发行人和共同投资设立公司存在业务、资金往来的，还需要披露相关交易的交易内容、交易金额、交易背景和相关的关联交易和公司的主营业务之间的关系。

3.17　与投资机构签订的投资协议中存在对赌条款

如果PE、VC等机构在对发行人投资时约定估值调整机制（对赌条款），原则上是要求在向上交所申报前清理完毕，但同时满足表3.38所列条件的对赌协议可以不清理。

表3.38　不清理条件

序号	条件
1	公司不作为对赌协议当事人
2	对赌协议不存在可能影响公司控制权变化的约定，对赌协议中不涉及股权调整 / 回购条款
3	对赌协议不与市值挂钩
4	对赌协议不存在严重影响公司持续经营能力或其他严重影响投资者权益的情形

3.17.1　在申报上市材料前解除对赌协议

现有的科创板拟IPO公司，基本都选择在申报上市材料前解除对赌协议或者签订附加协议。

如果在申报上市材料前解除对赌协议（比如签订投资协议之终止协议），则发行人需要在上市申请文件中披露对赌协议中涉及的业绩承诺、股份价格调整、现金回购等条款主要内容，说明是否存在触发对赌协议生效的情形。同时说明已签订不附条件的对赌协议之终止协议，并且无其他替代性利益安排，自对赌协议终止协议签订后，各方就业绩承诺、股份价格调整、回购等相关条款范围内的权利义务已解除，发行人及股东不存在应履行未履行的义务，投资方放弃任何追诉权利①。

同时需要之前签订对赌协议的投资方签订承诺确认函，确认上述内容。

案例：杭可科技（688006）

投资方与发行人、发行人控股股东和发行人其他股东签署《浙江杭可科技股份有限公司增资扩股协议之补充协议一》，其中约定："终止《补充协议》:

① 如果发行人之前存在未完成业绩承诺的情形，则为保证上市顺利通过，投资方应放弃要求发行人或股东进行股份或现金补偿的权利。

《补充协议》中与业绩承诺、股份价格调整、回购等相关条款，以及其他不符合届时有效的上市地有关法律法规或审核政策 / 审核要求，可能会对公司首次公开发行造成不利影响的约定自本协议生效起自动终止，各方就该等条款范围内的权利义务一并解除，涉及现金赔偿的条款及各方之间签署的书面承诺（如有）一并失效，各方对此无任何异议，并承诺放弃任何追诉权利。”

3.17.2　在申报上市之前签订对赌协议之附加协议（有条件中止协议）

如果在申报上市之前签订对赌协议之附加协议（有条件中止协议），则需要在附加协议中明确如果将发行人列为对赌协议的对手方，则在附加协议中应该将其从对赌协议的对手方中剔除。

案例：秦川物联

秦川物联、实际控制人邵泽华与投资方香城兴申签署的《增资协议》第 7 条含有退出安排的对赌条款，具体为：

“第 7 条 回购条件

7.1 若乙方（指秦川物联）未能在 2020 年 12 月 31 日之前完成中国境内 A 股上市，甲方（指香城兴申）有权要求丙方（指邵泽华）一次性回购甲方届时持有的部分或全部乙方股份；但如届时乙方已向中国证监会申报上市材料且审核程序尚未终结的，在此期间甲方无权要求回购；如果乙方顺利上市，回购条款自动终止；如乙方撤回上市申请或上市申请被中国证监会否决的，则回购条款恢复。

7.2 股份回购情形一经发生，丙方应在收到甲方发出的股份回购通知之日起 6 个月内无条件完成回购股份，并将所有回购价款一次性足额支付给甲方，逾期未支付或未足额支付回购价款，则就逾期未支付部分按实际逾期时间以万分之五的日利率计算罚息。”

2019 年 5 月，秦川物联、邵泽华与香城兴申签署《关于〈增资协议〉的补充确认》，三方共同确认：“在《增资协议》项下，秦川物联申报科创板上市具有向中国证监会申请 A 股上市同等效果。即：在秦川物联已向上海证券交易所申报科创板上市材料且审核程序尚未终结期间，香城兴申无权要求回购；如果秦川物联顺利上市，回购条款自动终止；如秦川物联撤回上市申请、上市申请被上海证券交易所作出终止发行上市审核决定或被中国证监会作出不予注册决定的，则回购条款恢复。”

这样的情况下，上述对赌（回购）安排已同时满足以下四项要求：一是发行人不作为回购义务人；二是不存在可能导致公司控制权变化的约定；三是上述对赌（回购）安排不与市值挂钩；四是不存在严重影响发行人持续经营能力或者其他严重影响投资者权益的情形。

3.18 财务内控不规范的整改

发行人需要严格按照现行法规、规则、制度要求对涉及的财务内控不规范情形进行整改或纠正。首先，要停止不当行为，收回资金；其次，建立并执行相应的财务内控制度。

发行人要保证首次申报审计截止日① 后，原则上不能再出现上述内控不规范和财务内控制度不能有效执行情形。

另外，发行人的销售结算应自主独立，内销业务通常不应通过关联方或第三方代收货款，外销业务如确有必要通过关联方或第三方代收货款且能够充分提供合理性证据的，最近一年（期）收款金额原则上不应超过当年营业收入的 30%。财务不规范的主要情形见表 3.39② 。

表 3.39 财务不够规范的情形

序号	主要情形
1	为满足贷款银行受托支付要求，在无真实业务支持情况下，通过供应商等取得银行贷款或为客户提供银行贷款资金走账通道（转贷）
2	为获得银行融资，向关联方或供应商开具无真实交易背景的商业票据，进行票据贴现后获得银行融资
3	与关联方或第三方直接进行资金拆借

① 审计截止日为最近一期经审计的财务报告资产负债表日。
② 连续 12 个月内银行贷款受托支付累计金额与相关采购或销售（同一交易对手、同一业务）累计金额基本一致或匹配的，不视为转贷行为。

续上表

序号	主要情形
4	因外销业务结算需要，通过关联方或第三方代收货款
5	利用个人账户对外收付款项
6	出借公司账户为他人收付款项

3.19 存在第三方回款

第三方回款通常是指发行人收到的销售回款的支付方（如银行汇款的汇款方、银行承兑汇票或商业承兑汇票的出票方或背书转让方）与签订经济合同的往来客户不一致的情况。

由于货物回款是销售真实性的重要支持，因此如果发行人存在第三方回款，会使得监管机构对发行人的销售真实性产生疑问。

发行人在正常经营活动中存在的第三方回款，如果符合表 3.40 所列的条件，一般情况下可以不需要进行整改。

表 3.40　不进行整改需要符合的条件

序号	需要符合的条件
1	与自身经营模式相关，符合行业经营特点，具有必要性和合理性
2	第三方回款的付款方不是发行人的关联方
3	第三方回款与相关销售收入钩稽一致，具有可验证性，不影响销售循环内部控制有效性的认定，申报会计师已对第三方回款及销售确认相关内部控制有效性发表明确核查意见
4	能够合理区分不同类别的第三方回款，相关金额及比例处于合理可控范围，最近一期通常不高于当期收入的 15%

一般情况下，下面六项的第三方回款情形可以认为具有必要性和合理性，可以不纳入第三方回款统计的情形如下：

（1）客户为个体工商户或自然人，其通过家庭约定由直系亲属代为支付货款，经中介机构核查无异常的；

（2）客户为自然人控制的企业，该企业的法定代表人、实际控制人代为支付货款，经中介机构核查无异常的；

（3）客户所属集团通过集团财务公司或指定相关公司代客户统一对外付款，经中介机构核查无异常的；

（4）政府采购项目指定财政部门或专门部门统一付款，经中介机构核查无异常的；

（5）通过应收账款保理、供应链物流等合规方式或渠道完成付款，经中介机构核查无异常的；

（6）境外客户指定付款。

3.20 设置表决权差异安排

如果公司是有限责任公司，可以在公司章程中自行约定对表决权的安排，可以按照出资比例行使表决权，也可以不按照出资比例行使表决权（必须记载在公司章程中，否则默认为按照出资比例行使表决权）。

如果是股份公司，按照《关于开展创新企业境内发行股票或存托凭证试点的若干意见》，创新试点企业存在投票权差异、协议控制架构或类似特殊安排的，可以以发行 CDR 的形式在境内实现上市。

或者是按照科创板《实施意见》和《股票上市规则》的规定，科技创新企业发行具有特别表决权类别的股份，每一特别表决权股份拥有的表决权数量大于每一普通股份拥有的表决权数量，其他股东权利与普通股东相同。

特别表决权比例，是指全部特别表决权股份的表决权数量占上市公司全部已发行股份表决权数量的比例。

科创板的拟 IPO 公司，如果设置特别表决权，需要遵循如下的规定。

3.20.1 设置表决权差异安排的要求及时间

发行人首次公开发行并上市前设置表决权差异安排的，需要经出席股东大会的股东所持三分之二表决权通过。

要注意的是，发行人在首次公开发行并上市前不具有表决权差异安排的，不得在首次公开发行并上市以后设置此类安排。也就是说，如果想要设置表决权差异安排，则需要在上市前完成操作，上市后就不被允许设置表决权差异安排了。

发行人在设置表决权差异安排后，至少经过一个完整的会计年度，才可以向上海证券交易所申报上市材料。发行人可以约定表决权差异安排运行期限为三年、五年甚至更长时间。

3.20.2 设置表决权差异安排对发行人股东的要求

设置表决权差异安排对发行人股东的要求，具体见表 3.41。在转换成普通股份前，股东持有的特别表决权股份不得在二级市场进行交易。

表 3.41 具体要求

序号	具体要求
1	持有特别表决权股份的股东在发行人中拥有权益的股份合计需要达到发行人全部发行有表决权股份的 10% 以上
2	该股东必须要在上市前后持续担任发行人的董事（或者是董事实际控制的持股 主体）
3	该股东要对发行人的业务发展做出过重大贡献。

3.20.3 每份特别表决权股份对应的表决权数量①

每份特别表决权股份的表决权数量应当相同，不得超过每份普通股份的表决权数量的 10 倍，且要把每份特别表决权股份拥有的表决权数量记载在公司章程中。中国证券登记结算有限责任公司也会对每份特别表决权股份拥有的表决权数量与每份普通股份拥有的表决权数量的比例进行登记和相应调整。

股东按照不同的特别表决权股份拥有的表决权数量对应的实际表决权数量，见表 3.42。

表 3.42 股东按照不同的特别表决权股份拥有的表决权数量对应的实际表决权数量

表决权情形	特别表决权股份数量 / 总股本	特别表决权拥有的表决权数量 / 全部表决权数量	控制程度
1 股特别表决权股份拥有十份普通股表决权	16.67%	66.67%	绝对控制
	9.1%	50%	相对控制

① 中国证券登记结算有限责任公司会对特别表决权股份加以标识说明。

续上表

表决权情形	特别表决权股份数量 / 总股本	特别表决权拥有的表决权数量 / 全部表决权数量	控制程度
1 股特别表决权股份拥有五份普通股表决权	28.57%	66.67%	绝对控制
	16.67%	50%	相对控制

按照顶格计算（1 股特别表决权股份拥有十份普通股表决权），大股东持有公司 16.67% 有特殊表决权的股份，即可以达到对公司的绝对控制；大股东持有公司 9.09% 有特殊表决权的股份，即可以达到对公司的相对控制。

案例：优刻得

2019 年 3 月 17 日，优刻得召开 2019 年第 1 次临时股东大会，表决通过《关于〈优刻得科技股份有限公司关于设置特别表决权的方案〉的议案》，设置特别表决权股份（见表 3.43）。

表 3.43　上市前优刻得股权及表决权结构如下：

序号	股东名称	持股比例	持股数			表决权比例
			A 类股	B 类股	合计	
1	季昕华	13.96%	50 831 173		50 831 173	33.67%
2	莫显峰	6.44%	23 428 536		23 428 536	15.52%
3	华琨	6.44%	23 428 536		23 428 536	15.52%
4	其他股东	73.16%		266 443 819	266 443 819	35.29%
合计		100%			364 132 064	100%

每份 A 类股份拥有的表决权数量为每 B 类股份拥有的表决权 5 倍，每份 A 类股份的表决权比例相同。

季昕华、莫显峰和华琨为共同控股股东和实际控制人，上市前持有股数合计为 97 688 245 股，占比约为 26.84%，按照 5 倍的表决权比例（A 类股 /B 类股），表决权比例约为 64.71%，接近绝对控股比例。

3.20.4　不能提高上市前设置的特别表决权比例

发行人在上市前后需要保证普通表决权比例不低于 10%，即特别表决权比例不能高于 90%。

发行人在科创板上市后，只能以同比例配股、转增股本方式发行特别表决权股份，除此外，不能以任何其他方式在境内外发行特别表决权股份。

如果上市公司因股份回购等原因，可能导致股东特别表决权比例提高的，必须采取措施将相应数量特别表决权股份转换为普通股份，保证特别表决权比例不高于原有水平（如果发行人只有大股东设置了特别表决权，那么就需要大股东将自己手中的特别表决权的股份的一部分转换为普通股份；如果公司有两个股东设置了特别表决权，那么股东之间可以协商转股）。

3.20.5　特别表决权股份转换为普通股股份情形

发生特别表决权股份转换为普通股股份情形时，股东持有的特别表决权股份将即刻转换为普通股股份，相关股东 还要立即通知公司（如果发行人此时已上市，则上市公司还需要及时披露具体情形、发生时间、转换为普通股份的特别表决权股份数量、剩余特别表决权股份数量等情况）。

出现特别表决权股份须转换为普通股份情形的，上市公司要及时向中国证券登记结算有限责任公司提出申请，中国证券登记结算有限责任公司会进行登记调整。

有表 3.44 所列情形之一的，特别表决权股份需要按照 1 ∶ 1 的比例转换为普通股份。

表 3.44　转股情形

序号	转股情形
1	持有特别表决权股份的股东不再符合适格要求（适格要求见 3.24.2），或者丧失相应履职能力、离任、死亡
2	实际持有特别表决权股份的股东失去对相关持股主体的实际控制
3	表决权转移，持有特别表决权股份的股东向他人转让所持有的特别表决权股份，或者将特别表决权股份的表决权委托他人行使
4	公司的控制权发生变更，在这种情况之下，上市公司已发行的全部特别表决权股份将全部转换为普通股份

3.20.6　等量表决权事项

发行人股东对下列事项行使表决权时，每一特别表决权股份享有的表决权数量应当与每一普通股份的表决权数量相同，见表 3.45。

表 3.45　等量表决权事项

序号	等量表决权事项
1	对公司章程做出修改
2	改变特别表决权股份享有的表决权数量
3	聘请或者解聘独立董事（非独立董事，表决权比例可以不同）
4	聘请或者解聘为上市公司定期报告出具审计意见的会计师事务所
5	公司合并、分立、解散或者变更公司形式

第 1 项和第 2 项需要经过不低于出席会议的股东所持表决权的三分之二以上通过（3.20.4 和 3.20.5 除外）。

3.20.7　需要在公司章程中设置的相关条款

如果发行人设置特别表决权差异安排，需要在公司章程中设置如下条款：

（1）特别表决权股份的持有人资格；

（2）特别表决权股份拥有的表决权数量与普通股份拥有的表决权数量的比例安排；

（3）持有人所持特别表决权股份能够参与的股东大会事项范围；

（4）特别表决权股份锁定与转让限制；

（5）特别表决权股份与普通股份的转换情形。

3.20.8　信息披露

发行人如果设置了特别表决权安排，需要在招股说明书中充分、详细地披露特别表决权安排对中小投资者的风险、基本情况（包括通过的股东大会决议、运行期限、持有人主体、相对于普通股东的表决权比例、减持锁定安排等信息）以及对投资者设置的保护措施。

案例：优刻得——投资者保护措施

在设定特别投票权的同时，《公司章程》也对 A 类普通股及其特别投票权进行了多方面的限制，确保上市后 A 类普通股在公司全部股份的投票权中比例不会进一步增加，不会进一步摊薄 B 类普通股的投票权比例。此外，股东大会在就《公司章程》修改等重大事项投票时，仍采用一股一票的投票制度，由此进一步保护 B 类普通股股东的合法利益。

还需要在定期报告中持续披露特别表决权差异安排在报告期内的实施和变化情况，以及该等安排下保护投资者合法权益有关措施的实施情况。

3.21 募集资金投资项目

对募投项目设计的基本要求是需要结合公司现有主营业务、生产经营规模、财务状况、技术条件、管理能力、发展目标合理确定募集资金投资项目，相关项目实施后不能新增同业竞争，对公司的独立性不产生不利影响。

募集资金投资项目主要用于研发、技术改进或产业升级项目。

发行人在上市申请文件中需要披露本次上市募集资金的总额、净额和募集资金运用项目。

发行人需要披露其募集资金使用管理制度，以及募集资金重点投向科技创新领域的具体安排。要以列表的方式简要披露募集资金的投资方向、使用安排等情况。除此外，还需要符合表 3.46 所列具体要求。

表 3.46　具体要求

序号	具体要求
1	募集资金的具体用途（简要分析募集资金具体用途的可行性及其与公司现有主要业务、核心技术之间的关系（募集资金用于研发投入、科技创新、新产品开发生产的，应披露其具体安排及其与公司现有主要业务、核心技术之间的关系））
2	投资概算情况 [公司所筹资金如不能满足预计资金使用需求的，应说明缺口部分的资金来源及落实情况（一般为自筹资金解决）；如所筹资金超过预计资金使用需求的，应说明相关资金在运用和管理上的安排]
3	募集资金具体用途所需的时间周期和时间进度
4	募集资金运用涉及履行审批、核准或备案程序的，应披露相关的履行情况
5	募集资金运用涉及环保问题的，应披露可能存在的环保问题、采取的措施及资金投入情况
6	募集资金运用涉及新取得土地或房产的，应披露取得方式、进展情况及未能如期取得对募集资金具体用途的影响
7	募集资金运用涉及与他人合作的，应披露合作方基本情况、合作方式、各方权利义务关系
8	募集资金向实际控制人、控股股东及其关联方收购资产，如果对被收购资产有效益承诺的，应披露效益无法完成时的补偿责任

3.22 国有股权评估

经各级人民政府或其国有资产监督管理机构批准，对企业整体或者部分资产实施无偿划转或者国有独资企业与其下属独资企业（事业单位）之间或其下属独资企业（事业单位）之间的合并、资产（产权）置换和无偿划转，是不需要进行国有股权评估的。

3.22.1 国有股权变动必须评估的情形

一般来说，国有股权变动是需要进行评估的，见表 3.47。

表 3.47 国有股权变动需要进行评估的主要情形

序号	需要进行评估情形
1	整体或部分改建为有限责任公司或者股份有限公司
2	以非货币资产出资
3	合并、分立、破产、解散等
4	非上市公司国有股东股权比例变动，如股权转让，非等比例增资
5	资产涉诉

3.22.2 发行人历史上存在应进行国有股权评估但没有进行评估的处理措施[①]

如果发行人历史上存在应该进行股权评估但没有进行评估的情形，并不一定构成发行人上市的实质性障碍，只要证明历史上不存在国有资产流失就可以，发行人可以：

首先，请求当时的审批单位（国资委或其他主管部门）对当初的股权转让行为进行确认，出具书面确认文件。

同时说明当时股权转让价格高于每股净资产。如果当时没有评估报告，需要进行追溯评估，评估股权转让时的净资产。

如果经过追溯评估后，当时的股权转让价格低于每股净资产（如果历史

① 要说明的是，国有股权变动未进行评估，并不影响国有股权转让合同的效力。

上，发行人在没有出具评估报告的情况下完成股权转让，则需要进行追溯评估，评估历史股权转让时的每股净资产）。

会计师出具复核报告后，发行人再次请求主管单位对当初的国资变动事项予以确认。

如果没有完成国有产权登记，还要向财政部或下级财政部门办理国有产权登记。

其次，如果审批单位不愿意确认，发行人也可以以当时审批单位没有事后异议为由进行说明。

再次，查看当时的国有资产监督管理法规，实际上，若国有股权变动发生较早，当时的法规可能并未强制要求评估。

最后，发行人还要说明国有股权变动的股权转让款全部支付完毕，同时不存在纠纷事项。

案例一：久日新材（已提交注册）

2001 年 10 月，久日有限注册资本由 90 万元增加至 415 万元，本次增资包括两个步骤：步骤一，南开生化与 21 名原股东，以资本公积、未分配利润同比例增资，合计 170 万元；步骤二，南开生化与 36 名自然人，以现金按照 1 元 / 注册资本对久日有限增资，合计 155 万元。本次增资完成后，南开生化持股比例由 41% 变更为 30.51%，国有股权被稀释。

久日新材的国有股东南开生化所持国有股权被稀释（股权比例变动），没有履行评估、备案等国有股权变动管理程序。久日新材在上市申请文件中说明如下：

1. 首先说明，按照当时的国资监管规定，《国有资产评估管理办法》（国务院令第 91 号）及《国有资产评估管理办法施行细则》（国资办发［1992］36 号），并未明确要求国有股权被稀释需履行评估、备案程序。

2. 聘请中联资产评估集团有限公司出具《天津久日新材料股份有限公司增资所涉及的天津久日化学工业有限公司净资产追溯评估项目资产评估报告》，说明南开生化与 36 名自然人，以现金按照 1 元 / 注册资本对久日有限增资，高于现金增资时久日有限的每股净资产。

案例二：科前生物——股权转让价格低于每股净资产及未履行评估程序的处理

科前有限2003年第1次增资（注册资本由50.00万元增加至513.30万元）和2010年第2次增资（注册资本由513.30万元增加至2 365.30万元）均导致国有股东的股权比例发生变动，但是当时均未按照法律规定履行国有资产评估和备案程序，非国有股东现金增资价格均为1.00元/股，低于增资前科前有限的每股账面净资产，前述两次增资行为存在不规范事项。科前生物已对前两次增资不规范事项进行了整改。

1. 整改方案

科前有限聘请资产评估机构中京民信（北京）资产评估有限公司对科前有限在两次增资前的净资产进行了追溯评估。根据中京民信（北京）资产评估有限公司出具的京信评报字［2012］第028号《资产评估报告》和京信评报字［2012］第053号《资产评估报告》，科前有限截至2002年12月31日的净资产的评估值为1 092.04万元，科前有限截至2009年12月31日的净资产的评估值为27 201.46万元。根据前述资产评估结果，华农资产公司和科前有限制订了整改方案。

根据整改方案，参与第1次增资的自然人股东需向科前有限补缴增资价款867.23万元，参与第2次增资的自然人股东需向科前有限补缴增资价款507.76万元，两次增资共需向科前有限补缴增资价款1 374.99万元，并另行补缴资金占用费253.18万元。

根据整改方案，由于自然人股东单方面增资造成国有股权比例从45.00%降低至21.67%，科前有限从未分配利润中向华农资产公司定向分配利润1 925.68万元，作为2003年至2011年期间国有股权比例被稀释的补偿金，并支付资金占用费99.37万元。

2. 整改方案的实施

2012年6月16日，科前有限股东会作出决议，同意公司向华农资产公司定向分配利润1 925.68万元，作为2003年至2011年期间国有股权比例被稀释的补偿金。2013年10月31日，科前有限股东会作出决议，同意公司向华农资产公司定向分配利润99.37万元支付资金占用费。根据公司提供的银行业务结算凭证，公司已向华农资产公司定向分配利润合计 2 025.05 万元。

2012 年 6 月 20 日至 7 月 25 日，公司自然人股东陆续将需补缴的增资价款及资金占用费共计 1 628.18 万元汇入科前有限账户。大信会计师事务有限公司对自然人股东补缴增资价款和支付相应资金占用费的情况进行了复核，并出具了专项复核报告（大信专审字〔2012〕第 4—0032 号），确认截至 2012 年 7 月 25 日，科前有限已收到自然人股东补足的增资价款及资金占用费共计 1 628.18 万元。

3. 主管部门的确认

2012 年 8 月 15 日，华中农大向教育部呈报《关于请求确认武汉科前动物生物制品有限责任公司国有股权变动结果的请示》（校发〔2012〕126 号），经上述整改后国有股东在科前有限的国有权益得到了合理补偿，未因两次增资行为造成国有资产流失，故同意确认科前有限 2003 年和 2010 年的两次增资行为，并向教育部请示确认。

2012 年 10 月 19 日，教育部做出《教育部关于同意确认武汉科前动物生物制品有限责任公司有关经济行为的批复》（教技发函〔2012〕26 号），同意对科前有限的两次增资行为进行确认。

2014 年 3 月 17 日，科前有限在财政部办理了企业国有产权登记。对于前述两次增资存在的不规范事项，鉴于自然人股东已经根据追溯评估确定的评估结果向科前有限补缴了增资价款和资金占用费，并对国有股东进行了相应补偿，且已经主管部门确认了两次增资的结果，并办理了企业国有产权登记，上述两次增资存在的不规范行为已经得到弥补，该等不规范的行为不会对公司本次发行与上市构成实质性法律障碍。

3.23 对财务报表附注的要求

发行人需要提供最近 3 年及一期财务报表的附注，并完整列示报告期各期末数据及其变动情况分析。

3.23.1 关于审计截止日后主要财务信息及经营状况

财务报告审计截止日至招股说明书签署日之间超过 4 个月的，需要参照《关于首次公开发行股票并上市公司招股说明书财务报告审计截止日后主要财务信息及经营状况信息披露指引》规定，提供经审阅的期间季度的财务报表，并在招股说明书中披露审计截止日后的主要财务信息；同时，发行人需要在招股说明书“重大事项提示”中补充披露下一报告期业绩预告信息，主要包括年初至下一报告期末营业收入、扣除非经常损益前后净利润的预计情况、同比变化趋势及原因等。若前述财务信息与财务报告审计截止日或上年同期相比发生较大变化的，需要披露变化情况、变化原因及由此可能产生的影响。

3.23.2 对于财务报表已过有效期的处理

在审企业财务报表超过有效期的，可以及时申请延长有效期，但延长最多不超过一个月。未申请延长或延长一个月后仍未更新的，将会面临中止审核。

3.24 如何认定委托加工还是购销业务

如果发行人存在由客户提供或指定原材料供应，生产加工后向客户销售；或者发行人存在向加工商提供原材料，加工后予以购回，这些业务是按照受托加工 / 委托加工业务处理，还是独立购销业务处理呢？

3.24.1 委托加工定义

委托加工是指由委托方提供原材料和主要材料，受托方按照委托方的要求制造货物并收取加工费和代垫部分辅助材料加工的业务。从形式上看，双方一般签订委托加工合同，合同价款表现为加工费，且加工费与受托方持有的主要材料价格变动无关。

实务中，发行人由客户提供或指定原材料供应，或向加工商提供原材料，加工后予以购回，应根据其交易业务实质区别于受托 / 委托加工业务进行会计处理。

3.24.2 两者主要区别

由发行人将原材料提供给加工商之后，加工商仅进行简单的加工工序，物料的形态和功用方面并没有发生本质性的变化，并且发行人向加工商提供的原材料的销售价格由发行人确定，加工商不承担原材料价格波动的风险。对于此类交易，通常按照委托加工业务处理，发行人按照原材料销售和回购的差额确认加工费，对于提供给加工商的原材料不应确认销售收入。

由客户提供或指定供应商的原材料采购价格由双方协商确定且与市场价格基本一致，购买和销售业务相对独立，双方约定所有权转移条款，公司对存货进行后续管理和核算，该客户没有保留原材料的继续管理权，产品销售时，公司与客户签订销售合同，销售价格包括主要材料、辅料、加工费、利润在内的全额销售价格。对于此类交易，通常应当按照实质重于形式原则认定是否为购销业务处理，从而确定是以全额法确认加工后成品的销售收入，还是仅将加工费确认为销售收入。委托加工还是购销业务主要区别见表 3.48。

表 3.48 委托加工还是购销业务主要区别

序号	主要区别
1	双方签订合同的属性类别，合同中主要条款，如价款确定基础和定价方式、物料转移风险归属的具体规定
2	生产加工方是否完全或主要承担了原材料生产加工中的保管和灭失、价格波动等风险
3	生产加工方是否具备对最终产品的完整销售定价权
4	生产加工方是否承担了最终产品销售对应收账款的信用风险
5	生产加工方对原材料加工的复杂程度，加工物料在形态、功能等方面变化程度等

第 4 章

红筹企业科创板上市的重点注意事项

红筹架构，是境内公司海外上市的一种方式，即由控股股东或实际控制人在境外设立离岸公司（特殊目的实体 SPV），然后利用这家公司以各种方式控制境内实体资产的运营和收益，最后以这个离岸公司为主体发股募资。

4.1 搭建及拆除红筹架构注意事项

红筹之所以叫红筹，并没有太多的深层次含义，更多的是与蓝筹（blue chip）对应。最早的时候，有资格和能力去海外上市的基本以大众型国企为主，海外的经济学者称呼红色中国资本背景的公司就叫红筹“red chip”。

4.1.1 红筹架构

红筹架构，是境内公司海外上市的一种方式，即由控股股东或实际控制人在境外设立离岸公司（特殊目的实体 SPV），然后利用这家公司以各种方式控制境内实体资产的运营和收益，最后以这个离岸公司为主体发股募资。

按照境外公司控制境内实体资产的方式不同，红筹架构主要分为直接持股和协议控制（VIE）两种。

4.1.2 红筹架构——直接持股

直接持股的红筹架构的模式主要为由 WFOE（外商独资企业）收购境内经营实体股东的股权，使其成为 WFOE 的全资子公司，或者由香港地区公司直接收购境内经营实体的股权，如图 4.1 所示。

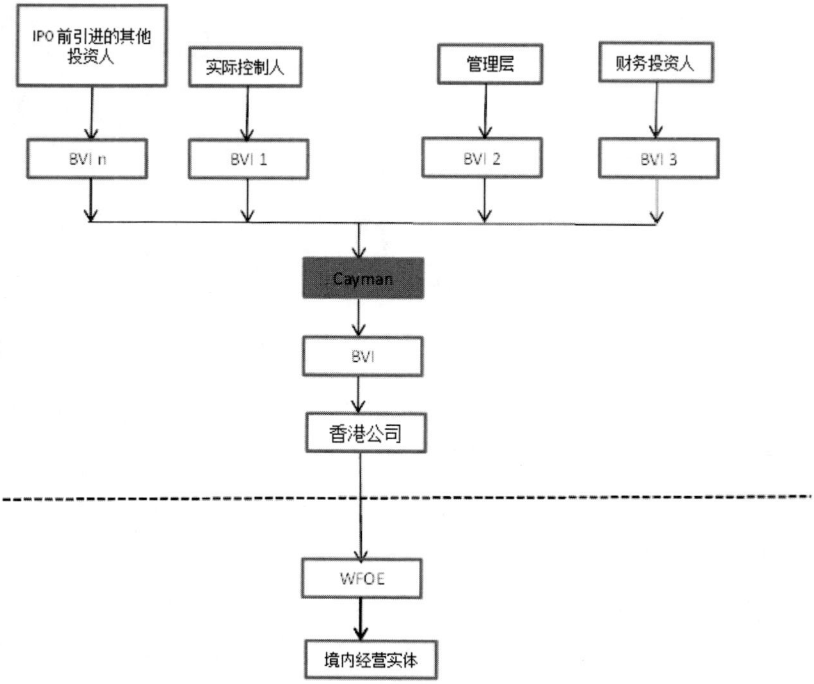

图 4.1　红筹架构——直接持股

注：BVI 公司指的是英属维尔京群岛的离岸公司，/Cayman 指的是开曼群岛的离岸公司。

红筹架构中一般以图 4.1 中标红的 Cayman 为上市主体，之所以选择开曼 SPV 为上市主体，而不是BVI的离岸公司，主要原因是根据BVI《商业公司法》，在 BVI 注册的离岸公司，保密性较强，公众不能查询股东、董事资料，因此如果 BVI 公司作为上市主体的话，是很难被交易所接受的。而 Cayman 公司，符合美国交易所上市标准。

在 Cayman 公司上设一层 BVI 主要作用包括：1. 实际控制人转让上市公司股权时，直接转让 BVI 股权即可，不需要转让上市公司股票，相对方便快捷；2. 保密性相对较好；3. 有一定的税收优势（不过在 CRS 和离岸地经济实质法案的新规下，离岸地的税收优势在缩小）。在 Cayman 公司上层也可以设置多个BVI公司，分别用作创始人、管理层团队和财务投资人的持股平台。

在Cayman公司下设一层BVI① 主要作用是规避转让香港地区公司股权的交易印花税（即 Cayman 公司想转让香港地区公司股权时，转让上层的 BVI

① 也可以设置多层 BVI，分别承担不同的业务。

公司股权即可），同时也方便 Cayman 上市公司进行资产注入和剥离）。在 Cayman 公司下层也可以设置多个 BVI 公司，分别用于承担不用的业务，使得不同的业务之间相互独立。

设置香港地区公司的意义是内地和香港地区有税收协定，预提所得税税率为 5%（如果以 BVI 公司直接持有境内公司股权，预提所得税税率为 10%）。

需要说明的是，设置香港公司只是有可能享受到 5% 的税收协定的优惠税率。即若无香港公司，WFOE 直接向 Cayman 或者 Bvi 公司分派股息红利，适用 10% 的所得税税率；若设立香港公司，WFOE 向香港公司进行分红，可能适用税收协定 5% 的税率。为了增加适用 5% 税率的可能性，建议香港公司一方面在收到所得后一年后在支付给上层的红筹架构公司；另一方面，香港公司从事部分实质经营活动。

4.1.3 规避“十号文”关联并购的方式之一

2006 年 9 月 8 日，商务部、国资委、国家税务总局、国家工商总局、证监会、外管局六个部委联合出台《关于外国投资者并购境内企业的规定》（六部委令 2006 第 10 号）（简称“+ 号文”）。2009 年 6 月 22 日，商务部颁布了《商务部关于外国投资者并购境内企业的规定》，对 2006 年第 10 号文进行了一定修订。

该文件第 2 条规定，外国投资者并购境内企业，系指外国投资者购买境内非外商投资企业（境内公司）股东的股权或认购境内公司增资，使该境内公司变更设立为外商投资企业（股权并购）；或者外国投资者设立外商投资企业，并通过该企业协议购买境内企业资产且运营该资产或者外国投资者协议购买境内企业资产，并以该资产投资设立外商投资企业。

该文件第 11 条规定，境内公司、企业、自然人以其在境外合法设立或控制的公司名义并购与其有关联关系的境内公司，应报商务部审批（当事人不得以外商投资企业境内投资或其他方式规避前述要求）。

按照十号文的要求，如果境内公司、企业、自然人直接以在境外设立或控制的公司收购境内经营实体的股权，则会构成关联并购，而关联并购很难获得商务部的批准。而由十号文第 2 条规定，可以认为外国投资者并购外商投资企业股权，不适用十号文的规定，因此可以设计红筹两步走的方式。

第一步：将境内经营实体变更为中外合资企业（JV）

为避免构成关联并购，由境外独立第三方投资者入股境内经营实体，使企业性质变更为中外合资企业，这一步可以和引入境外投资者结合起来。

由于部分地区的审核机构增大了对红筹两步走的审核通过难度，为了提高审核通过率，境外独立第三方投资机构入股境内经营实体的股权比例不能过低，同时第 1 步和第 2 步之间保持有一定时间间隔（具体比例和时间间隔可以咨询当地商务部门，由于各地审批尺度不一致，可能有的地区对此无要求，但有的地区哪怕第 1 步和第 2 步之间时间间隔再长，也不予以批准）。

需要说明的是，第 1 步是适用十号文的，需要进行相应的程序审批。

第二步：将中外合资企业（JV）变更为外商独资企业（WFOE）

由实际控制人控制的境外公司直接或间接收购境内经营主体的剩余股权，将其企业性质变更为 WFOE。

4.1.4 红筹架构——协议控制（VIE）

VIE 的定义为（Variable Interest Entity，可变利益实体），境外上市主体通过协议的方式控制境内运营实体，使其成为境外上市主体的可变利益实体。通过境内外商独资企业与境内可变利益实体签订一系列协议，从而实现境内外商独资企业成为可变利益实体业务的实际收益人和资产控制人。

协议控制架构如图 4.2 所示：

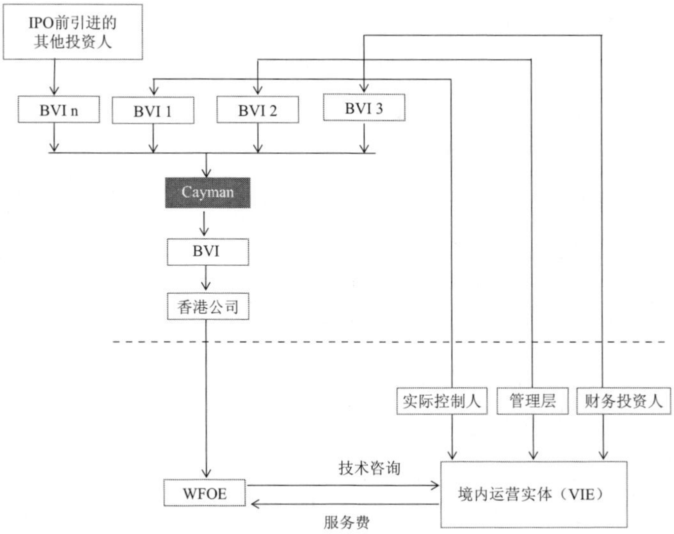

图 4.2　红筹架构——协议控制（VIE）架构

VIE 架构适用于境内实体企业所在行业禁止或限制外资进入[①]。

外商独资企业（WFOE）需要同境内实体企业（VIE）签订一系列协议，来控制境内实体企业（VIE），这些协议主要见表 4.1。

表 4.1　主要协议名称

序号	主要协议名称
1	授权委托书（VIE 股东将对 VIE 表决权委托给 WFOE）
2	收购选择权协议（政策允许时，允许 WFOE 收购 VIE）
3	股权质押协议（VIE 股东将持有的 VIE 股权质押给 WFOE）
4	独家许可咨询协议（境内运营实体聘用 WFOE 作为服务商，并向其支付服务费，从而将利润转移到 WFOE）

4.1.5　2019 年外资投资准入特别管理措施（负面清单）

2019 年外资投资准入特别管理措施（负面清单）包括农、林、牧、渔业、采矿业、制造业、电力、热力、燃气及水生产和供应业等行业，具体见表 4.2。

① 境外投资人也可能会通过境内可信赖的公司直接持有 VIE 公司的一些股权。

表 4.2　2019 年外资投资准入特别管理措施（负面清单）

序号	大类行业
一	农、林、牧、渔业
1	小麦、玉米新品种选育和种子生产须由中方控股
2	禁止投资中国稀有和特有的珍贵优良品种的研发、养殖、种植以及相关繁殖材料的生产（包括种植业、畜牧业、水产业的优良基因）
3	禁止投资农作物、种畜禽、水产苗种转基因品种选育及其转基因种子（苗）生产
4	禁止投资中国管辖海域及内陆水域水产品捕捞
二	采矿业
5	禁止投资稀土、放射性矿产、钨勘查、开采及选矿
三	制造业
6	出版物印刷须由中方控股
7	禁止投资放射性矿产冶炼、加工，核燃料生产
8	禁止投资中药饮片的蒸、炒、炙、煅等炮制技术的应用及中成药保密处方产品的生产
9	除专用车、新能源汽车外，汽车整车制造的中方股比不低于 50%，同一家外商可在国内建立两家及两家以下生产同类整车产品的合资企业
10	卫星电视广播地面接收设施及关键件生产
四	电力、热力、燃气及水生产和供应业
11	核电站的建设、经营须由中方控股
12	城市人口 50 万以上的城市供排水管网的建设、经营须由中方控股
五	批发和零售业
13	禁止投资烟叶、卷烟、复烤烟叶及其他烟草制品的批发、零售
六	交通运输、仓储和邮政业
14	国内水上运输公司须由中方控股
15	公共航空运输公司须由中方控股，且一家外商及其关联企业投资比例不得超过 25%，法定代表人须由中国籍公民担任
16	通用航空公司的法定代表人须由中国籍公民担任，其中农、林、渔业通用航空公司限于合资，其他通用航空公司限于中方控股
17	民用机场的建设、经营须由中方相对控股
18	禁止投资空中交通管制
19	禁止投资邮政公司、信件的国内快递业务
七	信息传输、软件和信息技术服务业

续上表

序号	大类行业
20	电信公司：限于中国入世承诺开放的电信业务，增值电信业务的外资股比不超过 50%。电子商务、国内多方通信、存储转发类、呼叫中心除外），基础电信业务须由中方控股
21	禁止投资互联网新闻信息服务、网络出版服务、网络视听节目服务、互联网文化经营（音乐除外）、互联网公众发布信息服务（上述服务中，中国入世承诺中已开放的内容除外）
八	金融业
22	证券公司的外资股比不超过 51%，证券投资基金管理公司的外资股比不超过 51%
23	期货公司的外资股比不超过 51%
24	寿险公司的外资股比不超过 51%
九	租赁和商务服务业
25	禁止投资中国法律事务（提供有关中国法律环境影响的信息除外），不得成为国内律师事务所合伙人
26	市场调查限于合资、合作，其中广播电视收听、收视调查须由中方控股
27	禁止投资社会调查
十	科学研究和技术服务业
28	禁止投资人体干细胞、基因诊断与治疗技术开发和应用
29	禁止投资人文社会科学研究机构
30	禁止投资大地测量、海洋测绘、测绘航空摄影、地面移动测量、行政区域界线测绘，地形图、世界政区地图、全国政区地图、省级及以下政区地图、全国性教学地图、地方性教学地图、真三维地图和导航电子地图编制，区域性的地质填图、矿产地质、地球物理、地球化学、水文地质、环境地质、地质灾害、遥感地质等调查
十一	教育
31	学前、普通高中和高等教育机构限于中外合作办学，须由中方主导（校长或者主要行政负责人应当具有中国国籍，理事会、董事会或者联合管理委员会的中方组成人员不得少于 1/2）
	禁止投资义务教育机构、宗教教育机构
十二	卫生和社会工作
32	医疗机构限于合资、合作
十三	文化、体育和娱乐业
33	禁止投资新闻机构（包括但不限于通讯社）
34	禁止投资图书、报纸、期刊、音像制品和电子出版物的编辑、出版、制作业务

序号	大类行业
35	禁止投资各级广播电台（站）、电视台（站）、广播电视频道（率）、广播电视传输覆盖网（发射台、转播台、广播电视卫星、卫星上行站、卫星收转站、微波站、监测台及有线广播电视传输覆盖网等），禁止从事广播电视视频点播业务和卫星电视广播地面接收设施安装服务
36	禁止投资广播电视节目制作经营（含引进业务）公司
37	禁止投资电影制作公司、发行公司、院线公司以及电影引进业务
38	禁止投资文物拍卖的拍卖公司、文物商店和国有文物博物馆
39	禁止投资文艺表演团体

对于第 9 项，2020 年取消商用车制造外资股比限制。2022 年取消乘用车制造外资股比限制以及同一家外商可在国内建立两家及两家以下生产同类整车产品的合资企业的限制。

对于金融业的限制，将于 2021 年取消外资股比限制。

需要说明的是，位于负面清单中的行业公司，不可以以直接持股的方式设立红筹架构，但是也不一定就可以采用 VIE 架构，具体还要参照相关行业的具体规定。

4.1.6 新政策对红筹架构的影响

CRS（Common Reporting Standard，共同申报准则），基于 2014 年 7 月 OECD（经合组织）发布的《金融账户涉税信息自动交换标准》（即 AEOI 标准），是参与各国与地区之间税务信息自动交换的协定。目前，几个主要的离岸地包括英属维尔京群岛、开曼群岛、百慕大、法罗群岛、中国澳门地区、香港地区、新加坡和中国内地都已加入了这个协定（截至 2019 年 6 月份，已有 93 个国家或地区与中国激活了信息互换）。

离岸地开曼、BVI 相继出台了经济实质法案后，在离岸地注册的商事主体都需要满足经济实质要求。

在这样的情况下，股东通过离岸公司获取的收入仍然可能按照中国居民在境内的收入纳税（上市公司分红或者股权转让所得），为了降低 BVI 被认定为消极金融机构，从而被穿透账户，识别实际控制人的可能性，公司可以在离岸地雇用员工、在当地租赁经营场所、增加经济实质性。

4.1.7 拆除红筹架构的方式之一[①]

基本上，公司所处红筹结构阶段不同，拆除红筹架构的难易程度不同。如果公司已经在境外完成上市，则既可以选择以发行 CDR 的方式登陆科创板，也可以选择拆除红筹架构登陆科创板（首先要完成私有化退市）；

如果公司已搭建完成红筹架构但未上市，则可以省却私有化退市这一步，直接拆除红筹架构即可。在直接持股模式下，拆除红筹架构的一般流程为实际控制人筹集资金从香港公司处购买 WFOE 的股权（购买完成后，WFOE 变为内资公司）。资金通过香港公司流到开曼、维尔京等 SPV 公司。SPV 公司回购境外投资者的股权，然后注销开曼、维尔京等 SPV 公司。

在 VIE 模式下，如果 VIE 协议在签订后，并未实际运行，即境内 VIE 公司的利润没有以服务费的方式转移到境外，那么可以考虑以 VIE 公司作为拟上市主体。拆除红筹架构主要流程为：1）VIE 公司以增资的形式引入境内投资人，并以增资款收购 WFOE 股权；2）香港公司将 VIE 公司支付的收购款向上层层流转到 SPV 公司，并作为 SPV 公司支付给境外投资者的股权回购款，使得有退出意愿的境外投资者实现退出；3）签订 VIE 结构终止协议；4）注销没必要保留的 SPV 公司。

如果外国投资者可以直接在拟上市主体持股，或者 VIE 公司的利润被以服务费的形式转移给 WFOE，或者 WFOE 的总资产、净资产或营业收入的财务数据超过 VIE 公司，则建议以 WFOE 公司作为拟上市主体。拆除红筹架构主要流程为：1）由实际控制人、境内外投资者直接收购 WFOE 股权；2）香港公司将收到的收购款向上层层流转到 SPV 公司，并作为 SPV 公司支付给境外投资者的股权回购款，使得有退出意愿的境外投资者实现退出；3）签订 VIE 结构终止协议；4）将 VIE 公司的相关资产、人员、业务转移至 WFOE 公司；5）注销没必要保留的 SPV 公司。

拆除红筹架构过程中，需要注意如下事项，见表 4.3。

---

① 红筹架构在实际拆除的过程中，比较复杂，这里只做简略介绍。

表 4.3　拆除红筹架构的主要注意事项

序号	主要注意事项	备注
1	控制权要留在境内	若仍有部分控制权在境外，建议做到干净清晰，不建议保留 cayman 和 bvi 公司
2	员工持股计划或股权激励设置	需要将员工持股计划转移至境内拟上市主体，首先清理原有的员工持股计划或股权激励方案；其次以境内拟上市主体重新制订新的股权激励方案或员工持股计划
3	返程投资外汇登记	要根据外汇管理相关规定，及时办理外汇登记或补登记
4	解决同业竞争	为了保证拟上市主体的独立性和资产完整，需要将红筹体系中与境内拟上市主体存在同业竞争的业务或资产转移到境内拟上市公司体内
5	主营业务、实际控制人、董事、高管和核心技术人员不能发生重大变更	由于科创板发行条件要求最近两年内不能导致实际控制人变更、以及董事、高级管理人员和核心技术人员不能发生重大变化。因此在拆除红筹架构的过程中要注意避免出现实际控制人变更或者董事、高级管理人员和核心技术人员出现重大不利变化。同时避免出现权属纠纷。

4.2　发行 CDR 上市

4.2.1　DR 及 CDR 的含义

DR（depositary receipt）存托凭证或者存股凭证，是指在一国证券市场上流通的代表外国有价证券的凭证。按照上市地来划分，可以分为 ADR（即外国公司在美国发行证券上市）、CDR（外国公司包括香港地区公司在我国境内发行证券上市）、EDR（外国公司在欧洲上市）和 GDR[①]（全球存托凭证）。

CDR 指的是注册在离岸地的红筹公司面向中国投资者发行的在大陆交易所上市交易的存托凭证。存托凭证是一种由存托人签发，以境外证券为基础在中国境内发行、代表境外基础证券权益的证券，本质是一种股票衍生品。

发行人以 CDR 的方式回归科创板，主要的优势就是不用拆除红筹架构（尤其是已经完成境外上市的情况下，不需要进行私有化退市），发行人资金压

① 比如中国太保发行 GDR，并申请在伦敦证券交易所挂牌上市，GDR 以新增发的 A 股作为基础证券。

力相对较小，不需要筹措资金去拆除红筹架构或者私有化；另外，由于基本保持原有资本结构不变，沟通协调成本较小，相对节省时间，方便快捷；同时可以实现境内和境外两地同步上市。

科创板接纳红筹企业回归上市，回归方式可以以 CDR 的方式回归，具体方式标准按照 2018 年 6 月出台的 CDR 规则，国办发〔2018〕21 号文件及其他 CDR 规则执行（具体包括《保荐创新企业境内发行股票或存托凭证尽职调查工作实施规定》《试点创新企业境内发行股票或存托凭证并上市监管工作实施办法》《存托凭证发行与交易管理办法试行》等文件）。

4.2.2 CDR 发行相关中介责任

相比于传统的 IPO 保荐发行，CDR 发行主要增加两个中介机构，存托人和托管机构。存托人主要职责见如表 4.4。

表 4.4 CDR 存托人主要职责

序号	职责
1	协助发行人完成存托凭证的发行上市
2	安排存放存托凭证基础财产（与托管人签订托管协议，委托其管理存托凭证对应的存托凭证基础财产）
3	建立并维护存托凭证持有人名册
4	办理存托凭证的签发与注销
5	向存托凭证持有人发送通知、派发红利、股息等权益、按照存托凭证持有人意愿行使表决权（当发行人审议有关存托凭证持有人权利义务的议案时，存托人需要参加股东大会并为持有人权益行使表决权）
6	变更境外托管人或者调整、修改《托管协议》时，需要及时告知发行人（以便发行人履行信息披露义务）
7	委托中登公司担任存托凭证登记机构办理存托凭证登记、分红派息和维护持有人名册等相关业务

需要注意的是，存托人需要保持自己的独立性，不可以买卖签发的存托凭证，也不可以兼任保荐机构。托管人主要职责见表 4.5。

表 4.5 CDR 托管人主要职责

序号	职责
1	托管境外基础证券
2	为境外基础证券以存托人的名义开立独立的账户，用于保管基础证券
3	协助存托人办理分红派息、投票等相关事项
4	向存托人提供基础证券的市场信息

4.2.3 CDR 发行流程

截至 2019 年 12 月，尚无实际完成 CDR 发行的案例，因此以阿里巴巴的 ADR 发行流程近似来对比 CDR 发行流程，如图 4.3 所示。

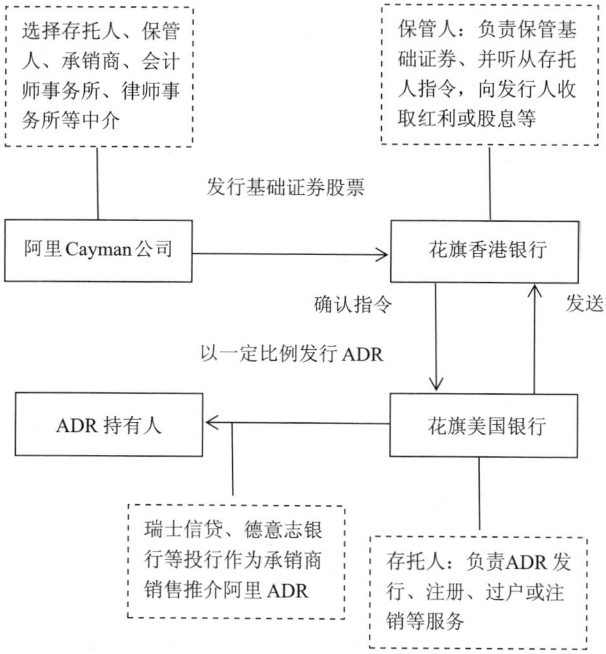

图 4.3 阿里巴巴的 ADR 发行流程

4.2.4 案例：九号机器人

九号机器人是目前唯一一家以 CDR[①] 的形式申请登录科创板的公司，选

① CDR 同样需要保荐机构子公司跟投。

择的上市标准为预计市值不低于人民币 50 亿元，且最近一年营业收入不低于人民币 5 亿元。

九号机器人是一家注册在 Cayman 的有限责任公司，本次拟发行不超过 704.09 万股 A 类普通股股票（九号机器人为特殊投票权架构的公司，A 类普通股每股可以投 1 票，B 类股票每股投 5 票，B 类普通股仅由公司的实际控制人高禄峰及王野持有），作为发行 CDR 的基础股票，占 CDR 发行后公司总股本的比例不低于 10%，1 股基础普通股可以转换为 10 份 CDR，因此，本次拟公开发行不超过 7 040.92 万份 CDR，预计融资 20.77 亿元。

九号机器人与工商银行签订了《存托协议》，委托工商银行作为本次发行存托凭证的存托人。同时，工商银行与工银亚洲签订了《托管协议》，委托工银亚洲作为存托凭证的境外基础证券的保管人。

为保证存托凭证持有人享有的资产收益、参与重大决策、剩余财产分配等权益与境外基础证券持有人一致，九号机器人在存托协议中约定存托凭证持有人将通过存托人行使基础证券的相关股东权利（股东权利包括但不限于获取现金分红、股份分红及其他财产分配，行使配股权，行使表决权等）。

另外，中证中小投资者服务中心有限责任公司可以接收存托凭证持有人的委托，依法代为行使存托凭证持有人的各项权利。存托凭证持有人与境外基础证券发行人、存托人、证券服务机构等主体发生纠纷的，可以向中证中小投资者服务中心有限责任公司及其他依法设立的调解组织申请调解。

4.2.5 与存托凭证持有人行使权利相关的通知、公告等信息传递程序

发行人将有关股东大会的决议通知存托人，存托人使用中登公司或证券交易所网络投票系统统计，首先，中登公司或证券交易所将投票结果发送存托人；其次，存托人将收集到的投票结果发送给境外托管行，由境外托管行将投票结果传递至发行人完成投票。

派发股票股利具体流程见表 4.6。

表 4.6　派发股票股利

序号	主要流程	备注
1	送股业务申请	发行人将送股方案报相关监管机构，审批通过后发行人将存托凭证的股利发放方案通知存托人；发行人还需要缴纳送股登记费，将其汇入中登公司指定的银行账户
2	送股权益登记处理	存托人在中登公司完成权益登记后接收存托凭证持有人名册
3	送股上市流通	发行人将送股的基础证券送交境外托管人
4	派发股票股利非基础股票	当派发股票不是本协议项下基础证券时，若派发股票可交易，存托人在境外市场卖出派发股票，并按照派发现金股利业务规则，将现金发放给存托凭证持有人；若派发股票不可交易，存托人持有派发股票直到股票可卖出、转让或销毁

派发现金股利具体流程见表 4.7。

表 4.7　派发现金股利

序号	流程	备注
1	现金红利派发业务申请	发行人需要于实施公告日前将存托凭证的现金发放方案通知存托人
2	现金红利权益登记	存托人于中登公司完成权益登记后接收存托凭证持有人名册
3	红利人民币分派比例确认和红利资金划付	发行人需要将红利资金送交给境外托管人，另外，发行人还需要将代发红利手续费和保证金划付至存托人指定账户
4	红利发放	中登公司足额收到存托人划付的现金红利款后，在发放日前完成红利清算发放处理。中登公司于发放日后将实际应发放的现金红利总额与红利预付款的差额扣除相关税费后汇至存托人指定的收款银行账户，并将现金红利发放资金汇总数据发送存托人

4.2.6　如果将 VIE 架构纳入合并控制范围的特殊信息披露要求

（1）充分披露协议控制架构的具体安排，包括协议控制架构涉及的各方法律主体的基本情况、主要合同的核心条款等；

（2）分析披露被合并主体设立目的、被合并主体的相关活动以及如何对相关活动做出决策、发行人享有的权利是否使其目前有能力主导被合并主体的相关活动、发行人是否通过参与被合并主体相关活动而享有可变回报、发行人是否有能力运用对被合并主体的权利影响其回报金额、投资方与其他各方的关系；

（3）结合上述情况和会计准则规定，分析披露发行人合并依据是否充分，详细披露合并报表编制方法。

4.3 创新试点红筹企业财务报告信息的特别规定

红筹企业采用境外会计准则编制财务报告时，除提供按境外会计准则编制的财务报告外，还应提供按照中国企业会计准则调整的差异调节信息，具体包括按照中国企业会计准则重述的资产负债表、利润表、现金流量表和所有者权益变动表。

对于重述的符合中国企业会计准则的财务报表，不需要提供中国企业会计准则要求的附注信息 但需要提供与按境外会计准则编制财务报表的主要差异及调节过程信息。

适用等效或境外会计准则的红筹企业按照相关规定编报补充财务信息或差异调节信息，存在实际困难导致不切实可行的，可以向上海证券交易所申请调整适用，但需要说明原因和替代方案，并且必须遵照中国证监会相关要求披露非经常性损益、净资产收益率和每股收益等相关信息。

采用等效或境外会计准则编制财务报表的红筹企业，按有关规定提供的补充财务信息或按照中国企业会计准则重述的财务报表，需要由境内具有证券期货相关业务资格的会计师事务所根据中国审计准则及配套审计指引、监管规定进行鉴证，并独立发表鉴证意见。

红筹企业境内财务信息披露应遵循“就高不就低”原则，对于在境外财务报告中披露的信息，在其境内上市财务报告中也应予以披露。

编制合并财务报表的红筹企业，无须提供母公司层面财务信息。

第5章

新三板公司转板科创板

由于新三板流动性相对较差，挂牌的新三板公司融资能力相对A股主板相对较差，因此，自2015年以来，每年从新三板摘牌的公司呈现逐年增加的态势，其中，2015—2018年，每年摘牌的数量分别为13家、56家、709家、1517家，摘牌呈现常态化。

截至 2019 年 8 月 25 日，申报科创板上市的公司中（包括已上市公司），来自新三板的共有 37 家，其中已有 4 家成功在证监会注册。以首批上市的 25 家公司中出身于新三板的三家公司来看，发行人从新三板转板到科创板后，股票价格溢价巨大，见表 5.1。

表 5.1 新三板转板到科创板

股票代码	股票简称	新三板退市总市值（亿元）	科创板上市首日市值（收盘）（亿元）	溢价率	摘牌日期
688388	嘉元科技	25.82	130.88	406.89%	2019 年 7 月 6 日
688003	天准科技	18.42	91.956	399.22%	2018 年 1 月 30 日
688122	西部超导	47.29	242.5059	412.81%	2019 年 7 月 2 日

对于从新三板转板科创板申报上市的公司，监管机构会额外关注 IPO 申报材料与挂牌期间信息披露文件的差异、挂牌期间是否收到股转公司监管处罚措施、““三类股东””是否合规、摘牌程序的合法合规性等等问题。

5.1 新三板公司转板科创板主要程序①

根据《全国中小企业股份转让系统业务规则（试行）》，新三板挂牌公司向中国证监会申请公开发行股票并在证券交易所上市，或向证券交易所申请股票上市的，需要向全国股转公司申请股票暂停转让；中国证监会核准其公开发行股票并在证券交易所上市或者证券交易所同意其股票上市的，全国股转公司终止其股票挂牌。

5.1.1 申请摘牌程序

一般来说，新三板公司申请摘牌主要程序见表 5.2。

① 按照新三板规则，精选层挂牌公司在精选层运行一年后，符合一定条件，可直接转板上市。但目前尚无实际案例，因此本节主要介绍现有案例的转板科创板主要程序。

表 5.2　新三板公司申请摘牌程序

序号	步骤	时间点	主要信息披露
1	申请股票暂停转让（停牌）	在公司获取上海证券交易所出具的上市申请受理函后向全国股权系统公司申请股票暂停转让	在股票暂停转让申请受理次日发布股票暂停转让公告和获取上市申请受理函公告
2	召开董事会会议及临时股东大会，通过《关于申请公司股票在全国中小企业股份转让系统终止挂牌的议案》，并且向全国中小企业股份转让系统公司申请股票终止挂牌	在上海证券交易所上市委员会审议通过公司上市申请后（也可以先通过有条件终止挂牌的议案，待科创板上市委员会通过公司上市申请后，在正式申请终止挂牌）	发布上市申请通过上市委审议的提示性公告、董事会决议公告、召开临时股东大会通知公告和公司股票拟在全国中小企业股份转让系统终止挂牌的提示性公告

另外，一般情况下，临时股东大会召开时间距离董事会至少要间隔 15 日，但是为了配合科创板上市进度安排，发行人可能需要提前召开临时股东大会，由于会议召集程序违反公司法或公司章程的规定，为保证临时股东大会决议的效力，发行人需要在股东大会审议的议案中增加《关于豁免提前通知召开临时股东大会要求的议案》，使得股东放弃自决议做出之日起 60 日内请求人民法院撤销的撤销权。新三板公司终止挂牌的决议需要经过出席股东大会的股东所持表决权的三分之二以上通过，同时发行人需要对异议股东制定权益保护措施。

5.1.2　做市转让变更为协议转让

如果新三板公司采取做市转让，由于在做市转让下，发行人股东人数、股权结构不稳定，因此发行人需要申请将做市转让转变为协议转让。

发行人如果申请变更股票转让方式，需要通过股东大会审议通过，并且在股东大会会议结束两个转让日内公告相关内容。

只有所有做市商都同意退出做市，发行人才可以将做市转让变更为协议转让，并且所有做市商都满足最低做市期限的要求（初始做市商需要做市满 6 个月，后续加入的做市商需要做市满 3 个月）。

变更股票转让方式，发行人向股转公司主要提交的文件清单见表 5.3：

表 5.3 变更转让提交的文件清单

序号	文件清单
1	变更股票转让方式为协议转让方式申请
2	挂牌公司关于变更股票转让方式的决议
3	做市商同意退出做市声明

全国股转公司收到变更转让方式申请材料后，会在 3 个转让日内出具意见，并于出具意见当日收市后通知挂牌公司。

做市商停止做市服务后，会将股票从做市账户转让至自营账户。

5.1.3 异议股东权益保护

公司异议股东包括未参加本次审议终止挂牌事项股东大会的股东和已参加本次股东大会但未投赞成票的股东。

发行人、股东或相关方需要制订合理的异议股东保护措施，通过股票回购、现金补偿等方式对股东权益保护做出安排，并主动联系异议股东，对保护措施进行解释说明。

发行人控股股东和实际控制人需要签署相关承诺，模板如下：

“本人或本人指定的第三方将对异议股东所持公司股份按照以下方式进行回购①：

1. 回购对象需同时满足如下条件

（1）公司 20×× 年第 × 次临时股东大会股权登记日登记在册的股东；

（2）未参加公司审议终止挂牌相关议案的股东大会或参加股东大会但未投赞成票的股东；

（3）在回购有效期限内，向公司寄送书面申请材料同时向公司发送电子邮件要求回购其股权的股东；

（4）不存在损害公司利益情形的股东；

（5）不存在因股票回购事宜与公司发生诉讼、仲裁、执行等情形或该情形尚未终结；

（6）异议股东所持公司股票不存在质押、司法冻结等限制自由交易的

① 一般情况下，异议股东数量相对较少。

情形。

满足前述所有条件的股东可以要求回购股份的数量以20×× 年第 × 次临时股东大会的股权登记日其持有的股份数量为准。

2. 回购价格

为保护公司异议股东的利益，本人或本人指定的第三方将与异议股东进一步洽谈，对异议股东持有的公司股份进行回购，回购价格为异议股东取得该部分股份的成本价格（明显偏离市场价格取得股票的，交易价格不作为回购价格，回购价格由双方协商确定）。

3. 回购有效期限

自公司20×× 年第 × 次临时股东大会做出终止挂牌决议之日起 7 个自然日内为本次申请股份回购的有效期限。异议股东应当在上述有效期限内将书面申请材料寄送至公司（以快递签收时间为准），并同时发送电子邮件。回购申请材料包含异议股东取得该部分股份的交易流水单、股份数量、异议股东的有效联系方式等必要信息。若异议股东未在上述有效期限内提交其申请材料的，则视为同意继续持有公司股份，本人或本人指定的第三方不再承担股份收购义务。”

5.1.4　终止挂牌需要向全国股转系统公司提交的主要文件

发行人在通过股东大会审议后（最晚不超过一个月），即可通过 BPM 系统向全国股转系统公司提交上述文件。提交的主要文件名称见表 5.4。

表 5.4　文件名称

序号	文件名称
1	挂牌公司关于股票终止挂牌的书面申请
2	董事会决议
3	股东大会决议
4	主办券商审查意见
5	法律意见书
6	年费缴款凭证（即需要缴纳完毕年费之后，才可以申请终止挂牌）

另外，全国股转公司规定自每年 4 月 15 日起未披露上一年年度报告或自

8 月 15 日起未披露本年半年度报告的挂牌公司，全国股转公司不受理其终止挂牌申请。因此，希望以不履行信息披露从而达到“恶意”被摘牌的方式终止挂牌，并不可取。

5.1.5 摘牌时间选择比较

截至 2019 年 8 月 25 日，申报科创板上市的公司中（包括已上市公司），来自于新三板的共有 37 家，其中有 22 家在向上海证券交易所递交上市申报材料前已完成在新三板终止挂牌手续。在已完成证监会注册的 4 家公司中，有 2 家在向上海证券交易所递交上市申报材料前已完成在新三板终止挂牌手续，其余 2 家在证监会注册生效后摘牌。主要摘牌时间选择比较见表 5.5。

表 5.5 摘牌时间选择比较

	在证监会注册生效后摘牌	有科创板上市计划后立即摘牌
优势	如果科创板上市审核被终止，则公司还可以继续留在新三板挂牌交易	无须在申报前的整改阶段、申报审核阶段在全国股转公司进行信息披露，从而避免出现新三板信息披露和科创板上市申报文件信息不一致的情况；同时还可以节约一定信息披露成本
劣势	在终止挂牌之前，发行人仍然需要进行信息披露	如果科创板上市审核进程被终止，发行人已无法继续在新三板挂牌交易

5.2 如何规范“三类股东”

“三类股东”是指发行人的股东是契约型基金、资产管理计划和信托计划（员工持股计划如果为契约型基金、资产管理计划和信托计划的形式，也构成“三类股东”）。“三类股东”在新三板公司在挂牌期间，通过受让公开或定向增发股份、做市交易，或者二级市场上购买新三板公司的股份形成的。

按照科创板上市监管问答的要求，发行人第一大股东、控股股东、实际控制人不可以是“三类股东”；同时，在申报之前，“三类股东”及其管理人都需要在中国证券投资基金业协会完成备案。

另外为了鼓励创业股权投资、协助高科技产业融资，创业投资基金和政府出资产业投资基金是豁免遵守中国人民银行《关于规范金融机构资产管理业务的指导意见》（银发〔2018〕106号）（资管新规）的要求的，不在本节讨论范围之内[①]。

5.2.1 监管机构为何重点关注“三类股东”的合规性

由于“三类股东”往往存在多层嵌套，不是由自然人直接出资，容易造成拟IPO公司股权不清晰，存在代持或委托持股的可能性较大，同时“三类股东”到期后，管理人会对其进行清算，也容易造成拟IPO公司股权不稳定。“三类股东”存在多层嵌套不容易看清真实出资方，也容易与公司关联方进行不公允的关联交易，或者进行其他利益输送安排，因此在上市的过程中，监管机构重点较为关注“三类股东”合规性问题。

按照中国人民银行《关于规范金融机构资产管理业务的指导意见》（银发〔2018〕106号）（资管新规）的要求，“三类股东”需要满足以下要求。

5.2.2 资管新规对“三类股东”的要求——资管产品类型

“三类股东”及其嵌套的出资方都必须是封闭式私募产品。

只有封闭式私募产品才可以投资未上市公司的股权（或受益权），公募产品不得直接或间接投资未上市企业股权，因此公募产品和开放式私募产品都不能成为科创板拟上市公司的“三类股东”[②]。

同时“三类股东”要有明确的股权退出安排，所投资的未上市公司股权及其受益权的退出日不能晚于封闭式资产管理产品的到期巨，同时不能与现有科创板的减持制度相冲突。

5.2.3 资管新规对“三类股东”的要求——多层嵌套要求

“三类股东”最多设计一层嵌套（即产品结构最多是二层资管产品）。

资产管理产品可以再投资一层资管产品，但所投资的资管产品不得再投

① 私募投资基金适用私募投资基金专门法律、行政法规也不在本节讨论范围之内。
② 需要说明的是，开放式产品投资未上市企业的股权，只是不符合2018年发布的资管新规要求，但是是符合新三板适格投资者的有关规定和其他监管要求的。

资公募证券投资基金以外的资产管理产品。因此如果最底层的资管产品为公募产品，那么最多可以做两层嵌套（即产品结构最多是三层资管产品），但是由于公募产品不得直接或间接投资未上市企业股权，因此“三类股东”最多为一层嵌套（一共两层资管产品）才合规。

5.2.4 资管新规对“三类股东”的要求——杠杆比例要求

最多只能设定为 1 倍杠杆，即总资产不得超过该产品净资产的 200%。

资产管理产品需要设定负债比例（总资产 / 净资产）上限，同类产品适用统一的负债比例上限。每只开放式公募产品的总资产不得超过该产品净资产的 140%，每只封闭式公募产品、私募产品总资产不得超过该产品净资产的 200%。计算单只产品的总资产时需要按照穿透原则合并计算所投资资产管理产品的总资产。

“三类股东”的管理人也不得以受托管理的资产管理产品份额进行质押融资，放大杠杆。

5.2.5 资管新规对“三类股东”的要求——分级比例的要求

公募产品和开放式私募产品不可以做分级。因此，只有封闭式私募产品才可以做分级，如果私募产品设定分级安排①，则总资产不得超过该产品净资产的 140%（即杠杆率最多为 40%）。

分级私募产品需要根据所投资资产的风险程度设定分级比例（优先级份额 / 劣后级份额，中间级份额计入优先级份额）。如果“三类股东”是固定收益类产品，分级比例最多可以为 3 ： 1；权益类产品，分级比例最多可以为 1 ： 1；商品及金融衍生品类产品、混合类产品，分级比例最多可以为 2 ： 1。

同时不得直接或者间接对优先级份额认购者提供保本保收益安排。同时，基金管理人需要对产品进行自主管理，不能转委托给劣后级投资者，也不能对劣后级投资者提供保本保收益的安排。

固定收益类产品指的是投资于存款、债券等债权类资产的比例不低于

① 分级资管产品指的是存在一级份额以上的份额为其他级份额提供一定的风险补偿，收费分配不按照份额比例计算，由资产管理合同另行约定的产品。

80% 的资产管理产品；权益类产品指的是投资于股票、未上市企业股权等权益类资产的比例不低于 80% 的资产管理产品；商品及金融衍生品类产品指的是投资商品及金融衍生品的比例不低于 80% 的资产管理产品，其他为混合类产品。

新三板的“三类股东”以权益类产品为主。

5.2.6 资管新规对“三类股东”的要求——对产品集中度的要求

同一金融机构发行多只资产管理产品投资同一资产的，为防止同一资产发生风险波及多只资管产品，多只资产管理产品投资该资产的资金总规模合计不得超过 300 亿元；单只公募产品投资单只证券或单只证券投资基金的市值不得超过该资产管理产品净值的 10%；同一金融机构发布的全部公募产品投资单只证券或单只证券投资基金的市值不得超过该证券市值或证券投资基金市值的 30%。

其中，同一金融机构全部开放式公募资产管理产品投资单一上市公司发行的股票不得超过该上市公司可流通股票的 15%；同一金融机构全部资产管理产品投资单一上市公司发行的股票不得超过该上市公司可流通股票的 30%。

5.2.7 资管新规对“三类股东”的要求——其他方面要求

不能存在刚性兑付。不限于产品的发行人或管理人违反真实公允确定净值原则，对产品进行保本保收益；采取滚动发行等方式使得资产管理产品的本金、收益、风险在不同的投资者之间发生转移，实现产品保本保收益；资产管理产品不能如期兑付或者兑付困难时，自行筹集资金偿付或者委托其他金融机构代为偿付。其他要求见表 5.6。

表 5.6 资管新规对“三类股东”的要求——其他方面要求

序号	具体要求	备注
1	发行方式和投资者资质	私募产品需要面向合格投资者通过非公开的方式发行

续上表

序号	具体要求	备注
2	投资限制	金融机构不得将资产管理产品资金直接投资于商业银行信贷资产。资产管理产品也不可以直接或间接投资法律法规和国家政策禁止进行债权和股权投资的领域
3	隐形担保、承诺	金融机构不可以为资产管理产品投资的债权类或股权类资产提供任何直接或间接、显性或隐性的担保、回购等代为承担风险的承诺等
4	不允许开展具有滚动发行、集合运作、分离定价特征的资金池业务	监视主要目的是为了降低期限特配风险

5.2.8 “三类股东”相关过渡期安排

发行人要根据《关于规范金融机构资产管理业务的指导意见》（银发〔2018〕106 号）披露“三类股东”相关过渡期安排（资管新规规定的过渡期为新规发布日 2018 年 4 月 27 日到 2020 年底），以及相关事项对公司持续经营的影响。

因此如果公司的“三类股东”存在不满足上述资管新规要求的情况，需要进行整改。

第一种方式：直接清理

若发行人存在的“三类股东”较少，并且易于沟通协商，则在申报之前，与“三类股东”签订股权转让协议，由大股东或第三方受让“三类股东”持有的股份。

案例：赛伦生物

2019 年 4 月，上海健康基金与瑞力嘉成签署了股权转让协议。本次股份转让原因为上海赛伦生物技术股份有限公司清理“三类股东”，经各方友好协商，作价 12.33 元 / 股。

第二种方式：过渡期内做出相应制度安排，并将资产管理业务整改计划（明确时间进度安排）报送相关金融监督管理部门，同时报备中国人民银行。见表 5.7。

表 5.7 过渡期内相应制度安排

序号	整改类型	过渡期内整改措施
1	产品类型为公募产品或者为开放式私募	过渡期内，应该停止开放申购（只可以赎回），控制产品规模，在过渡期内到达清算期的，则在过渡期间完成清算或者过渡期后未能完成整改，则对产品进行清算
2	存在高杠杆	在过渡期内要将杠杆水平降低到合规的要求或者过渡期后未能完成整改，则对产品进行清算
3	多层嵌套	过渡期内要降低到最多存在一层嵌套或者过渡期后未能完成整改，则对产品进行清算
4	分级不符合要求[①]	过渡期内停止计提超过分级标准的优先级固定收益或者在不晚于过渡期结束后，将超过合规分级标准的优先级份额清偿或者对整个产品进行清算
5	退出日晚于封闭式资产管理产品的到期	首先需要调整存续期间以满足股票限售期或减持的相关规定，如果未能完成调整存续期限，资管产品将承诺在股份上市后锁定期内，不提出对资管产品持有的公司股份进行清算出售的安排

整体来说，首要原则是控制并有序压缩递减不合规的产品规模，防止过渡期结束时出现断崖效应，同时争取在过渡期内完成相应整改，若不能完成则在过渡期结束后对产品进行清算。

案例：凌志软件

凌志软件的“三类股东”中，存在分级、多层嵌套、高杠杆问题的有 2 家，分别为北京天星资本股份有限公司——天星恒久远 1 号新三板优选指数私募基金（分级不符合要求）和宁波鼎锋海川投资管理中心（有限合伙）——鼎锋新三板做市一期证券投资基金（多层嵌套不符合要求），分别做出如下过渡期安排：

1. 天星恒久远的过渡期安排清算期不再计提优先级固定收益，管理人及任何第三方机构不对优先级本金进行任何承诺担保；过渡期结束后的安排为：清偿全部优先级份额，转为非结构化产品。

2. 鼎锋新三板过渡期安排：到期清算。

凌志软件“三类股东”主要是在新三板挂牌期间通过定向增发和做市受让方式形成，除员工持股计划外，其他“三类股东”合计持有凌志软件股份

① 比如权益类产品，分级比例大于 1 ∶ 1。

的比例不超过 5%，且无向凌志软件委派董事、高管的情形，不会对凌志软件的生产经营产生不利影响。

5.2.9 如何说明“三类股东”的过渡期安排对公司的生产经营没有重大影响

待整改的“三类股东”对公司的生产经营没有重大影响，可以从以下五个方面论述：

（1）待整改“三类股东”均已按照规定办理了资管产品及其管理人的备案登记手续，已纳入国家金融监管部门的有效监管；

（2）待整改“三类股东”是公司在新三板挂牌期间通过公开转让、定向增发或做市转让的方式成为股东的，符合除资管新规外的其他新三板法规和其他法规规定的股东适格条件；

（3）待整改“三类股东”合计持股比例较小，非第一大股东或控股股东；

（4）待整改“三类股东”没有向公司委派董事、监事和高级管理人员，也不存在参与公司经营管理的情况（如适用）；

（5）公司控股股东、实际控制人、董事、监事和高级管理人员并没有直接或间接在“三类股东”中持有权益（如适用）；

（6）待整改“三类股东”均承诺遵守现行减持规则的要求。

5.2.10 上市文件中有关“三类股东”的信息披露要求

若发行人存在“三类股东”，则需要在招股说明中进行如下信息披露：

（1）发行人直接或间接股东中存在“三类股东”，建议按表 5.8 格式进行信息披露。

表 5.8 信息披露格式

序号	三类股东股东名称	类型[①]	直接股东 / 间接股东	若是间接股东，说明穿透层级	备案情况（是否备案、备案编码及时间）	管理人名称	持有股份数量及比例	与公司其他股东是否存在关联关系或亲属关系	出资的资金来源是否合法合规	是否存在股份代持、委托持股或其他利益输送安排

同时，需要“三类股东”出具承诺函，承诺“三类股东”的出资方（向上穿透至自然人或国资委）出资的资金来源合法合规，不存在股份代持和委托持股或其他可能存在输送不当利益关系的情况；同时在承诺函中承诺其投资者为合格投资者。

（2）控股股东、第一大股东、实际控制人不属于“三类股东”；

（3）“三类股东”对应的资产管理产品及管理人均已完成备案登记；

（4）说明“三类股东”在资产管理新规过渡期内的安排，符合现行锁定期和减持规则要求，以及对公司的生产经营无重大影响；

（5）说明公司的控股股东、实际控制人、董事、监事和高级管理人员及其近亲属，以及公司为 IPO 上市聘请的中介机构及签字人员均没有通过直接或间接的方式在“三类股东”中持有权益（需要这些相关人员出具相应承诺函，承诺没有通过直接或间接的方式在“三类股东”中持有权益）。

（6）若历史上存在过“三类股东”（“三类股东”在提交上市申请文件前退出），则建议披露历史上的“三类股东”入股和退出情况，否则可能在问询环节需要补充披露（如深圳市贝斯达医疗股份有限公司在 2 轮审核问询函中被要求补充披露历史上“三类股东”的入股和退出情况）。若披露历史上“三类股东”情况，则建议按照表 5.9 格式披露。

表 5.9 信息披露格式

序号	“三类股东”名称	类型	备案编号	退出前持股比例	入股时间	入股方式	退出情况

① 类型指的是“三类股东”是契约型基金、资产管理计划还是信托计划中的哪一种。

第6章

分拆子公司在科创板上市

分拆上市指的是上市公司将其部分资产、业务，以直接或间接控制的子公司形式，在境内或境外证券市场首次公开发行股票或实现重组上市的行为，通常该部分资产一般为上市公司旗下较为优质的资产。

6.1 分拆上市类型

在科创板发布分拆上市规定之前，A 股上市公司在保留子公司控股权的前提下，是无法实现分拆子公司在 A 股市场上市的。A 股上市公司若想分拆子公司实现在 A 股上市，只有以丧失对新上市主体控制权为代价才可以，包括上市公司将新上市主体控制权转让给无关联第三方（保留参股权）、转让给其他关联方和实际控制人①。

在科创板发布分拆上市规定之后，境内 A 股上市公司同样可以在保留子公司控制权的前提下，实现分拆子公司上市。总体来说，如果境内 A 股上市公司旗下各板块业务差异明显，同时盈利能力较强，则适合进行子公司分拆上市资本运作。

中国铁建（601186）成为第一家发布拟分拆子公司在科创板上市的上市公司。

在科创板发布分拆上市规定之前，分拆上市主要类型见表 6.1。

表 6.1 分拆上市类型

序号	母公司上市类型	分拆类型	案例	备注
1	A 股上市公司	分拆控股子公司 A 股上市	—	暂无相关案例
2	A 股上市公司	分拆境内控股子公司港股上市	杉杉股份（600884）分拆富银融资股份（08452.HK）在港股创业板于 2017 年 5 月上市	分拆境内子公司以 H 股的形式在中国香港地区上市
3	A 股上市公司	分拆境外子公司在港股上市	中国平安（601318）分拆平安好医生（01833.HK）于 2018 年 5 月上市	分拆境外子公司以 VIE 架构在中国香港地区上市

① 转让给实际控制人的案例为畅联股份（603648），有一定特殊性，因其与分拆前的控股股东外高桥（600648）同属上海市浦东区国资委控制。国资委为政府职能部门，一般并不干涉企业日常管理。

续上表

序号	母公司上市类型	分拆类型	案例	备注
4	境外上市公司	分拆控股子公司在A股上市	石药集团（1 093.HK）分拆新诺威（300765）于2019年3月上市	港股上市公司分拆控股子公司在创业板上市
5	境外上市公司	分拆控股子公司在境外上市	腾讯集团（00 700.HK）分拆阅文集团（00 772.HK）于2017年11月上市	以VIE架构上市
6	新三板挂牌公司①	分拆子公司在港股上市	汇量网络（83 4299）分拆控股子公司汇量科技（01 860.HK）	按照97红筹指引上市，取得了广东省人民政府的同意函

6.2 分拆子公司科创板上市相关法规

《科创板上市公司持续监管办法（试行）》规定，达到一定规模的上市公司，可以依据法律法规、中国证监会和交易所有关规定，分拆业务独立、符合条件的子公司在科创板上市。

6.2.1 科创板相关规定

按照证监会2019年12月13日发布的《上市公司分拆所属子公司境内上市试点若干规定》，上市公司分拆子公司上市原则上需要同时满足表6.2所列条件。

表6.2 具体要求

序号	具体要求
1	上市公司股票上市已满3年
2	上市公司最近3个会计年度连续盈利，且最近3个会计年度扣除按权益享有的拟分拆所属子公司的净利润后，归属上市公司股东的净利润②累计不低于6亿元人民币
3	上市公司最近1个会计年度合并报表中按权益享有的拟分拆所属子公司的净利润不得超过上市公司合并报表净利润的50%；上市公司最近1个会计年度合并报表中按权益享有的拟分拆所属公司净资产不得超过上市公司合并报表净资产的30%

① 严格意义来说，新三板挂牌公司并不算上市公司，由此其所属企业到境外上市，也并不适用于证监会〔2004〕67号文。
② 净利润以扣除非经常性损益前后孰低值计算。

续上表

序号	具体要求
4	上市公司不存在资金、资产被控股股东、实际控制人及其关联方占用的情形，或其他损害公司利益的重大关联交易
5	上市公司及其控股股东、实际控制人最近36个月内未受到过中国证监会的行政处罚；上市公司及其控股股东、实际控制人最近12个月内未受到过证券交易所的公开谴责
6	上市公司最近一年及一期财务会计报告被注册会计师出具无保留意见审计报告
7	上市公司最近3个会计年度内发行股份及募集资金投向的业务和资产、最近3个会计年度内通过重大资产重组购买的业务和资产，不得作为拟分拆所属子公司的主要业务和资产，但拟分拆所属公司最近3个会计年度使用募集资金合计不超过其净资产10%的除外
8	所属子公司主要从事金融业务的，上市公司不得分拆该子公司上市
9	上市公司董事、高级管理人员及其关联方持有拟分拆所属子公司的股份，合计不得超过所属子公司分拆上市前总股本的10%；上市公司拟分拆所属子公司董事、高级管理人员及其关联方持有拟分拆所属子公司的股份，合计不得超过所属子公司分拆上市前总股本的30%

另外，上市公司应当充分披露并说明：本次分拆有利于上市公司突出主业、增强独立性。本次分拆后，上市公司与拟分拆所属子公司均符合中国证监会、证券交易所关于同业竞争、关联交易的监管要求，且资产、财务、机构方面相互独立，高级管理人员、财务人员不存在交叉任职，独立性方面不存在其他严重缺陷。

6.2.2 港股上市母公司分拆子公司上市的联交所相关规定

如果发行人为港股上市公司，意图分拆子公司实现在境内A股上市，则需要遵守联交所的下述规定。

用于分拆上市的主体称为新公司，香港地区上市公司称为母公司。

联交所主板分拆上市的审核要求见表6.3。

表6.3 联交所主板分拆上市的审核要求

序号	具体要求	备注
1	母公司最初上市后的三年内不可以分拆	鉴于母公司最初上市的审批是基于母公司在上市时的业务组合，而投资者当时会期望母公司继续发展该等业务，因此如果母公司上市年期不足三年，联交所上市委员会一般不会考虑其分拆上市的申请

续上表

序号	具体要求	备注
2	母公司经分拆后余下之业务	母公司需要使上市委员会相信，新公司上市后，母公司保留有足够的业务运作及相当价值的资产，以支持其分拆独立上市之地位。特别是上市委员会不会接纳以一项业务（新公司的业务）支持两个上市公司（母公司及新公司的情况）。换言之，母公司除保留其在新公司的权益外，自己亦须保留有相当价值的资产及足够业务的运作（不包括其在新公司的权益），以独立的符合联交所上市规则第 8 章的规定
3	由母公司及新公司分别保留的业务应予清楚划分	即母公司和新公司分别保留的业务要具有独立性
4	新公司的职能应独立于母公司	至少达到董事职务及公司管理方面的独立和行政能力方面的独立
5	母公司和新公司分拆上市的商业利益应清楚明确	并要在上市文件中说明，分析上市不会对母公司股东的利益产生不利影响
6	母公司需要向其股东提供一项保证，使他们可以获得新公司股份的权利	方式是可以向他们分派新公司的现有股份，或者是在发售新公司的现有股份或者新股份中，予以他们优先认购权。具体比例由母公司董事及其聘请的财务顾问决定，并且母公司全体股东将会获得同等对待

针对表 6.3 中的第 1 项，如果母公司已根据联交所《上市规则》9A 章成功从 GEM 转为主板上市的上市发行人将以其当初于 GEM 上市的日期作为该条所述母公司上市的日期。

针对表 6.3 中的第 2 项，母公司经分拆后余下之业务还需要满足最低盈利规定①，首先，在紧接提出申请分拆上市前连续 3 个财政年度的盈利 / 亏损合计后的纯利，不得少于 5 000 万元港币。

如果未能达到这个标准的话，则在紧接提出申请分拆上市前的连续 4 个财政年度中，其中任何 3 个财政年度的盈利 / 亏损合计后的纯利，不得少于 5 000 万元港币，如果仍未能达到这个标准的话，则在紧接提出申请分拆上市前的 5 个财政年度中，其中任何 3 个财政年度的盈利 / 亏损合计后的纯利，不得少于 5 000 万元港币。同时，母公司必须令联交所相信，就那些没有将盈利 / 亏损计算在 5 000 万元港币最低纯利内的财政年度，其盈利 / 亏损是受到

① 有关盈利 / 亏损指的是母公司的股东应占盈利 / 亏损（不包括母公司在新公司的权益），并需要扣掉母公司日常业务以外的业务所产生的收入或亏损。

市况大幅逆转所影响的。

针对表 6.3 中的第 4 项，指的是在表 6.4 中具有独立性。

表 6.4　新公司的职能应该独立于母公司

序号	具体事项	备注
1	董事职务及公司管理方面的独立	必须使上市委相信，新公司会独立地及以其整体股东的利益运作为前提，并在其利益与公司利益实际或可能出现冲突的情况下，不会仅仅考虑母公司的利益
2	行政能力方面的独立	基本的行政能力要由新公司执行，而不能由母公司给予支援
3	母子公司之间的关联交易	需要为联交所上市规则豁免规定的关联交易，同时还需要保证在保障各自的少数股东权益方面不会虚假繁荣或难以监察

6.3　分拆子公司上市对母子公司的影响

对于上市母公司来说，分拆子公司上市，短期内，由于股数的增加，会摊薄上市母公司的每股收益。分拆上市的好处见表 6.5。

表 6.5　分拆上市的好处

序号	分拆上市的好处
1	子公司管理层往往持有子公司股权，因此子公司单独上市，股权证券化，估值提升，有利于激励子公司管理层
2	战略聚焦、适合子公司单独长期经营发展，适合母子公司主业差距较大
3	提升子公司估值水平，获取证券化流动性溢价
4	增加融资渠道

6.4　分拆子公司上市的重点注意事项

发行人分拆子公司在科创板上市需要重点关注如下事项，包括：避免同业竞争、避免关联交易金额较大，影响独立性或者关联交易价格不公允、避免出现董事、高管及财务人员兼职情形和上市公司（母公司）、控股股东、董事、监事、高管是否存在违法违规事项，见表 6.6。

表 6.6　重点规避事项

序号	重点规避事项
1	避免同业竞争（分拆上市主体要避免同上市公司及其关联方存在重大不利影响的同业竞争）
2	避免关联交易金额较大，影响独立性或者关联交易价格不公允（分拆上市主体和上市公司要在资产、人员、财务、机构、业务方面相互独立）
3	避免出现兼职情形（分拆上市主体董事、高管及财务人员要避免在上市公司兼职，影响独立性）
4	上市公司（母公司）、控股股东、董事、监事、高管避免出现违法违规事项，受到监管的处罚

6.5　分拆程序

如果上市母公司是联交所上市公司，如果意图实施子公司分拆上市，则还需要获取联交所同意分拆上市的同意函。同时，要注意的是所委任的财务顾问，不可以同时担任分拆子公司的保荐人。具体分拆程序见表 6.7。

表 6.7　分拆程序

序号	分拆程序	备注
1	董事会、股东大会通过分拆决议	上市公司股东大会就分拆事项作出决议，须经出席会议的股东所持表决权的三分之二以上通过，且经出席会议的中小股东所持表决权的三分之二以上通过
2	如果分拆子公司在科创板申报	遵守 IPO 的相关规定
3	如果分拆子公司在科创板申报重组上市	遵守科创板重大资产重组相关规定

上市公司董事、高级管理人员在拟分拆所属子公司安排持股计划的，该事项需要由独立董事发表专项意见，作为独立议案提交股东大会表决，并须经出席股东大会的中小股东所持表决权的半数以上通过。

第 7 章

申报审核流程

根据《上海证券交易所科创板股票发行上市审核规则》，IPO 总体审核流程为上交所对拟上市企业的发行上市申请进行审核，审核通过的，上交所将拟 IPO 企业的发行上市申请文件提交给证监会进行发行注册申请；审核不通过的，做出终止发行上市审核的决定。一般情况下，证监会对上交所的审核意见没有异议。但有时候证监会也会在上交所上市委审核通过的情况下，作出不予注册的决定。

7.1 科创板上市的审核流程

首先，科创板发行上市审核机构对拟上市企业的发行申请文件进行审核，出具审核报告。再次，由科创板的上市委员会对上市审核机构出具的审核报告和拟上市企业的发行申请文件进行审议，出具具体意见。最后，上交所根据上市委的意见出具同意或终止的决定函。

科创板的审核从受理到出结果，一般情况下，时长最长为 6 个月，其中审核 3 个月，回复 3 个月。主要流程分 4 步，受理、审核机构审核、科创板上市委员会审核、向证监会报送[①]。

上市审核流程如图 7.1 所示。

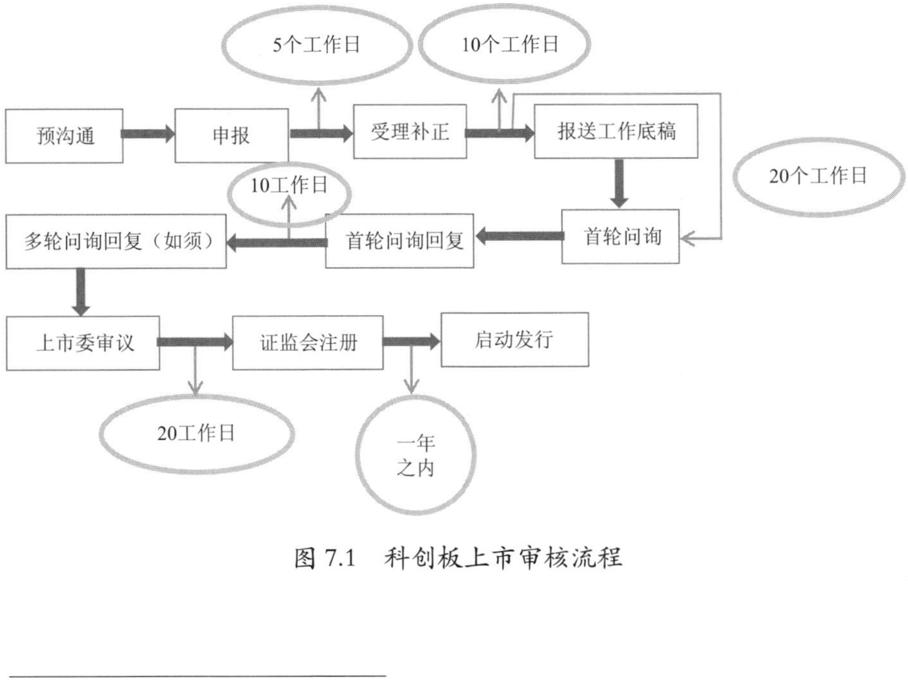

图 7.1　科创板上市审核流程

① 2019 年 6 月 5 日，深圳微芯生物、安集微电子、苏州天准科技成为前三家过会的科创板公司，从上市申报材料受理到过会均为 60 天左右，审核效率远超主板和创业板。

7.1.1 预沟通阶段

在提交发行上市文件之前，对于重大疑难、无先例事项涉及对相关规则的理解适用，发行人和保荐机构可以通过上交所的发行上市审核业务系统进行咨询，也可以通过上交所的发行上市审核业务系统预约当面咨询。

7.1.2 申报

上市文件申报要由保荐机构通过上交所的上市审核业务系统报送发行上市文件。

与主板、创业板纸质文件申报不同的是，科创板 IPO 采用电子化申报。

需要注意的是，招股说明书的有效期为 6 个月，自公开发行前最后一次签署之日起计算。招股说明书引用经审计的财务报表在其最近一期截止日后 6 个月内有效，特殊情况下发行人可申请适当延长，但至多不超过 1 个月。财务报表需要以年度末、半年度末或者季度末为截止日。

7.1.3 受理补正

上交所收到发行人发行上市文件之后，5 个工作日内对文件进行核对，做出是否受理的决定。如果决定受理，向发行人及保荐人给出受理通知，并在上交所网站上进行公布（公布网址：http://kcb.sse.com.cn/）。

如果存在表 7.1 所列情形的，则需要进行补正：

表 7.1　上市文件存在的问题

序号	问题
1	申请文件与中国证监会及上交所规定的文件目录不相符
2	申请文件目录中的文件名称与文件本身内容不相符
3	不适用申请文件目录情况的说明与提交的申请文件不一致
4	申请文件无法打开或读取
5	文档字体排版等格式不符合中国证监会和本所的相关规定
6	申请文件签字处缺少本人亲笔签字，或者签字不清晰
7	申请文件盖章处未加盖公章，印章不清晰，或者公章上的名称与应盖章机构的名称不一致

续上表

序号	问题
8	会计师事务所、律师事务所未加盖总所公章
9	相关文件因无法提供原件而提供复印件的，未由律师提供鉴证意见
10	申请文件中保荐人、证券服务机构及相关人员的证照文件不齐全
11	招股说明书中引用的财务报表未在六个月有效期内

发行人补正期限最长不超过 30 个工作日。

上交所以发行人最终提交补正的时间为收到发行申请上市的时间。

需要说明的是，发行上市申请文件一经受理，发行人、控股股东、实际控制人、董事、监事和高级管理人员以及保荐机构、其他证券服务机构及其人员承担相应法律责任。即只要发行人的上市文件在上交所网站上公布，就相关主体开始承担相应法律责任。

上交所受理发行人发行上市申请文件当天，发行人在上交所网站预先披露文件列表，见表 7.2。

表 7.2　上市文件列表

序号	文件名称
1	招股说明书
2	发行保荐书
3	上市保荐书
4	审计报告
5	法律意见书

除此之外，还需要披露表 7.3 所列信息。

表 7.3　信息披露

公司全称		受理日期	
公司简称		融资金额（亿元）	
审核状态		更新日期	
保荐机构		保荐代表人	
会计师事务所		签字会计师	
律师事务所		签字律师	
评估机构		签字评估师	

7.1.4 上交所不受理发行人上市申请文件情况汇总

（1）招股说明书、发行保荐书、上市保荐书等发行上市申请文件不齐备且未按要求补正；

（2）保荐人、证券服务机构及其相关人员不具备相关资质；或者因证券违法违规被采取限制资格、限制业务活动、一定期限内不接受其出具的相关文件等相关措施尚未解除；或者因首次公开发行并上市、上市公司发行证券、并购重组业务涉嫌违法违规，或者其他业务涉嫌违法违规且对市场有重大影响被立案调查、侦查，尚未结案。

7.1.5 审核问询

自发行上市申请受理之日起 20 个工作日内，上交所审核机构通过发行上市审核系统向保荐人提出首轮审核问询。

在首轮审核问询发出前，发行人及其保荐人、证券服务机构及其相关人员不可以与审核人员接触（此阶段为静默期）。

收到问询函后，保荐人会协调公司、其他中介服务机构对问询问题要求逐项予以回复。

在收到审核问询函后，对问询问题存在疑问的，可通过系统进行咨询沟通。保荐人需要对咨询问题进行梳理汇总，一次性通过系统提交。

需要当面沟通的，保荐人应提前汇总问题，通过系统提交预约沟通申请并上传具体问题内容。预约确认后，发行人及其保荐人、证券服务机构相关人员应按照约定时间抵达上交所指定地点，沟通人数一般不超过 6 人。

问询回复文件需要按照问询问题编制目录。

问询回复文件需要通过系统“项目申报文件”页面中的“问询回复及其他补充文件”栏目提交；需要更新原申报文件的，需要在更新后上传至对应的文件条目内。

如果发行人或保荐人认为拟披露的问询回复信息属于国家秘密、商业机密的，可以通过系统在提交拟披露的回复文件（PDF 版）时，一并提交豁免披露申请[1]。

---

① 具体内容请见本书 3.24。

提交首轮问询回复后，上交所审核机构认为需继续问询的，将在 10 个工作日内通过系统继续发送问询意见函。

另外，在发行上市审核期间，上交所审核机构可以根据需要通过系统通知等方式要求发行人及其控股股东、实际控制人、董事、监事、高级管理人员，保荐人、证券服务机构及其相关人员至上交所指定地点接受当面问询。上交所也可能会要求调阅与发行上市申请相关的资料。

7.1.6 临时重大影响事项

在审核过程中，如发生可能对本次发行上市申请产生重大影响事项的，保荐人应及时通过系统向上交所审核机构报告。

发行人需要对相关事项可能对本次发行上市的具体影响做出解释说明，保荐人及相关证券服务机构应出具专项核查意见，并由保荐人通过系统项目申报文件页面“其他文件”栏目完成提交。

7.1.7 上会前准备事项

在审核问询结束之后，如果上交所向保荐人发送审核意见函，保荐人要及时通过系统提交更新后的申请文件（上会稿），做好上市委员会审议准备。

在审核问询结束之后，如果上交所要求进一步落实相关事项的，保荐人应对相关问题进行逐项落实，并及时通过系统提交落实回复文件。落实过程中涉及其他申请文件修改的，应通过系统一并提交更新后的申请文件。

发行上市审核中，发行人回复上交所审核问询或者发生其他情形，需要更新预先披露文件的，需要修改相关信息披露文件，并在上交所发出上市委员会会议通知前，将修改后的招股说明书、发行保荐书、上市保荐书、审计报告和法律意见书等文件预先披露。

在保荐人提交完毕上会稿并预先披露后，上交所将在网站（网站地址：http://kcb.ese.com.cn/announcement/commiteenotice/）发布上市委员会审议会议通知公告，并通过系统告知发行人及其保荐人。通知内容包括会议时间、会议地点、审议项目、参会委员名单等。

在上市委员会审议会议通知的同时，申请文件（上会稿）在上交所网站预先披露。需要预先披露更新上会稿文件见表 7.4。

表 7.4　上会稿文件

序号	文件名称
1	招股说明书
2	发行保荐书
3	上市保荐书
4	审计报告
5	法律意见书

7.1.8　回复时限的计算

发行人及其保荐人、证券服务机构回复审核问询的时间总计不超过 3 个月。中止审核、请示有权机关、落实上市委员会意见、处理会后事项、实施现场检查等情形，均不计算在前款规定的时限内。

回复时间从保荐人收到审核问询函的次日起开始计算，从保荐人提交相关回复之日的次日起暂停计算。

7.1.9　上市委会议①

上市委以召开审核会议的方式履行职责。每次审议会议由 5 名委员参会，其中包含法律、会计专家至少各一名（没有行业专家）。

上市委秘书处会于审议会议召开 7 个工作日前，将相关材料以电子文档的形式发送给拟参会委员。

相关材料包括：会议时间、地点、拟审议公司名单等、发行上市审核机构出具的审核报告、发行上市申请文件、审核问询以及回复、其他材料。

上交所会于审核会议召开 7 个工作日前，公布审核会议的时间、拟参会委员名单、审议会议涉及的发行人名单等，同时通知拟上市公司及其保荐人。

上市委委员收到会议通知后，确认出席会议的，会签署《声明与承诺函》，并于会议召开前提交上市委秘书处。

① 发行人及其保荐人可以在上市委员会审议会议召开 5 个工作日前，由保荐人通过系统提出就相关委员的回避申请并充分说明理由，回避理由可以参见 8.2.4。上交所认可回避理由的，相关委员回避。

拟参会委员会在审议会议召开 4 个工作日前，将拟提问询问题提交上市委秘书处。

上市委秘书处会在审议会议召开 3 个工作日前，将问询问题告知发行人及其保荐人。

审议会议召开时，会议召集人负责主持会议，确认应当参会的委员全部到场后，宣读会议纪律、注意事项和拟审议事项。

上交所发行上市审核机构的审核人员就提交审议的审核报告和初步审核意见向上市委进行汇报。审核人员汇报完毕后，参会委员会根据《委员工作底稿》，就审核报告的内容和发行上市审核机构提出的初步审核意见发表意见，同时可以要求审核人员就有关问题进行解释说明。

审议会议过程中，参会委员可以在拟提出问询问题的范围内，向发行人代表及保荐代表人询问并要求其回答。

会议召集人根据参会委员的意见及讨论情况进行总结，经合议，按少数服从多数的原则形成审议意见。审议会议会全程录音录像，形成会议纪要，并由参会委员签字确认。

上交所会于审议会议结束当日，在上交所网站公布审议意见及问询问题。

参会委员会在审议会议结束时当场向上市委秘书处提交《委员工作底稿》，列明关注的主要问题、对中介机构履职情况的意见和建议等内容。

审议意见为同意发行上市的（即五个委员中有三个委员审核意见为通过的），上交所会根据审议意见，向中国证监会报送同意发行上市的审核意见及发行上市申请文件，同时通知发行人及其保荐人①。

7.1.10 科创板上市委员会会后事项

审议意见为同意发行上市，但要求公司补充披露有关信息或者要求保荐人、证券服务机构补充核查的，由上交所发行上市审核机构通知保荐人组织落实。保荐人通过系统提交落实情况的回复文件及更新后的申请文件。

上市委员会审议会议结束后 10 个工作日内，保荐人需要通过证通云盘

① 上市委员会审议会议结束当日，保荐人应注意查收短信信息，并及时登录（http://kcb.sse.com.cn/announcement/commiteenotice/）查看上市委员会审议会议结果。

汇总补充报送与审核问询回复相关的保荐工作底稿和更新后的验证版招股说明书。

发行人补充披露或保荐人、证券服务机构补充核查后，上交所发行上市审核机构将有关落实情况通报参会委员，无须再次提请上市委审议。上交所结合审议意见，向中国证监会报送同意发行上市的审核意见及发行上市申请文件，并通知公司及其保荐人。

审议会议召开前，发生重大事项，对发行人是否符合发行条件、上市条件或者信息披露要求产生重大影响的，上交所可以取消该次审议会议，并在上述事项处理完毕后再行召开审议会议。

上市委审议会议后至股票上市交易前发生重大事项，对发行人是否符合发行条件、上市条件或者信息披露要求产生重大影响的，经上交所发行上市审核机构重新审核后，可以再次提请上市委审议。

7.1.11 证监会注册环节①

上市委员会同意发行人发行上市的，保荐人应及时修改、更新相关预披露文件，并通过上交所系统报送申请文件（注册稿）。

注册稿申请文件将在中国证监会网站和上交所网站同时披露。

中国证监会在注册过程中，也可能会要求发行人及保荐人继续反馈回复问题，甚至给出不予注册的决定。

中国证监会的注册同意决定函将由上海证券交易所转发给保荐人，中国证监会同意注册的决定自做出之日起 1 年内有效，发行人可以自行决定发行时点（在批文有效期内）。

7.1.12 复审环节

上交所对发行人发行上市申请不予受理或者终止审核的，发行人可以在收到上交所相关文件后 5 个工作日内，向上交所申请复审。但因发行人自己撤回发行上市申请或者保荐人撤回保荐终止审核的，公司不得申请复审。

---

① 中国证监会做出注册决定后、发行人股票上市交易前，发行人需要及时更新信息披露文件内容，财务报表过期的，发行人还需要补充财务会计报告等文件。

发行人申请复审的，需要提交复审申请书、保荐人就复审事项出具的意见书、律师事务所就复审事项出具的法律意见书和其他文件。

上交所在收到复审申请后 20 个工作日内，召开上市委员会复审会议。上市委员会复审期间，原决定的效力不受影响。

上交所因审核不通过做出终止发行上市审核的决定后，发行人提出异议申请复审的，参加上市委员会原审议会议的委员，不得参加本次复审会议。

7.1.13 其他事项

中国证监会做出注册决定后、发行人股票上市交易前，如果证监会认定发生影响发行人本次发行的重大事项，可能会要求发行人暂停或暂缓发行，甚至取消注册函。这时如果发行人尚未完成发行，会直接要求发行人终止发行工作，即使已经完成发行工作，也会要求发行人按照发行价并加算银行同期存款利息返还股票持有人。

交易所因不同意发行人股票公开发行并上市，做出终止发行上市审核决定，或者中国证监会作出不予注册决定的，自决定做出之日起 6 个月后，发行人可以再次提出公开发行股票并提出上市申请。

7.1.14 可能导致审核中止事项的汇总①

中止审核情形消除或者在规定的时限内完成相关事项后，发行人、保荐人和证券服务机构需要及时告知上交所。上交所经审核确认后，恢复对发行人的发行上市审核，并通知发行人及其保荐人。

恢复审核的，审核时限自恢复审核之日起继续计算。但发行人对其财务报告期进行调整达到一个或一个以上会计年度的，审核时限自恢复审核之日起重新起算。

关于中止期间，指的是保荐人向上交所审核机构提交齐备的中止审核申请之日起开始计算，到上交所审核机构决定恢复审核之日结束计算；审核机构直接中止审核的，中止期间自决定中止审核之日起开始计算，到上交所审

① 出现中止审核情形的，哪怕发行人、保荐人和其他证券服务机构未及时告知上交所，上交所经核实，也会给予直接中止。

核机构决定恢复审核之日结束计算。具体中止事项见表 7.5。

表 7.5　可能导致审核中止事项的汇总

序号	具体事项
1	发行人及其控股股东、实际控制人涉嫌贪污、贿赂、侵占财产、挪用财产或者破坏社会主义市场经济秩序的犯罪，或者涉嫌欺诈发行、重大信息披露违法或其他涉及国家安全、公共安全、生态安全、生产安全、公众健康安全等领域的重大违法行为，被立案调查或者被司法机关立案侦查，尚未结案
2	发行人的保荐人或者签字保荐代表人、证券服务机构或者相关签字人员因首次公开发行并上市、上市公司发行证券、并购重组业务涉嫌违法违规，或者其他业务涉嫌违法违规且对市场有重大影响被中国证监会立案调查，或者被司法机关侦查，尚未结案
3	发行人的保荐人、证券服务机构被中国证监会依法采取限制业务活动、责令停业整顿、指定其他机构托管或者接管等监管措施，尚未解除
4	发行人的签字保荐代表人、证券服务机构相关签字人员被中国证监会依法采取市场禁入、限制证券从业资格等监管措施，尚未解除
5	保荐人或者签字保荐代表人、证券服务机构或者相关签字人员，被本所实施一定期限内不接受其出具的相关文件的纪律处分，尚未解除
6	发行上市申请文件中记载的财务资料已过有效期，需要补充提交
7	发行人及保荐人主动要求中止审核，理由正当并经上交所同意

因表 7.5 中第 2、3、4 和 5 项中止审核，发行人根据规定需要更换保荐人或者证券服务机构的，更换后的保荐人或者证券服务机构需要自中止审核之日起三个月内完成尽职调查，重新出具相关文件，并对原保荐人或者证券服务机构出具的文件进行复核，出具复核意见，对差异情况作出说明。

因表 7.5 中第 2、3、4 和 5 项中止审核，发行人更换签字保荐代表人或者证券服务机构相关签字人员的，更换后的保荐代表人或者证券服务机构相关人员需要自中止审核之日起 1 个月内，对原保荐代表人或者证券服务机构相关人员签字的文件进行复核，出具复核意见，对差异情况作出说明。

因表 7.5 中第 6 项、7 项中止审核的，发行人需要在中止审核后 3 个月内补充提交有效文件或者消除主动要求中止审核的相关情形。

7.1.15　可能导致审核终止事项的汇总

科创板相关规则中的时限以月为单位的，1 个月按 30 个自然日计算；以年为单位的，1 年按 365 个自然日计算。具体事项见表 7.6。

表 7.6 可能导致审核终止事项的汇总

序号	具体事项
1	发行上市申请文件内容存在重大缺陷，严重影响投资者理解和上交所审核
2	发行人撤回发行上市申请或者保荐人撤销保荐
3	发行人未在规定时限内回复上交所审核问询或者未对发行上市申请文件做出解释说明、补充修改
4	发行上市申请文件被认定存在虚假记载、误导性陈述或者重大遗漏
5	发行人阻碍或者拒绝上交所依法实施的检查
6	发行人及其关联方以不正当手段严重干扰上交所发行上市审核工作
7	发行人的法人资格终止
8	中止审核情形未能在 3 个月内消除或者未能在规定时限内完成整改事项
9	上交所审核不通过

7.1.16 公开市场传闻和举报

上交所受理发行上市申请后至股票上市交易前，发行人及其保荐人需要密切关注公共媒体关于发行人的重大报道、市场传闻。

相关报道、传闻与发行人信息披露存在重大差异，所涉事项可能对本次发行上市产生重大影响的，发行人及其保荐人需要向上交所做出解释说明，并按规定履行信息披露义务；

保荐人、证券服务机构需要进行必要的核查并将核查结果向上交所报告。

上交所受理发行上市申请后至股票上市交易前，上交所收到与发行人本次发行上市相关的投诉举报的，可以就投诉举报涉及的事项向发行人及其保荐人、证券服务机构进行问询，要求发行人及其保荐人向上交所作出解释说明，并按规定履行信息披露义务；要求保荐人、证券服务机构进行必要的核查并将核查结果向上交所报告。

7.2 上市委员会工作机制

科创板上市委员会由上交所的专业人员和上交所以外的其他专家组成，其他专家由上交所聘任。

上市委员会（下称：上市委）委员每届任期二年，可以连任，但最长不超过两届（委员任期届满的，由上交所予以续聘或者更换）。

7.2.1 上市委人员名单

上交所提请相关单位（不限于会计师事务所、律师事务所、基金、上市公司等）推荐上市委委员人选；上交所将委员人员（候选人）名单在上交所网站上公示，公示期不少于 5 个工作日；公示期满后，上交所总经理办公会根据委员选任条件进行遴选，拟定拟聘任委员名单后提交理事会审定。

上海证券交易所第 1 届科创板股票上市委员会委员为 38 人，具体名单见表 7.7。

表 7.7　第 1 届科创板上市委员会委员名单（信息来源于上海证券交易所）

派出机构（4 名）				
序号	姓名	性别	出生年月	工作单位
1	陈刚泰	男	1973 年 12 月	江苏证监局
2	周　芊	女	1977 年 12 月	浙江证监局
3	柳　艺	女	1968 年 5 月	北京证监局
4	袁同济	女	1973 年 4 月	上海证监局
行业协会（3 名）				
序号	姓名	性别	出生年月	工作单位
1	申　屹	女	1973 年 4 月	证券业协会
2	陈春艳	女	1971 年 4 月	基金业协会
3	潘广标	男	1977 年 6 月	上市公司协会
高校（4 名）				
序号	姓名	性别	出生年月	工作单位
1	陈　晓	男	1963 年 9 月	清华大学
2	周国良	男	1973 年 8 月	上海财经大学
3	罗培新	男	1974 年 8 月	华东政法大学
4	郭　雳	男	1975 年 8 月	北京大学
保险资管机构（2 名）				
序号	姓名	性别	出生年月	工作单位
1	刘　凡	男	1971 年 6 月	中国人寿资产管理有限公司

续上表

2	易　平	男	1968年11月	太平洋资产管理有限责任公司
公募基金（3名）				
序号	**姓名**	**性别**	**出生年月**	**工作单位**
1	王　颂	男	1968年7月	广发基金管理有限公司
2	阳　琨	男	1973年6月	华夏基金管理有限公司
3	韩贤旺	男	1971年9月	汇添富基金管理股份有限公司
上市公司（3名）				
序号	**姓名**	**性别**	**出生年月**	**工作单位**
1	李　明	男	1963年1月	上海克来机电自动化工程股份有限公司
2	谢纪龙	男	1966年9月	中国中车股份有限公司
3	管　红	女	1968年3月	中国船舶重工股份有限公司
律师事务所（8名）				
序号	**姓名**	**性别**	**出生年月**	**工作单位**
1	苏启云	男	1964年2月	北京市德恒律师事务所
2	张利国	男	1965年2月	北京市国枫律师事务所
3	张　忠	男	1968年11月	北京市中伦律师事务所
4	张建伟	男	1976年8月	北京市君合律师事务所
5	陈瑛明	男	1964年2月	上海市瑛明律师事务所
6	陈　巍	男	1976年8月	上海市通力律师事务所
7	徐　军	男	1968年7月	上海市锦天城律师事务所
8	唐丽子	女	1962年7月	北京市金杜律师事务所
会计师事务所（8名）				
序号	**姓名**	**性别**	**出生年月**	**工作单位**
1	王　笑	男	1970年12月	普华永道中天会计师事务所
2	汤哲辉	男	1977年4月	安永华明会计师事务所
3	苏　星	女	1978年4月	毕马威华振会计师事务所
4	李文智	男	1967年2月	大华会计师事务所
5	屈先富	男	1970年7月	天职国际会计师事务所
6	胡咏华	男	1973年10月	大信会计师事务所
7	祝小兰	女	1971年2月	德勤华永会计师事务所
8	葛　徐	男	1969年6月	天健会计师事务所

续上表

上海证券交易所（3名）				
序号	姓名	性别	出生年月	工作单位
1	张小义	男	1975年10月	上海证券交易所
2	林勇峰	男	1970年9月	上海证券交易所
3	袁伟荣	男	1967年4月	上海证券交易所

7.2.2 上市委员会主要职责范围

上市委主要职责范围包括：

（1）对上交所发行上市审核机构出具的审核报告以及发行上市申请文件进行审议，就发行上市审核机构提出的初步审核意见，提出审议意见；

（2）对发行公司提出异议的上交所不予受理、终止审核决定进行复审，提出复审意见；

（3）对上交所发行上市审核机构及相关部门提交咨询的事项进行讨论，提出咨询意见；

（4）对上市委年度工作进行讨论、研究。

7.2.3 上市委员会委员须回避的情形

上市委委员审议股票发行上市事宜时，有表7.8所列情形之一的，需要回避。亲属，包括上市委委员的配偶、父母、子女、兄弟姐妹、配偶的父母、子女的配偶、兄弟姐妹的配偶。

表7.8 上市委委员须回避的情形

序号	具体事项
1	上市委委员或者其亲属近两年内担任发行人或其控股股东、实际控制人或者保荐人的董事、监事、高级管理人员
2	上市委委员或者其亲属、上市委委员所在工作单位与发行人或者保荐人存在股权关系，可能影响其公正履行职责
3	上市委委员或者其亲属、上市委委员所在工作单位近两年内为发行人提供保荐、承销、审计、评估、法律、咨询等服务，可能影响其公正履行职责
4	上市委委员或者其亲属担任董事、监事、高级管理人员的公司与发行人存在行业竞争关系，或者与发行人或保荐人有利害关系，经认定可能影响其公正履行职责

续上表

序号	具体事项
5	上市委会议召开前，与发行人、保荐人及其他相关单位或者个人进行过接触，可能影响其公正履行职责

7.2.4 上市委员会秘书处工作职责

上市委秘书处作为上市委的办事机构，主要负责处理表 7.9 所列事务。

表 7.9　上市委秘书处工作职责

序号	具体事项
1	选择上市委委员参加会议，安排会议场地及设施，通知参会人员，送达会议材料等
2	维护会场秩序，负责上市委会议录音录像，记录会议讨论情况，起草会议纪要
3	在上交所网站发布上市委会议有关信息，对有关文件资料进行存档
4	落实上市委委员遴选、聘任、解聘、换届等工作
5	负责委员的联络沟通、服务保障、考核监督等日常工作

7.3 科技创新咨询委工作机制

咨询委员会委员共 40 ～ 60 名，由从事科技创新行业的权威专家、知名企业家、资深投资专家组成，所有委员均为兼职。

根据科技创新企业行业相关性，咨询委员会中设立不同咨询组别。

咨询委员会委员每届任期两年，可以连任。

咨询委员会提供咨询意见的主要事项见表 7.10。

表 7.10　主要事项

序号	主要事项
1	科创板的定位以及发行人是否具备科技创新属性、符合科创板定位
2	科创板相关规则的制定
3	发行上市申请文件中与发行人业务和技术相关的问题
4	国内外科技创新及产业化应用的发展动态

7.4 自律委员会工作规则

自律委员会是由科创板股票发行一级市场主要参与主体组成的咨询和议事机构，负责就科创板股票发行相关政策制订提供咨询意见、对股票发行和承销等事宜提出行业倡导建议。自律委员会通过自律委员会工作会议的形式履行职责。工作会议以合议方式开展集体讨论，形成合议意见。

7.4.1 自律委员会人员组成

自律委员会委员共 35 名，由市场机构委员和上交所委员组成。市场机构委员由科创板股票一级市场买卖双方共 34 家机构组成。

自律委员会委员每届任期 2 年，可以连任。自律委员会设主任委员 1 名，副主任委员若干名，由市场机构委员担任。

买方市场机构委员从股票市场投资规模居前的公募基金、社保基金、养老金、企业年金基金和保险资金等投资机构中产生；

卖方市场机构委员从股票发行家数、募资金额与研究力量等方面居前的证券公司以及上交所会员理事、会员监事中产生。

7.4.2 自律委员会主要职责

（1）分析和评估科创板市场当前和今后一段时期的供需状况；

（2）根据评估情况，对如何有效保持市场供需平衡以及今后一段时期的股票发行审核工作提出意见和建议；

（3）对科创板发行与承销的相关政策和运行机制提供咨询意见；

（4）以适当方式回应市场关于科创板股票发行工作的问题和建议。

7.5 上市申请文件

发行人向交易所发行上市审核业务系统报送的申请文件应采用“.doc”“.docs”或“.pdf”格式文件，按幅面为 209 毫米 ×295 毫米规格的纸张（相当于标准 A4 纸张规格）进行排版，并采用合适的字体、字号、行距。

申请文件的正文文字应为宋体小四号，1.5 倍行距。一级标题应为黑体三号，二级标题应为黑体四号，三级标题应为黑体小四号，且各级标题应分别采用一致的段落间距。

申请文件章与章之间、节与节之间应有明显的分隔标识。文档应根据各级标题建立文档结构图以便于阅读。

7.5.1 上市申请文件内容（非发行 CDR）

科创板上市申请文件共包括七大类，共 60 细项内容，见表 7.11。

表 7.11 上市申请文件内容（非发行 CDR）

一、招股文件	1-1 招股说明书（申报稿）
二、发行人关于本次发行与上市的申请与授权文件	2-1 关于本次公开发行股票并在科创板上市的申请报告
	2-2 董事会有关本次发行并上市的决议
	2-3 股东大会有关本次发行并上市的决议
	2-4 关于符合科创板定位要求的专项说明
三、保荐人和证券服务机构关于本次发行上市的文件	3-1 保荐人关于本次发行上市的文件
	3-1-1 关于发行人符合科创板定位要求的专项意见
	3-1-2 发行保荐书
	3-1-3 上市保荐书
	3-1-4 保荐工作报告
	3-1-5 关于发行人预计市值的分析报告
	3-1-6 保荐机构相关子公司参与配售的相关文件（如有）
	3-2 会计师关于本次发行上市的文件
	3-2-1 财务报表及审计报告
	3-2-2 发行人审计报告基准日至招股说明书签署日之间的相关财务报表及审阅报告（如有）
	3-2-3 盈利预测报告及审核报告（如有）
	3-2-4 内部控制鉴证报告
	3-2-5 经注册会计师鉴证的非经常性损益明细表

续上表

三、保荐人和证券服务机构关于本次发行上市的文件	3-3 发行人律师关于本次发行上市的文件
	3-3-1 法律意见书
	3-3-2 律师工作报告
	3-3-3 关于发行人董事、监事、高级管理人员、发行人控股股东和实际控制人在相关文件上签名盖章的真实性的鉴证意见
	3-3-4 关于申请电子文件与预留原件一致的鉴证意见
四、发行人的设立文件	4-1 发行人的企业法人营业执照
	4-2 发行人公司章程（草案）
	4-3 发行人关于公司设立以来股本演变情况的说明及其董事、监事、高级管理人员的确认意见
	4-4 商务主管部门出具的外资确认文件（如有）
五、与财务会计资料相关的其他文件	5-1 发行人关于最近三年及一期的纳税情况及政府补助情况
	5-1-1 发行人最近三年及一期所得税纳税申报表
	5-1-2 有关发行人税收优惠、政府补助的证明文件
五、与财务会计资料相关的其他文件	5-1-3 主要税种纳税情况的说明
	5-1-4 注册会计师对主要税种纳税情况说明出具的意见
	5-1-5 发行人及其重要子公司或主要经营机构最近三年及一期纳税情况的证明
	5-2 发行人需报送的其他财务资料
	5-2-1 最近三年及一期原始财务报表
	5-2-2 原始财务报表与申报财务报表的差异比较表
	5-2-3 注册会计师对差异情况出具的意见
	5-3 发行人设立时和最近三年及一期资产评估报告（如有）
	5-4 发行人历次验资报告或出资证明
	5-5 发行人大股东或控股股东最近一年及一期的原始财务报表及审计报告（如有）
六、关于本次发行上市募集资金运用的文件	6-1 发行人关于募集资金运用方向的总体安排及其合理性、必要性的说明
	6-2 募集资金投资项目的审批、核准或备案文件（如有）
	6-3 发行人拟收购资产（或股权）的财务报表、审计报告、资产评估报告、盈利预测报告（如有）
	6-4 发行人拟收购资产（或股权）的合同或合同草案（如有）

续上表

七、其他文件	7-1 产权和特许经营权证书
	7-1-1 发行人拥有或使用的对其生产经营有重大影响的商标、专利、计算机软件著作权等知识产权以及土地使用权、房屋所有权等产权证书清单（需列明证书所有者或使用者名称、证书号码、权利期限、取得方式、是否及存在何种他项权利等内容）
	7-1-2 发行人律师就 7-1-1 清单所列产权证书出具的鉴证意见
	7-1-3 特许经营权证书（如有）
	7-2 重要合同
	7-2-1 对发行人有重大影响的商标、专利、专有技术等知识产权许可使用协议（如有）
	7-2-2 重大关联交易协议（如有）
	7-2-3 重组协议（如有）
	7-2-4 特别表决权股份等差异化表决安排涉及的协议（如有）
	7-2-5 高管员工配售协议（如有）
	7-2-6 其他重要商务合同（如有）
	7-3 特定行业（或企业）的管理部门出具的相关意见（如有）
七、其他文件	7-4 承诺事项
	7-4-1 发行人及其实际控制人、控股股东、持股 5% 以上股东以及发行人董事、监事、高级管理人员等责任主体的重要承诺以及未履行承诺的约束措施
	7-4-2 有关消除或避免同业竞争的协议以及发行人的控股股东和实际控制人出具的相关承诺
	7-4-3 发行人全体董事、监事、高级管理人员对发行申请文件真实性、准确性、完整性的承诺书
	7-4-4 发行人控股股东、实际控制人对招股说明书的确认意见
	7-4-5 发行人关于申请电子文件与预留原件一致的承诺函
	7-4-6 保荐人关于申请电子文件与预留原件一致的承诺函
	7-4-7 发行人保证不影响和干扰审核的承诺函
	7-5 说明事项
	7-5-1 发行人关于申请文件不适用情况的说明
	7-5-2 发行人关于招股说明书不适用情况的说明
	7-5-3 信息披露豁免申请（如有）
	7-6 保荐协议
	7-7 其他文件

7.5.2 红筹公司发行 CDR 需要报送的申请文件

红筹公司发行 CDR 需要报送的申请文件较 7.5.1 多，具体见表 7.12。

表 7.12 红筹公司发行 CDR 需要报送的申请文件

1- 招股说明书与发行公告	1-1 招股说明书（申报稿）
	1-2 境外基础证券发行人董事、高管对招股说明书的确认意见
	1-3 发行公告（发行前提供）
2- 关于本次发行的申请及授权文件	2-1 境外基础证券关于纳入试点的申请报告
	2-2 境外基础证券发行人关于本次发行的申请报告
	2-3 境外基础证券发行人董事会有关本次发行的决议
	2-4 境外基础证券发行人股东大会有关本次发行的决议（如有）
3-1 保荐人关于本次发行的文件	3-1-1 关于境外基础证券发行人符合试点企业选取标准的核查报告
3-1 保荐人关于本次发行的文件	3-1-2 发行保荐书（附：关于对境内投资者权益的保护总体上不低于境内法律、行政法规以及中国证监会要求的结论性意见）
	3-1-3 保荐工作报告
	3-1-4 未在境外上市的基础证券发行人的估值报告
3-2 注册会计师关于本次发行的文件	3-2-1 根据中国企业会计准则编制的财务报表及审计报告（如选用）
	3-2-2 根据国际财务报告准则或美国会计准则编制的财务报表及审计报告并同时按照中国企业会计准则调整的差异调节信息及审计报告（如选用）
	3-2-3 境外基础证券发行人审计报告基准日至招股说明书签署日之间的相关财务报表及审阅报告（发行前提供）
	3-2-4 盈利预测报告及审核报告（如有）
	3-2-5 内部控制鉴证报告
	3-2-6 经注册会计师鉴证的非经常性损益明细表
3-3 境外基础证券发行人律师关于本次发行的文件	3-3-1 关于境外基础证券发行人符合试点企业选取标准的核查报告
	3-3-2 法律意见书（附：关于对境内投资者权益的保护总体上不低于境内法律、行政法规以及中国证监会要求的结论性意见）
	3-3-3 律师工作报告
4-1 境外基础证券发行人的公司注册文件	无明细文件
4-2 境外基础证券发行人公司章程	无明细文件

续上表

5-1 境外基础证券发行人关于最近三年及一期的纳税情况的说明	5-1-1 境外基础证券发行人主要经营实体最近三年及一期所得税纳税申报表
	5-1-2 对境外基础证券发行人有重大影响的税收优惠、财政补贴证明文件（如有）
	5-1-3 主要税种纳税情况的说明及注册会计师出具的意见
	5-1-4 境内主要经营实体主管税收征管机构出具的最近三年及一期该经营实体纳税情况的证明
5-2 公司需报送的其他财务资料	5-2-1 主要经营实体最近三年原始财务报表
	5-2-2 主要经营实体原始财务报表与本次申报经审计的财务报表差异比较表
	5-2-3 注册会计师对差异情况出具的意见
5-3 境外基础证券发行人设立时和最近三年及一期的资产评估报告（含土地评估报告）（如有）	无明细文件
5-4 境外基础证券发行人的历次验资报告（如有）	无明细文件
5-5 境外基础证券发行人大股东或控股股东最近一年及一期的原始财务报表及审计报告（如有）	无明细文件
6-1 产权和特许经营权证书	6-1-1 境外基础证券发行人拥有或使用的对其生产经营有重大影响的商标、专利、计算机软件著作权等知识产权以及土地使用权、房屋所有权、采矿权等产权证书清单（需由境外基础证券发行人律师出具鉴证意见）
	6-1-2 特许经营权证书
6-2 重要合同	6-2-1 协议控制架构等特殊安排涉及的协议
	6-2-2 投票权差异、投票协议或类似特殊安排涉及的协议
	6-2-3 对境外基础证券发行人有重大影响的商标、专利、专有技术等知识产权许可使用协议
	6-2-4 重大关联交易协议
	6-2-5 重大资产购买或出售协议

续上表

6-3 承诺和说明事项	6-3-1 境外基础证券发行人关于确保存托凭证持有人实际享有与境外基础股票持有人相当权益的承诺
	6-3-2 境外基础证券发行人关于确保存托凭证持有人在合法权益受到损害时能够获得与境外投资者相当赔偿的承诺
	6-3-3 有关消除或避免同业竞争的协议以及境外基础证券发行人的控股股东和实际控制人出具的相关承诺
	6-3-4 境外基础证券发行人全体董事对发行申请文件真实性、准确性、完整性、及时性的承诺书
	6-3-5 境外基础证券发行人关于对境内投资者权益的保护总体上不低于境内法律、行政法规以及中国证监会要求的说明
	6-3-6 境外基础证券发行人相关股东关于股份锁定的承诺
6-4 特定行业（或企业）的管理部门出具的相关意见（如有）	无明细文件
6-5 存托协议	无明细文件
6-6 托管协议	无明细文件
6-7 保荐协议和承销协议	无明细文件

第 8 章

发行承销阶段

发行人首次公开发行股票并在科创板上市经证监会同意注册后，就可通过发行承销业务系统向上交所报送发行方案，同时就网下电子化发行操作细节与上交所及中国证券登记结算有限责任公司上海分公司做好充分沟通。

8.1 发行

首次公开发行股票并在科创板上市的股份公司发行股票，是以询价的方式确定发行价格。包括针对战略投资者的战略配售（战略投资者不参与询价）、网下向询价对象配售和网上申购定价发行。

8.1.1 股票发行申请、发行准备及发行流程

股票发行申请，发行准备及发行流程如图 8.1 所示。

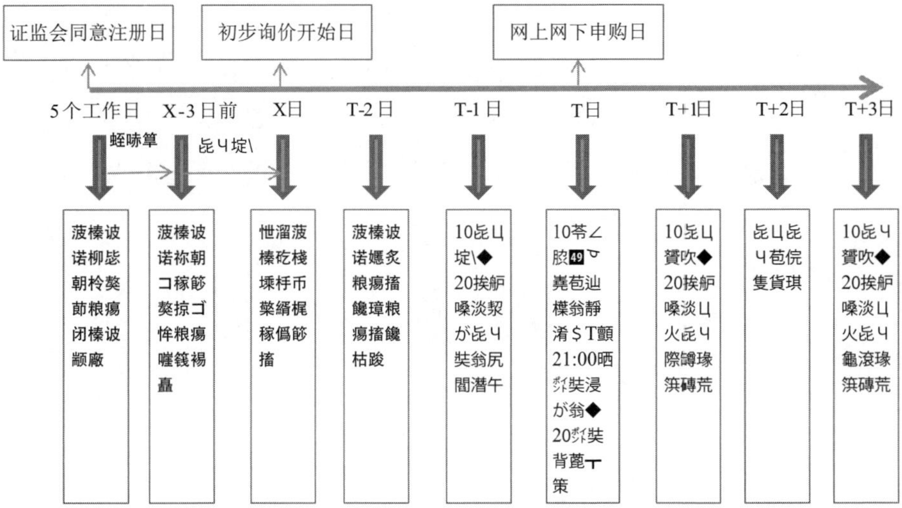

图 8.1 发行流程图

8.1.2 报备发行与承销方案

上交所 5 个工作日内无异议的，发行人就可以启动发行工作。需要说明的是，如果在 13:00 前报送，那么当天是计入在 5 个工作日之内的；如果是在 13:00 之后报送的，当天是不计入 5 个工作日之内的。

股票发行需要报送的文件清单见表 8.1。

表 8.1　股票发行需要报送的文件清单

序号	文件名称
1	发行方案
2	首次公开发行股票并在科创板上市发行安排及初步询价公告
3	投资价值研究报告
4	证监会同意注册的决定
5	发行人、主承销商、会计师事务所及律师事务所关于会后事项的承诺函
6	战略配售方案（如有）
7	主承销商和律师对战略投资者的选取标准、配售资格及是否存在禁止性情形进行核查的专项核查报告和法律意见书，发行人就核查事项出具的承诺函（如有）
8	高管和核心员工参与战略配售的，设立专项资产管理计划的合同、专项资产管理计划完成基金业协会或银保监会备案的证明文件①
9	超额配售选择权实施方案（如有），方案中应写明使用超额配售股票募集的资金买入股票的账户（如有）
10	关于延期交付的相关协议等（如有）
11	关于申请科创板证券代码以及简称的函

8.1.3　如何申请科创板股票代码

发行人与主承销商在提交发行方案的同时，可以通过顺序排号或自主选号的方式确定证券代码，并在发行方案中一并提交《关于申请科创板证券代码以及简称的函》。

采用顺序排号的，由上交所发行承销业务系统自动分配证券代码，逢 4 或 13 结尾可顺延一位。

采用自主选号的，发行人及主承销商可在 688001 ～ 688500 代码段中自主选择，且无须支付或者承诺支付选号费用。已使用证券代码数量达到 100 个后，新增启用 688501 ～ 688600 代码段，后续按照前述方式顺次启用新代码段。发行人与主承销商可在全部已启用代码段范围内自主选择尚未使用的证券代码。

主承销商通过发行承销业务系统将发行方案与选定代码一并提交，若发

① 高管和核心员工参与战略配售设立的专项资产管理计划，需要在基金业协会或银保监会完成备案证明。

行方案有异议未通过的，发行人与主承销商需重新提交发行方案并进行选号操作，原选定代码不保留。

证券简称，原则上取公司全称中的 3 ～ 4 个字；证券扩位简称，原则上取公司全称中的 4 ～ 8 个字，要确保上述简称不与沪深交易所上市公司及新三板挂牌公司重名。发行人公告相关文件仍以证券简称为准。

如果是 CDR 存托凭证的，股票代码为 689×××。

8.1.4 发行方式

首次公开发行股票并在科创板上市的股份公司发行股票，是以询价的方式确定发行价格。包括针对战略投资者的战略配售（战略投资者不参与询价）、网下向询价对象配售和网上申购定价发行。其中，网下向询价对象配售确定发行价格的方式主要有两种：

（1）初步询价后直接确定发行价格；

（2）初步询价先确定发行价格区间，在通过累计投标询价确定发行价格。

询价的意思是向适格的询价对象进行价格征询，这个过程就叫询价。初步询价报价阶段，同一网下投资者全部报价中的不同拟申购价格不超过 3 个，所有报价需一次性提交，可多次提交，以最后一次提交为准。申购平台记录本次发行网下投资者申购记录。在初步询价截止后，发行人和主承销商可以从申购平台获取初步询价报价情况。

初步询价原则上安排一天。

初步询价及网下发行通过申购平台（https://120.204.69.22/,po 或 https://,po.eap.ese.com.cn/,po）。

网下认购对象包括公募产品、社保基金、养老金、企业年金基金、保险资金、合格境外机构投资者资金等配售对象中的 10% 账户（向上取整计算），需要承诺获得本次配售的股票限售期限为自发行人首次公开发行并上市之日起 6 个月，前述配售对象账户通过摇号抽签方式确定。

8.1.5 询价对象

科创板股票只可以向证券公司、基金管理公司、信托公司、财务公司、保险公司、合格境外投资者和私募基金管理人等专业机构投资者询价，确定股票发行价格。

也就是说，科创板 IPO 新股并不向个人投资者询价。

8.1.6 是否需要发布投资风险特别公告

发行人和主承销商需要在申购前，披露网下投资者剔除最高报价部分后有效报价的中位数和加权平均数，以及公开募集方式设立的证券投资基金和其他偏股型资产管理产品（公募产品）、全国社会保障基金和基本养老保险基金的报价中位数和加权平均数等信息。

初步询价结束后，发行人和主承销商确定的发行价格（或者发行价格区间中值）超过上文提到的中位数、加权平均数的孰低值的，发行人和主承销商需要在申购前至少一周发布包含以下内容的投资风险特别公告，见表 8.2。

表 8.2　公告包含的主要内容

序号	公告包含的主要内容
1	说明确定的发行价格（或者发行价格区间中值）超过中位数、加权平均数的孰低值的理由及定价依据
2	提请投资者关注发行价格（或者发行价格区间）与网下投资者报价之间的差异
3	提请投资者关注投资风险，审慎研判发行定价的合理性，理性做出投资决策

发行人和主承销商确定的发行价格（或发行价格区间上限）对应的市盈率高于同行业上市公司二级市场平均市盈率，但是没有超过中位数、加权平均数的孰低值的，不需要发布投资风险特别公告。

8.1.7 路演操作流程和注意要点

R 日为路演举行日，表 8.3 中的时间为交易日。

需要注意的是，只有在获取中国证监会同意注册的批文且同时刊登招股意向书之后，发行人才可以公开推介股票，举办公开路演活动。

另外，在路演结束之后，发行人还需要和战略投资者签署路演推介确认书。发行人的路演推介和聘请的主承销商的路演推介需要分别进行，并且均不可以对股票二级市场价格进行预测。具体流程见表 8.3。

表 8.3 网上路演操作流程

事项	时间	具体事项	备注
提出申请	R-5 日	发行人提出路演申请，提交《IPO 路演申请表	联系上证路演中心获取申请表
材料准备	R-3 日	发行人依照要求准备相关介绍及展示材料	要展示出公司的业务优势及亮点
设计制作	R-2 日	上证路演中心根据发行人所提供材料进行网站展示架构及网页设计制作	公司对设计进行反馈
现场参会嘉宾名单确定	R-2 日	发行人确认现场参会人员名单	提供给上证路演中心
岗位负责人确定	R-2 日	发行人确定路演总协调人、问题分发负责人	提供给上证路演中心
网上路演	R 日	进行路演现场直播及网上互动交流活动	网上路演地址，上证路演中心：http://roadshow.sseinfo.com；中国证券网：http://roadshow.cnstock.com

对网下投资者的路演推介，发行人可以介绍公司、行业及发行方案等与本次发行相关的内容，但路演推介内容不得超出招股意向书及其他已公开信息范围，不得对股票二级市场交易价格作出预测。

8.1.8 网上网下发行比例及回拨机制

按照科创板发行与承销实施办法的规定，首次公开发行股票网下投资者申购数量低于网下初始发行量的，发行人和主承销商应当中止发行，不得将网下发行部分向网上回拨。网上投资者申购数量不足网上初始发行量的，可以回拨给网下投资者①。

同主板、创业板相对比的话，科创板的网下发行比例更大。具体如表 8.4：

表 8.4 网下初始配售比例（网下初始配售数量 / 公开发行股票数量）

	主板、创业板	科创板
发行后总股本不超过 4 亿股	60%	70%
发行后总股本超过 4 亿股②	70%	80%

① 基本不会出现网上申购数量不足的情况。
② 科创板在尚未盈利的情况下，网下初始发行比例不低于本次公开发行股票数量的 80%。

主创板和科创板网下回拨机制对比如表 8.5：

表 8.5　回拨机制对比

主创板		科创板	
网上申购倍数	网下回拨比例	网上申购倍数	网下回拨比例
（50，100 倍）	公开发行数量的 20%	（50，100 倍）	公开发行数量的 5%
（100，150 倍）	公开发行数量的 40%	（100，∞）	公开发行数量的 10%
（150 倍，∞）	回拨后网下发行比例不超过本次公开发行数量的 10%	所有倍数	回拨后无限售期的网下发行数量不超过公开发行股票数量的 80%

在不考虑向战略投资者配售股票的情况下①，主板和创业板发行的时候，网上投资者认购倍数极高，因此在回拨结束之后，最终网下发行比例一般为 10%，网上发行比例为 90%。

发行后总股本不超过 4 亿股，科创板初始网下配售比例为 70%，即使网上认购倍数极高，也就是从网下回拨 10% 到网上，最终网下发行比例为 60%，网上发行比例为 40%。也就说，在科创板发行上市的新股，网上认购比例最多为 40%（最少为 20%）。

8.1.9　禁止参与 IPO 网下发行配售的对象

表 8.6 中的第 2 项和第 3 项如果是通过公开募集方式设立且未参与本次战略配售的证券投资基金是可以参与网下配售的。

表 8.6　禁止参与 IPO 网下发行配售的对象

序号	具体对象
（一）	公司自身及其股东、实际控制人、董事、监事、高级管理人员和其他员工；公司自身及其股东、实际控制人、董事、监事、高级管理人员能够直接或间接实施控制、共同控制或施加重大影响的公司，以及该公司控股股东、控股子公司和控股股东控制的其他子公司
（二）	主承销商及其持股比例 5% 以上的股东，主承销商的董事、监事、高级管理人员和其他员工；主承销商及其持股比例 5% 以上的股东、董事、监事、高级管理人员能够直接或间接实施控制、共同控制或施加重大影响的公司，以及该公司控股股东、控股子公司和控股股东控制的其他子公司

① 科创板在尚未盈利的情况下，网下初始发行比例不低于本次公开发行股票数量的 80%。

续上表

序号	具体对象
（三）	承销商及其控股股东、董事、监事、高级管理人员和其他员工
（四）	上面第（一）、（二）、（三）项所述人士的关系密切的家庭成员，包括配偶、子女及其配偶、父母及配偶的父母、兄弟姐妹及其配偶、配偶的兄弟姐妹、子女配偶的父母
（五）	过去6个月内与主承销商存在保荐、承销业务关系的公司及其持股5%以上的股东、实际控制人、董事、监事、高级管理人员，或已与主承销商签署保荐、承销业务合同或达成相关意向的公司及其持股5%以上的股东、实际控制人、董事、监事、高级管理人员
（六）	通过配售可能导致不当行为或不正当利益的其他自然人、法人和组织

8.1.10　发行人上市前要完成的准备工作

发行人须在公司上市前完成CA证书的办理，上交所CA中心联系电话021-68814725。

将公司的LOGO矢量图（或者LOGO大图）上传至发行承销业务系统。

尽早联系好报社关于后续刊登公告事宜。

尽早联系武汉机构投资者服务有限公司上海分公司（摇号执行机构）、上海市东方公证处（公证处）沟通摇号事宜。

尽早联系好上证路演中心安排网上路演。

上证路演中心为上市公司提供上市仪式拍摄直/录播服务，本项服务免费。

8.1.11　发行之前签订募集资金监管协议

发行人、主承销商/保荐机构、存款银行在发行之前需要专门开立三方监管账户，且签订三方监管账户协议。此账户存放上市前的募集资金，主承销商（保荐机构）会直接将资金划入三方监管账户，上市后公司才能支配资金使用。具体言之，募集资金仍然划转到公司账户，但该账户是公司、保荐机构和存款银行三方监管账户，只有三方共同指令才能动用资金。

在网上网下发行日后4天（T+4），发行人将收到募集资金（主承销商会扣除相关费用）。发行人需要聘请会计师事务所出具验资报告。

8.1.12 上交所各机构联系方式（表 8.7）

表 8.7 上交所各机构联系方式

<table>
<tr><th>机构名称</th><th>部门</th><th>电话及传真</th></tr>
<tr><td rowspan="2">上交所</td><td rowspan="2">发行承销管理部</td><td>021-68808888（总机）</td></tr>
<tr><td>021-68807704（传真）</td></tr>
<tr><td rowspan="2">登记公司（上海分公司）</td><td>存管部</td><td>021-38874800（总机）</td></tr>
<tr><td>交收部</td><td>021-38874800（总机）</td></tr>
<tr><td rowspan="2">上交所信息公司</td><td>CA 证书</td><td>021-68814725</td></tr>
<tr><td>上证路演中心</td><td>021-68819466 021-68791160</td></tr>
<tr><td rowspan="2">上市仪式服务机构</td><td rowspan="2">上证金融服务公司</td><td>021-68800360</td></tr>
<tr><td>021-68810506</td></tr>
<tr><td rowspan="3">摇号执行机构</td><td rowspan="3">武汉机构投资者服务有限公司上海分公司</td><td>021-61002379（传真）</td></tr>
<tr><td>021-61002391</td></tr>
<tr><td>021-61017680</td></tr>
<tr><td rowspan="2">摇号公证机构</td><td rowspan="2">上海市东方公证处</td><td>021-52288508（传真）</td></tr>
<tr><td>021-62559556</td></tr>
</table>

8.2 上市

一般情况下，新股在发行结束后 8 个交易日内安排上市（如遇重大事件须视情况顺延）。

L 日即为挂牌上市日。

8.2.1 新股上市申请、上市准备及上市流程

挂牌日前 3 天，发行人要和主承销商完成股份登记和募集资金验证工作。

挂牌日前两天，发行人和主承销商要在上交所发行承销业务系统上传提交全套上市申请文件。

挂牌日前一天，发行人和主承销商要刊登上市公告书和公司章程。

新股上市申请，上市准备及上市流程如图 8.2 所示。

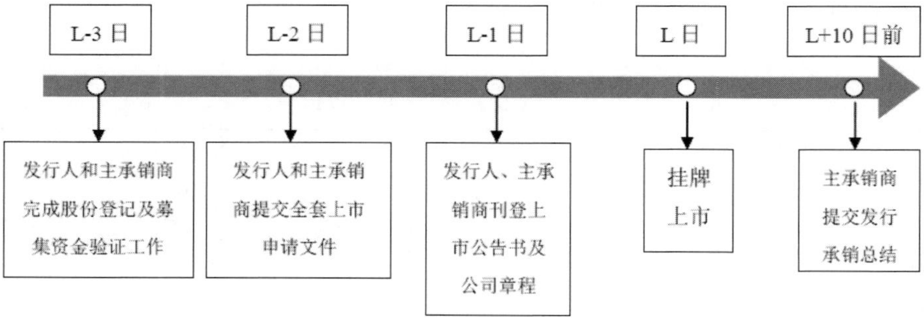

图 8.2　上市流程

8.2.2　发行人需要提交的上市文件清单

需要说明的是，上市文件中，只有上市公告书和公司章程才上网公告，其他文件只是交易所备案文件。发行人需要提交的上市文件清单见表 8.8。

表 8.8　发行人需要提交的上市文件清单

序号	文件名称
1	上市表格
2	《首次公开发行股票科创板上市公告书》
3	首次公开发行结束后发行人全部股票已经中国结算上海分公司托管的证明文件
4	首次公开发行结束后具有执行证券、期货相关业务资格的会计师事务所出具的验资报告
5	律师事务所出具的法律意见书
6	保荐机构出具的上市保荐书
7	承销及保荐协议
8	持股 5% 以上股东持股情况表
9	申请股票上市的董事会和股东大会决议
10	营业执照复印件及关于及时办理工商登记变更的承诺函
11	公司章程
12	依法经具有执行证券、期货相关业务资格的会计师事务所审计的发行人最近三年的财务会计报告
13	关于董事、监事和高级管理人员持有本公司股份的情况说明和《董事（监事、高级管理人员）声明及承诺书》
14	发行人拟聘任或者已聘任的董事会秘书的有关资料（简历、关于聘任该董事会秘书的董事会决议）

续上表

序号	文件名称
15	首次公开发行后至上市前按规定新增的财务资料和有关重大事项的说明（如适用）
16	首次公开发行前已发行股份持有人持股锁定承诺
17	上海证券交易所科创板股票上市规则第 2.4.4 条所述的承诺函（发行人需要在上市公告书中披露上述承诺）
18	保荐代表人的证明文件、保荐机构向保荐代表人出具的由董事长或者总经理签名的授权书，以及与上市保荐工作有关的其他文件
19	发行人经办人员的证明文件、发行人出具的由董事长或者总经理签名的授权书
20	发行人及其董事、监事、高级管理人员根据上海证券交易所科创板股票上市规则第 2.1.6 条对上市申请文件做出的保证
21	募集资金专户存储三方监管协议

凡在香港地区有 H 股已经上市的，再申请到上交所 A 股市场上市，需在上市表格中填写 H 股代码和 H 股英文简称。

需要说明的是，首先，报送的时间要在 L-2 日 15:30 前；其次，对于董事、监事和高管来说，董事、监事和高级管理人员提交持有的股票账户及持有本公司股票的情况时应注意：（1）如持有多个股票账户，应全部申报。（2）如使用曾用名开立过股票账户，应一并申报；而且在填写声明与承诺书时应注意：①声明人为境外人士的，原则上应在中文文本上签字，如特殊情况需使用英文文本，则应经境内公证机关公证，或由律师对中英文文本一致性发表见证意见。②声明人和声明人配偶、父母、年满 18 周岁具有民事行为能力的子女及其配偶、兄弟姐妹均应填写姓名和身份证号码；③相关栏目如不适用应注明“无”。

8.2.3 上市费用缴纳

发行人需要从上交所领取“上市费用缴款通知”，并在刊登上市公告前将上市费用划至上交所。上交所财务部收到公司缴纳的上市有关费用后会开具发票。

上交所收款账户信息如下：

户 名：上海证券交易所

开户行：招商银行上海分行营业部

账号：216085552810001

上交所财务部联系电话：021-68805385

上市费用缴纳标准见表 8.9。

表 8.9　上市费用缴纳标准

股本总额（元）	上市初费标准（万元）	上市年费标准（万元）
4 亿（含）	不缴款	不缴款
4 亿～ 6 亿（含）	55	10
6 亿～ 8 亿（含）	60	12
8 亿以上	65	15

收费标准中的股本总额由 A 股、B 股构成，不包括 H 股，上市年费股本总额按上年末 A 股、B 股总额计算；上市初费按发行后总股本计算。

上市当年年费计算方法为：年费 /12×（12 －当月月数 +1）（按上年末总股本计算，四舍五入后精确到元）。

本次上市费合计等于上市初费和上市当年年费之和。

8.2.4　公司上市仪式

公司上市当日可在上交所举行上市仪式。由上交所所属子公司上证金融服务公司负责仪式的安排和协调。

X 日：确定企业上市仪式个性化需求。

L-3 日之前：

（1）上市公司确认上市仪式方案；

（2）上市公司准备上市仪式所需材料（上市仪式指南、报送表、保障单、上市企业风采展示）；

（3）上市公司确认是否需要上市仪式直 / 录播服务 / 同步直播。

L-3 日：

（1）上市公司提交上市仪式贵宾名单和企业上市风采微信号发布内容；

（2）上市公司报送相关材料（上市仪式指南、报送表、保障单、上市企业风采展示）。

L-1 日：

上市公司现场确认所有准备工作。

L 日：

上市仪式当日主要分为企业上市、上交所企业上市服务微信公共平台发布二项活动。

8.2.5 上市仪式流程

公司上市仪式流程主要包括：签署股票上市协议书（一式四份）；微信公众服务号发布上市风采，为公司做线上宣传，公司必须在 L 日前提供所需材料，此项服务活动免费，具体上市公司风采模板由上证金服提供等。具体见表 8.10。

表 8.10 上市仪式流程

时间	具体活动内容
08:45	来宾准时抵达上海证券大厦底楼大厅
08:45—08:55	来宾站定于背景板前拍照合影
08:55	礼仪小姐引领嘉宾从北塔进入 5 楼仪式大厅
09:00	礼仪小姐引领嘉宾进入交易大厅
09:05	礼仪小姐引领观礼嘉宾列队完成
09:08	佩戴胸花嘉宾进入 5 楼交易大厅走上主席台
09:10	司仪宣布开始，介绍主席台嘉宾
09:12—09:22	发行方领导致辞
	主承销商领导致辞
	政府领导致辞
09:26	发行方领导与上海证券交易领导签订《上市协议书》
09:27	发行方领导与上海证券交易领导互换上市纪念品
09:28	贵宾领导共同鸣锣开市
09:29	开启红酒祝贺上市成功，全体来宾观看开盘走势
09:35	上市仪式结束，来宾拍照留念
09:45	礼仪小姐引导来宾统一离开证券大厦，原车返回酒店

8.2.6　公司直 / 录播操作流程

上市仪式直 / 录播服务由上证路演中心提供，旨在为上市公司记录上市珍贵时刻，增加公司宣传渠道，增进投资者、企业及上交所之间的沟通。服务包括直播上市仪式过程（9:15-9:30，可选项）、录制公司上市当天过程（公司到达交易所至上市仪式结束）并制作 3 分钟左右上市精彩剪辑两项内容，视频将在上交所官网（www.ese.com.cn）、上证路演中心网站（roadshow.sseinfo.com）以及微信公众号（上证路演中心 /ese_roadshow）同步发布。本项服务免费，由上市公司自主决定采用与否。直 / 录播操作流程，见表 8.11。

表 8.11　直 / 录播操作申请办理流程

事项	时间	具体事项	备注
提出申请	L-5 日	公司提出上市仪式直播或录播申请，提交《上市仪式直 / 录播申请表》。	联系上证上证路演中心获取申请表
前期沟通	L-3 日	与公司就直 / 录播相关细节进行沟通	如上市前无精彩节目或现场直播，本步骤可省略
设计制作	L-1 日	上证路演中心进行网站展示架构及网页设计制作	
现场彩排	L-1 日	拍摄人员到达现场参与彩排确定相关事宜	如上市前无精彩节目，本步骤省略
上市仪式直录播	L 日	上市仪式直播或录播，上市仪式视频挂网	

8.3　战略配售

战略配售事项需要经过发行人董事会会议批准，在获得批准后，发行人与相关战略配售对象签订战略配售协议。

战略配售对象需要最晚在 T-3 日（T 日为网上网下申购日）前足额缴纳认购资金及相应新股配售经纪佣金。战略配售对象不参与询价，按照最终确定的价格参与认购。

8.3.1 安排战略配售对发行人的意义

安排战略配售对于发行人，主要有两方面的作用：（1）提高业务协同作用。战略投资者与发行人存在业务协同时，通过参与战略配售，可以进一步夯实合作关系，加强合作深度；（2）提升业务形象。通过引入在行业、市场内声望较高、名誉较好的战略投资者，可以提升发行人的知名度和美誉度。

8.3.2 战略配售对象

参与公司战略配售的投资者，需要具备良好的市场声誉和影响力，具有较强资金实力，认可公司长期投资价值，并按照最终确定的发行价格认购其承诺认购数量的公司股票。

战略配售对象需要使用自有资金参与战略配售。

有资格参与公司战略配售的投资者主要见表 8.12。

表 8.12 有资格参与公司战略配售的投资者

序号	投资者
1	与发行人经营业务具有战略合作关系或长期合作愿景的大型企业或其下属企业
2	具有长期投资意愿的大型保险公司或其下属企业、国家级大型投资基金或其下属企业
3	以公开募集方式设立，主要投资策略包括投资战略配售股票，且以封闭方式运作的证券投资基金（只有封闭式公募才能参与战略配售）
4	参与跟投的保荐机构相关子公司
5	公司高级管理人员与核心员工参与本次战略配售设立的专项资产管理计划①

8.3.3 战略投资者数量及比例②

首次公开发行股票数量 4 亿股以上的，战略投资者应不超过 30 名；1 亿股以上且不足 4 亿股的，战略投资者应不超过 20 名；不足 1 亿股的，战略投资者应不超过 10 名。

证券投资基金参与战略配售的，需要以基金管理人的名义作为 1 名战略投资者参与发行。同一基金管理人仅能以其管理的 1 只证券投资基金参与本

① 在新股上市后，高管员工设立的专项资管计划可以作为融券提供方，出借股票，获取额外收益。
② 在主创板发行新股时，只有首次公开发行超过 4 亿股，才可以在新股发行环节，引进战略投资者。

次战略配售。

如果首次公开发行股票数量在 1 亿股以上的，战略投资者获得配售的股票总量原则上不得超过公开发行股票数量的 30%，超过的需要在发行方案中充分说明理由。其中如果高管、核心员工通过专项资管计划参与，规模为不得超过首次公开发行股票数量的 10%，保荐机构参与的规模为 2% ～ 5%，因此一般来说，市场外部战略投资人可以参与战略配售规模为 15% ～ 18%。

首次公开发行股票数量不足 1 亿股的，战略投资者获得配售的股票总量不得超过本次公开发行股票数量的 20%。市场外部战略投资人可以参与战略配售规模一般为 5% ～ 8%。

初始战略配售与最终战略配售股数的差额将回拨到网下发行。

8.3.4 战略配售——保荐机构子公司跟投①

保荐机构另类投资子公司（可以是保荐机构自己依法设立的另类投资子公司，也可以是实际控制该保荐机构的证券公司依法设立的另类投资子公司）事先与公司签署配售协议，承诺按照股票发行价格认购公司首次公开发行股票数量 2% ～ 5% 的股票，具体比例根据公司首次公开发行股票的规模分档确定。

联合保荐方式的，参与联合保荐的保荐机构需要分别实施保荐机构相关子公司跟投。

保荐机构子公司参与战略配售，为强制参与，锁定期为 24 个月（自新股上市之日起）。

根据对首批上市的 25 家科创板上市公司的统计，保荐机构共计跟投 12.8066 亿元，平均一单跟投 5 122 万元，统计见表 8.13。

---

① 按照目前的政策，保荐机构子公司跟投只适用在 IPO 新股发行阶段。

表 8.13　战略配售——保荐机构子公司跟投

发行规模	跟投比例	实际跟投金额（平均）	实际跟投比例（平均）	跟投规模 / 保荐承销费（平均）	家数
发行规模不足 10 亿元的	跟投比例为 5%，但不超过人民币 4 000 万元	3 515.14 万元	4.69%	60.71%	12
发行规模 10 亿元以上、不足 20 亿元的	跟投比例为 4%，但不超过人民币 6 000 万元	5 129.02	3.91%	61.60%	11
发行规模 20 亿元以上、不足 50 亿元的	跟投比例为 3%，但不超过人民币 1 亿元	8 405.82	3%	236.13%	1
发行规模 50 亿元以上的	跟投比例为 2%，但不超过人民币 10 亿元	21 060.00	2%	141.33%	1

数据来源：Wind。

在强制保荐子公司跟投的机制下，会抑制主承销商[①] 按照较高价格发行新股。由于保荐子公司参与战略配售，有 24 个月的锁定期，因此如果新股定价过高，那么在保荐机构子公司持股锁定期满解锁时，解锁时股价如果低于 IPO 时发行价，则保荐机构子公司会产生投资亏损。尤其是当公司募集资金总额规模较大，保荐机构子公司需要跟投的金额也需要更多，证券公司收取的保荐承销费甚至会低于跟投金额（比如澜起科技，保荐承销费为 3 559.84 万元，跟投金额 8 405.82 万元；中国通号，保荐承销费为 14 900.94 万元，跟投金额 21 060.00 万元），如果锁定期结束时的股票市价较发行价跌幅较大，将大幅抵减保荐承销费收入。这样的情况下，主承销商高价发行新股的意愿将会更弱。

8.3.5　战略配售之高管人员与核心员工跟投制度[②]

发行人的高管人员与核心员工可以设立专项资产管理计划参与本次发行战略配售，非强制参与。专项资产管理计划获配的股票数量不得超过首次公开发行股票数量的 10%。战略投资者需要承诺获得本次配售的股票持有期限不少于 12 个月，持有期限自股票上市之日起计算。

① 保荐机构和主承销商往往是同一家证券公司。
② 只有公司的高管及核心员工可以参与战略配售，其他人员不允许参与战略配售。

高级管理人员、核心员工是以专项资产管理计划的方式参与战略配售，并且相关资产管理计划要在中国基金业协会完成备案。

如果专项资产管理计划实际管理人是公司的高管，专项资产管理计划所获配的股份不计入社会公众股东持有的股份。如果不能计入社会公众股东持有的股份，则一方面意味着公司要公开发行更多的股份来满足上市条件（如果发行后股本总额不高于人民币 4 亿元的，公开发行的股份需要达到公司股份总数的 25% 以上；如果发行后股本总额超过人民币 4 亿元的，公开发行股份的比例需要达到 10% 以上）；另一方面，这部分股份不为公众股，即为特定股东持有的股份，需要遵循更为严格的减持规定。

8.3.6　向战略投资者配售股票主要禁止性规定

（1）发行人和主承销商向战略投资者承诺上市后股价将上涨，或者股价如未上涨将由发行人购回股票或者给予任何形式的经济补偿；

（2）主承销商以承诺对承销费用分成、介绍参与其他发行人战略配售、返还新股配售经纪佣金等作为条件引入战略投资者；

（3）上市后认购战略投资者管理的证券投资基金；

（4）公司承诺在战略投资者获配股份的限售期内，委任与该战略投资者存在关联关系的人员担任发行人的董事、监事及高级管理人员（但高级管理人员与核心员工设立专项资产管理计划参与战略配售的除外）；

（5）战略投资者使用非自有资金认购公司股票，或者存在接受其他投资者委托或委托其他投资者参与本次战略配售（封闭式公募除外）。

8.3.7　出借券源获取收益

在锁定期限内，战略投资者无法减持股票，但是可以作为出借人，通过约定申报和非约定申报方式参与科创板证券出借，获取出借收益。

通过约定申报方式参与科创板证券出借的，出借期限一般为 1 ～ 182 天。出借申报时间为每个交易日的9:30至11:30、13:00至15:00（约定申报当日有效。未成交的申报，15:00 前也可以撤销）。

申报数量需要同时符合两个规定：

（1）单笔申报数量需要为 100 股（份）的整数倍；

（2）最低单笔申报数量不得低于 1 000 股（份），最大单笔申报数量不得超过 1 000 万股（份）。

具体流程为：战略投资者在承诺的持有期限内，向中国证券金融公司借出获得配售的股票。中国证券金融公司可以根据市场需求，将借入的战略投资者配售股票出借给证券公司，供其办理融券业务。借出期限届满后，中国证券金融公司在将借入的股票返还给战略投资者。

8.3.8 相关信息披露要求

相关信息披露包括招股意向书和初步询价公告、发行公告和网下发行初步配售结果及网上中签结果公告，见表 8.14。

表 8.14 主要披露内容

文件名称	主要披露内容
招股意向书和初步询价公告	披露是否采用战略配售方式、战略配售股票数量上限、战略投资者选取标准
	披露向参与配售的保荐机构相关子公司配售的股票总量、认购数量、占本次发行股票数量的比例以及持有期限等信息
	如果高级管理人员与核心员工设立专项资产管理计划参与本次发行战略配售的，还要披露专项资产管理计划的具体名称、设立时间、募集资金规模、管理人、实际支配主体以及参与人姓名、职务与比例等（如有）
发行公告	披露战略投资者名称、承诺认购的股票数量以及限售期安排等
网下发行初步配售结果及网上中签结果公告	披露最终获配的战略投资者名称、股票数量以及限售期安排等

8.4 超额配售权制度

超额配售选择权也叫“绿鞋机制”，指的是在新股发行上市的时候，为了保证新股上市后二级价格平稳，额外配售一部分股票给投资者的行为。超额配售选择权对发行人的意义主要是两点：（1）在超额配售新股的情况下，发行人可以获取更多的募集资金；（2）平稳新股上市后股价，增强发行时一级市场投资者认购意愿。

不过，截至2019年末，暂无公司采用超额配售选择权在科创板发行股票。

8.4.1 超额配售选择权定义

在行使超额配售选择权的时候，发行人会预先收取拟超额配售的股份数量（价格为发行价）对应的募集资金，延期交付股票给提出超额认购申请的投资者（该投资者参与本次发行认购同时与本次发行无特殊利益关系安排）。

如果新股上市后二级市场价格较低（跌破发行价），主承销商会根据发行人的授权，在连续竞价时间内，从二级市场购回股票（以本方最优价格申报方式购买发行人股票，且申报买入价格不得超过本次发行的发行价），从而提振二级市场股价。

关于超额配售选择权的承销费用，如果是超额配售新股的承销费用，则由发行人承担支付；如果是从二级市场竞价购回的股票用作超额配售的股票，则由主承销商承担支付。

8.4.2 超额配售选择权实施

如果发行人认为新股发行数量较大，为了增强投资者认购新股的意愿，可以采取超额配售选择权。

首先，需要在承销协议中明确公司对主承销商采用超额配售选择权的授权，以及获授权的主承销商的相应责任（如果是两家证券公司联合主承销，则要授予其中1家主承销商权利）。

获授权的主承销商会在中国结算上海分公司开立使用超额配售股票募集的资金买入股票的专门账户，并且将超额配售股票募集的资金存入其在商业银行开设的独立账户（账户内的资金利息向中国证券投资者保护基金有限责任公司交付，纳入证券投资者保护基金）。

由于超额配售选择权的行使需要经过股东大会审批，并且发行人需要披露因行使超额配售选择权而可能增发新股所募集资金的用途。

采用超额配售选择权发行股票数量不得超过首次公开发行股票数量的

15%，并且需要在上市之后 30 个自然日内完成超额配售。

8.4.3 行使超额配售权后，发行人实际的募集资金总额

发行人因行使超额配售选择权的募集资金 = 发行价 ×（超额配售选择权累计行使数量－主承销商从二级市场买入发行人股票的数量）－因行使超额配售选择权而发行新股的承销费用

发行人实际发行的新股数量 = 主承销商包销的股份数量 + 超额配售选择权累计行使数量—二级市场累计购买数量。

相关信息披露要求见表 8.15。

表 8.15　相关信息披露要求

<table>
<tr><th>信息披露时点</th><th>相关信息披露要求</th></tr>
<tr><td>首次预先披露</td><td>在招股说明书中说明是否采用超额配售选择权以及采用超额配售选择权发行股票的数量上限</td></tr>
<tr><td>发布招股意向书时</td><td>在招股意向书中披露超额配售选择权实施方案，包括实施目标、操作策略、可能发生的情形以及预期达到的效果等</td></tr>
<tr><td>发布发行公告</td><td>在发行公告中披露全额行使超额配售选择权拟发行股票的具体数量</td></tr>
<tr><td rowspan="4">在超额配售选择权行使期届满或者累计购回股票数量达到采用超额配售选择权发行股票数量限额的 2 个工作日内</td><td>超额配售选择权行使期届满或者累计购回股票数量达到采用超额配售选择权发行股票数量限额的日期</td></tr>
<tr><td>超额配售选择权实施情况是否合法、合规，是否符合所披露的有关超额配售选择权的实施方案要求，是否实现预期达到的效果</td></tr>
<tr><td>因行使超额配售选择权而发行的新股数量；如未行使或部分行使，需要说明买入公司股票的数量及所支付的总金额、平均价格、最高与最低价格</td></tr>
<tr><td>本次筹资总金额</td></tr>
</table>

第9章

科创板公司上市后运行规则

科创板公司上市后主要遵循上海证券交易所科创板股票上市规则，除此外，还要遵守上海证券交易所其他相关规定。

9.1 基本交易规则

个人投资者若要参与科创板股票交易，需要同时满足两个条件：（1）持有市值的要求。即要求个人投资者申请权限开通前 20 个交易日证券账号及资金账户内的资产日均不低于 50 万元人民币（注意不包括信用账户的市值，融资的资金和融券的证券）；（2）投资年限的要求。要求个人投资者参与证券交易 24 个月以上。

当然，如果投资者不满足上述直接投资条件，也可以通过购买科创板公募基金，以间接方式投资参与科创板股票交易。

9.1.1 市价申报

在连续竞价期间，可以采用市价申报。市价申报指的是不指定交易价格，只指定交易数量的申报方式。通过市价申报买卖的，单笔申报数量应当不小于 200 股，且不超过 5 万股（超过 200 股的股份，可以以 1 股递增，比如 201 股、202 股）①。卖出时，余额不足 200 股的部分，需要一次性申报卖出。

市价申报的价格成交方式主要包括四种方式②，见表 9.1。

表 9.1　市价申报

序号	市价申报
1	最优五档即时成交剩余撤销申报
2	最优五档即时成交剩余转限价申报（指对买卖价格进行限定的申报）
3	本方最优价格申报，即该申报以其进入交易主机时，集中申报簿中本方最优报价为其申报价格

① 通过限价申报买卖科创板股票的，单笔申报数量应当不小于 200 股，且不超过 5 万股；卖出时，余额不足 200 股的部分，应当一次性申报卖出。
② 表 9.1 中的第 3 种和第 4 种交易方式是科创板独有的交易方式。

续上表

序号	市价申报
4	对手方最优价格申报，即该申报以其进入交易主机时，集中申报簿中对手方最优报价为其申报价格

关于表 9.1 中的第 1 种申报方式，最优五档即时成交剩余撤销申报，指的是无须指定价格，如果交易主机集中申报簿的对手方队列中存在有效申报，则按对手方申报队列顺序以对手方价格为成交价进行逐笔配对（只允许与有效竞价范围内对手方最优五个价位的申报队列撮合成交）。

若“最优五档即时成交剩余撤销委托”成交后有剩余的委托（包括部分成交、未有成交的情形），交易主机立即对剩余部分作撤单处理。

举例：假设现在某股票卖一到卖五分别是 10.11，10.12，10.13，10.14，10.15，各有 10 手在挂单。如果挂 80 手买单，则卖一到卖五 10.11，10.12，10.13，10.14，10.15 卖单全部成交，其余 30 手没有成交的，则自动撤单。

关于表 9.1 中的第 2 种申报方式，最优五档即时成交剩余转限价申报，最优五档即时成交与 1 种申报方式相同，剩余的委托按照最新成交价格转为限价申报。接上面的例子，其余 30 手则会按照最新成交价格 10.15 转为限价申报。

关于表 9.1 中的第 3 种申报方式，本方最优价格申报，指的是按照对本方来说最有利的价格申报，即以按照买一价格作为买入价格的限价申报或者以卖一价格作为卖出价格的限价申报，进入交易主机时，集中申报簿中本方无申报的，申报自动撤销。

关于表 9.1 中的第 4 种申报方式，对手方最优价格申报，即按照对手方来说最有利的价格申报，即以即时行情买一价格作为卖出价格的限价申报或以即时行情卖一价格作为买入价格的限价申报。

如果按照第 4 种申报方式进行申报，可以保证交易立即成交。而按照第 3 种申报方式申报，只能排列在本方最优价格队列中，不能保证申报立即成交。

9.1.2 基准价格和有效竞价范围

买入基准价格，按照如下顺序确定：（1）即时揭示的最低申报卖出价格

（卖一价）；（2）无卖一价格的，为即时揭示的最高买入申报价格（买一价）；（3）买一价和卖一价都无的，为最新成交价；（4）当日无成交价的，为前一交易日的收盘价。

卖出基准价格，按照如下顺序确定：（1）买一价；（2）无买一价，则为卖一价；（3）买一价和卖一价都无的，为最新成交价；（4）当日无成交价的，为前一交易日的收盘价。

有效申报价格范围为买入申报价格不得高于买入基准价格的 102%；卖出申报价格不得低于卖出基准价格的 98%。

9.1.3　涨跌幅限制和临时停牌制度

上市前五个交易日不设涨跌幅限制，之后日涨跌幅范围为 20% [涨跌幅价格 = 前收盘价 ×（1± 涨跌幅比例]。

另外，科创板设置了盘中临时停牌机制，当盘中股价较当日开盘价首次上涨或下跌幅度达到 30%、60% 时，将分别进行一次临时停牌，停牌时间十分钟。

9.1.4　保护限价制度

在市价申报的情况下，申报内容需要包括投资者能够接受的最高买价（即买入保护限价）和最低卖价（即卖出保护限价）。

需要注意的是，上交所系统将按照保护限价进行资金冻结。

9.1.5　盘后固定价格交易

盘后固定价格交易是科创板独特的交易方式，指在收盘集合竞价结束后，上交所交易系统按照时间优先顺序对收盘定价申报进行撮合，并以当日收盘价成交的交易方式。

每个交易日的 15:05 至 15:30 为盘后固定价格交易时间，当日 15:00 仍处于停牌状态的股票不进行盘后固定价格交易。

上交所接受交易参与人收盘定价申报的时间为每个交易日的 9:30 至 11:30、13:00 至 15:30。

需要说明的是，开市期间停牌的，停牌期间可以继续申报。停牌当日复牌的，已接受的申报参加当日该股票复牌后的盘后固定价格交易。当日 15:00 仍处于停牌状态的，上交所交易主机后续不再接受收盘定价申报，当日已接受的收盘定价申报无效[①]。

若收盘价高于收盘定价买入申报指令的限价，则该笔买入申报无效；若收盘价低于收盘定价卖出申报指令的限价，则该笔卖出申报无效。

单笔申报数量应当不小于 200 股，且不超过 100 万股。卖出时，余额不足 200 股的部分，应当一次性申报卖出。

通过盘后固定价格交易减持股份的，视同竞价交易执行股份减持的相关规定。

9.1.6 融资融券

科创板上市的股票在上市首日即可以作为融资融券标的。对于融券来说，当单只科创板转融通标的证券的转融券余额达到该证券上市的可流通市值的 10% 时，证金公司将暂停该证券的转融券业务。当比例降到 8% 以下时，证金公司会在下一交易日恢复该证券的转融券业务。也就是说，供二级市场流通的融券最大规模为个股可流通股本的 10%[②]。

可以通过融券日内回转变相实现 T+0（举例：当天开盘以开盘价买入，在当日日内最高价位融券卖出，第 2 天开盘直接还券；或者不在开盘价买入，先在当日日内最高价位融券卖出，在当日价格回落之后在买入股票，第 2 天直接还券）。

9.2 科创板公司上市后如何设置股权激励

科创板上市公司实施股权激励计划相较于传统主创板公司拥有许多制度红利，包括新增第 2 类限制性股票激励计划、可授予股票数量更多（全部有

① 接受申报的时间内，未成交的申报可以撤销。
② 科创板对融券是允许的，但是是有限制的，体现在对融券数量有上限、融券的保证金比例较高、融券的利息较高。

效期内的股权激励股票数量最多可以授予股本总额 20%，主创板最多只能授予 15%）、参与人员范围更广（持股 5% 以上股东或实际控制人及其配偶、父母、子女在满足一定条件下，可以成为受激励对象，而主创板不允许上述人员成为股权激励对象）、限制性股票授予价格底价更低等。

9.2.1 股权激励方式

主要是两种方式，分别为限制性股票和股票期权两种。股票期权定义为激励对象获得的在未来一定期限内以事先确定的条件购买特定数量股份的权利。

限制性股票分为两类，分别为第 1 类限制性股票和第 2 类限制性股票。第 1 类限制性股票为激励对象按照股权激励计划规定的条件，获得的转让等部分权利受到限制的上市公司股票。

第 2 类限制性股票为符合股权激励计划授予条件的激励对象，在满足相应获益条件后分次获得并登记的上市公司股票。

对于第 2 类限制性股票，上市公司对激励对象分次获益设立条件，并在满足各次获益条件时分批进行股份登记。当次获益条件不满足的，不得进行股份登记。

第 2 类限制性股票的相关定义见表 9.2。

表 9.2 相关定义

名称	定义
归属	限制性股票激励对象满足获益条件后，上市公司将股票登记至激励对象账户的行为
归属条件	限制性股票激励计划所设立的，激励对象为获得激励股票所需满足的获益条件
归属日	限制性股票激励对象满足获益条件后，获授股票完成登记的日期，必须为交易日

第 2 类限制性股票和 1 类限制性股票的最主要区别在于：第 1 类限制性股票在授予完毕股票后，即完成过户变更登记，所有权发生转移，然后进入限售期。如果后续被激励对象没有满足解限售条件或者出现离职等情况，则还会涉及限制性股票的回购注销，比较麻烦。而第 2 类限制性股票则只有在

满足一定的获益条件后，才会真正将股票归属至激励对象账户（“授予”时并不进行登记），这样不会涉及回购注销。

9.2.2　可以成为上市公司股权激励对象的人员

监事不能成为股权激励对象人员，股权激励对象必须全部都是上市公司的员工，由此需要保证所有股权激励人员同上市公司签订劳动合同。可以成为上市公司股权激励对象的人员见表 9.3。

表 9.3　可以成为上市公司股权激励对象的人员

<table>
<tr><th>激励对象人员</th><th>备注</th></tr>
<tr><td>董事</td><td>独立董事除外</td></tr>
<tr><td>高级管理人员</td><td>公司高级管理人员以公司章程载明为准，一般包括公司总经理、副总经理、财务总监和董事会秘书</td></tr>
<tr><td>核心技术人员或者核心业务人员</td><td>具体请见 3.7.1</td></tr>
<tr><td>公司认为应当激励的对公司经营业绩和未来发展有直接影响的其他员工</td><td>不可以为监事和独立董事</td></tr>
<tr><td>单独或合计持有上市公司 5% 以上股份的股东</td><td rowspan="3">在上市公司担任董事、高级管理人员、核心技术人员或者核心业务人员，同时上市公司要充分说明这些人员成为股权激励对象人员的合理性</td></tr>
<tr><td>上市公司实际控制人及其配偶、父母、子女</td></tr>
<tr><td>外籍员工</td></tr>
</table>

9.2.3　限制性股票和股票期权的不同

限制性股票的授予价格底价是草案公布前 1 个交易日、20 个交易日、60 个交易日或者 120 个交易日公司股票交易均价的 50% 的孰低值（四个价格中的孰低值）。

股票期权的行权价格底价是首先在草案公布前 20 个交易日、60 个交易日或者 120 个交易日均价中选择最低值（三个价格中的孰低值）再与前 1 个交易日的公司股票交易均价相比较，二者中较高者为股票期权的行权价格底价。限制性股票和股票期权的不同见表 9.4。

表 9.4　限制性股票和股票期权的不同

项目	限制性股票	股票期权
授予价格 / 行权价格①	原则性定价的底价为股权激励计划草案公布前 1 个交易日、20 个交易日、60 个交易日或者 120 个交易日公司股票交易均价的 50%	行权价格不得低于股票票面金额，且原则上不得低于下列价格较高者：（1）股权激励计划草案公布前 1 个交易日的公司股票交易均价。（2）股权激励计划草案公布前 20 个交易日、60 个交易日或者 120 个交易日的公司股票交易均价之一
限售期	第 1 类限制性股票，限售期（授予日到首次解除限售日）为不少于 12 个月 第 2 类限制性股票，如果激励对象的获益条件包含 12 个月以上的任职期限，则自股份归属后，可以没有限售期，归属后即可进行流通②	自授权日到首次可行权日之间，间隔不得少于 12 个月
分期解限售 / 分期行权	对于第 1 类限制性股票来说，在限制性股票有效期内，上市公司需要分期解除限售，每期时限不得少于 12 个月；各期解除限售的比例不得超过激励对象获授限制性股票总额的 50%	在股票期权有效期内，上市公司需要规定激励对象分期行权，每期时限不得少于 12 个月。每期可行权的股票期权比例不得超过激励对象获授股票期权总额的 50%
	第 2 类限制性股票无此规定	后一行权期的起算日不得早于前一行权期的届满日

9.2.4　需要对已授予的限制性股票或股票期权进行回购的情形

对已授予的限制性股票或股票期权进行回购的操作流程见 9.5 上市公司股份回购的具体规定。一般情况下，上市公司回购股票完成后有注销或转让两种方式处理，但限制性股票回购完成后只可以进行注销。具体见表 9.5。

① 授予价格或者行权价格低于原则性定价的底价的，则需要聘请独立财务顾问发表意见，同时上市公司要对定价依据和定价方式作出说明。
② 当然，特定人员比如董事、高级管理人员等还需要满足 9.3 的特定减持要求。

表 9.5 需要对已授予的限制性股票或股票期权进行回购的情形

<table>
<tr><th>股权激励类型</th><th>限制性股票解除限售条件未成就或股票期权行权条件未成就原因</th><th>回购操作</th><th>回购价格</th></tr>
<tr><td rowspan="3">第 1 类限制性股票当期解除限售条件未成就</td><td>1. 上市公司出现禁止实施股权激励的情形（见 9.2.10）</td><td rowspan="3">上市公司要终止实施股权激励计划，不得向激励对象继续授予新的权益，激励对象根据股权激励计划已获授但尚未行使的权益要终止行使，不得解除限售或递延至下期解除限售。上市公司需要回购尚未解除限售的限制性股票，并在回购完成后 10 天内完成减资处理</td><td rowspan="2">回购价格分为两类，如果出现不可以参加股权激励的人员（9.2.11），即激励对象因个人原因成为不适当人选或者因个人原因导致上市公司出现禁止实施股权激励的情形（9.2.10），则回购价格不得高于授予价格</td></tr>
<tr><td>2. 激励对象人员在解除限售等待期内，成为不适当人选（见 9.2.11）</td></tr>
<tr><td>3. 其他解除限售条件未成就的情形</td><td>其他导致出现回购的情形之下，回购价格可以高一些，不得高于授予价格加上银行同期存款利息之和</td></tr>
<tr><td rowspan="4">股票期权行权条件未成就</td><td>1. 出现禁止实施股权激励的情形（见 9.2.10）</td><td rowspan="4">需要注销对应的股票期权，不可以递延至下期行权</td><td rowspan="4">—</td></tr>
<tr><td>2. 激励对象人员在解除限售等待期内，成为不适当人选（见 9.2.11）</td></tr>
<tr><td>3. 其他行权条件未成就的情形</td></tr>
<tr><td>4. 行权期结束后，存在未行权的股票期权</td></tr>
</table>

9.2.5 限制性股票回购数量和回购价格的调整

在授予后需要进行调整的情形包括不限于派送股票红利（包括转增股、送股、拆细后增加的股票数量）、现金派息和配股。具体调整方式见表 9.6。

表 9.6 限制性股票回购数量和回购价格的调整

在授予后需要进行调整的情形	回购数量的调整	回购价格的调整
派送股票红利（包括转增股、送股、拆细后增加的股票数量）	调整后的限制性股票数量 = 调整前的限制性股票数量 ×（1+ 每股的资本公积转增股本、派送股票红利、股份拆细的比率）	调整后的授予价格 = 调整前的授予价格 /（1+ 每股的资本公积转增股本、派送股票红利、股份拆细的比率）

续上表

在授予后需要进行调整的情形	回购数量的调整	回购价格的调整
现金派息		调整后的授予价格 = 调整前的授予价格－每股派息额
配股	调整后的限制性股票数量 = 调整前的限制性股票数量 × 股权登记日当日收盘价 ×（1+ 配股的股数 / 配股前总股本的比例）/（股权登记日当日收盘价 + 配股价格 × 配股的股数 / 配股前总股本的比例）	调整后的授予价格 = 调整前的授予价格 ×（股权登记日当日收盘价 + 配股价格 × 配股的股数 / 配股前总股本的比例）/ 股权登记日当日收盘价 ×（1+ 配股的股数 / 配股前总股本的比例）

9.2.6 股权激励计划的主要内容

股权激励计划的主要内容见表 9.7，其中的净利润考核指标一般以经审计的归属于上市公司股东的净利润并剔除本激励计划实施影响的数值作为计算依据。股本总额是指股东大会批准最近一次股权激励计划时上市公司已发行的股本总额。

表 9.7 股权激励计划的主要内容

项目	相关规定
股票来源	主要就是向激励对象发行新股和回购老股（以发行新股为主）
绩效考核指标	设置合理的公司业绩和个人绩效考核指标（包括公司和个人的考核指标）
	激励对象个人绩效指标由上市公司自行确定
	上市公司可以公司历史业绩或同行业可比公司相关指标作为公司业绩指标对照依据，公司选取的业绩指标可以包括净资产收益率、每股收益、每股分红等能够反映股东回报和公司价值创造的综合性指标，以及净利润增长率、主营业务收入增长率等能够反映公司盈利能力和市场价值的成长性指标。以同行业可比公司相关指标作为对照依据的，选取的对照公司不少于 3 家
规模比例	上市公司可以同时实施多项股权激励计划；全部在有效期内的股权激励计划所涉及的标的股票总数，累计不得超过公司股本总额的 20%
有效期	从首次授予权益日起不得超过 10 年
是否设置多期股权激励计划	上市公司可以设置多期股权激励计划，但是多期股权激励计划的公司业绩考核指标需要保持可比性，即指标应该是一个逐级提高的状态，如果后期激励计划的公司业绩指标低于前期激励计划的，上市公司还需要发公告说明其原因及合理性

续上表

项目	相关规定
权利限制	不可以转让、用于担保或偿还债务（第 1 类限制性股票在解除限售后 / 第 2 类限制性股票在归属后，可以将股票用于转让、担保或偿还债务）
预留权益	可以设置预留权益，但是预留比例不得超过本次股权激励计划拟授予权益数量的 20%
	上市公司需要在股权激励计划经股东大会审议通过后 12 个月内明确预留权益的授予对象；超过 12 个月未明确激励对象的，预留权益失效
重大事项的影响	上市公司启动及实施增发新股、并购重组、资产注入、发行可转债、发行公司债券等重大事项期间，可以实行股权激励计划
对激励对象的特别提示	如果股权激励对象是董事、监事、高管或持股 5% 及以上的大股东，则不能违反短线交易规定（需要在股权激励协议中作出提示）
关于财务资助	上市公司不得为激励对象依股权激励计划获取有关权益提供贷款以及其他任何形式的财务资助，包括为其贷款提供担保
解除限售或者行权之后的减持规定	按照 9.3 的减持要求执行

对于第 2 类限制性股票，上市公司应当在股权激励计划中明确披露分次授予权益的数量、获益条件、股份授予或者登记时间及相关限售安排（获益条件包含 12 个月以上的任职期限的，实际授予的权益进行登记后，可不再设置限售期，股票归属后可直接流通）。

公司需要在年度报告中披露报告期内股权激励计划的实施情况。

9.2.7 股权激励授予股权或行权的限制期间

在董事会讨论审批或公告公司定期业绩报告等影响股票价格的敏感事项发生时不得授予股权或行权，具体见表 9.8。

表 9.8 股权激励授予股权或行权的限制期间

序号	具体期间
1	定期报告（年度报告、半年度报告和季度报告）公布前 30 日（因特殊原因推迟定期报告公告日期的，自原预约公告日前 30 日起算，至公告前 1 日）
2	业绩预告、业绩快报公告前 10 日内
3	重大交易或重大事项决定过程中至该事项公告后 2 个交易日
4	其他可能影响股价的重大事件发生之日起至公告后 2 个交易日

另外，如果存在其他法律、法规、公司章程对上市公司董事、高级管理人员买卖公司股票的期间有限制的（比如对董事、高级管理人员的六个月短线交易限制，由此如果受激励对象中的董事、高管在获授限制性股票之前或股票期权行权之前半年内存在股票卖出行为，不可以获授或行权），上市公司也不可以在相应限制期间内向激励对象授出第 1 类限制性股票（或者对第 2 类限制性股票进行归属）、期权。

9.2.8 股权激励计划实施程序步骤（表 9.9）

股权激励计划实施程序步骤包括决策阶段、授予权益、行使权益、变更和终止。独立董事或监事会认为有必要的，可以建议上市公司聘请独立财务顾问，对股权激励计划的可行性、是否有利于上市公司的持续发展、是否损害上市公司利益以及对股东利益的影响发表专业意见。上市公司如果未按照建议聘请独立财务顾问的，还需要作出特别说明。具体步骤见表 9.9。

上市公司实行股权激励计划依照规定需要取得有关部门批准的，需要在取得有关批复文件后的 2 个交易日内进行公告。

董事会根据股东大会的决议，具体负责限制性股票的授予、解除限售和回购；股票期权的授权、行权和注销。

上市公司需要在证券登记结算机构开设证券账户，用于股权激励。另外，上市公司授予权益与回购限制性股票、激励对象行使权益前，上市公司都需要先向证券交易所提出申请，经证券交易所确认后，由证券登记结算机构办理登记结算事宜。

除此外，上市公司还需要聘请会计师事务所对行权事项收到的资金进行验资；为相关股票在中国证券登记结算有限责任公司上海分公司办理登记手续。

表 9.9 股权激励计划实施程序步骤

步骤	具体步骤		都需要哪些主体审议	主要信息披露文件	备注
决策	董事会审议	制订并审议股权激励计划草案	董事会审议阶段（同时独立董事和监事会都需要发表意见）	董事会决议 / 股权激励计划草案及摘要 / 监事会意见 / 独立董事意见 / 法律意见书	由董事会下设的薪酬与考核委员会拟订股权激励计划草案 / 关联董事要注意回避表决
	激励对象公示	在公司内部公示激励对象名单及职务	监事会负责对激励对象名单进行审核	监事会对激励名单进行审核和公示情况的说明	公示期不少于 10 天 / 上市公司需要在股东大会审议股权激励计划 5 天前披露监事会的审核结果
	股东大会审议	对股权激励内容进行表决	要经过出席股东大会的股东的三分之二表决权通过	除上市公司董事、监事、高级管理人员、单独或合计持有上市公司 5% 以上股份的股东以外，其他股东的投票情况需要单独统计并予以披露	召开股东大会会议之前，独立董事必须就股权激励计划向所有的股东征集委托投票权 关联股东要注意回避表决
授予权益	授予之前	核实激励对象名单	监事会	监事会负责对限制性股票授予日和股票期权授权日激励对象名单进行核实并发表意见	如果上市公司向激励对象授出权益与股权激励计划的安排存在差异的，独立董事、监事会、律师事务所要同时发表明确意见
		激励对象获授权益条件是否成就进行审议	董事会审议通过 / 独立董事 / 监事会审议通过	董事会决议 / 独立董事意见 / 监事会意见 / 法律意见书	
	授予期限	股权激励计划经股东大会审议通过之后，上市公司需要在 60 日内或获益条件成就后 60 日内[①]授予权益，并完成公告登记（在完成限制性股票登记后，上市公司要及时进行工商变更登记）			如果上市公司没有能在 60 日内完成授予工作，需要披露没有完成的原因，同时宣布终止实施股权激励计划。自公告之日起 3 个月内不再审议股权激励计划

① 法规规定的授予权益的限制期不在 60 日之内。

续上表

步骤	具体步骤		都需要哪些主体审议	主要信息披露文件	备注
行使权益	行使权益之前	激励对象行使权益条件是否成就进行审议	董事会 / 独立董事 / 监事会	董事会决议 / 独立董事意见 / 监事会意见 / 法律意见书	因标的股票除权、除息或者其他原因需要调整 权益价格或者数量的，上市公司董事会需要按照股权激励计划规 定的原则、方式和程序进行调整，律师事务所需要对此情况出具意见
变更	股东大会之前变更，经过董事会审议即可	可对原股权激励计划内容作完全修改	将变更后的新股权激励计划重新过决策阶段	—	—
	股东大会之后变更，需要重新过股东大会审议	可修改，但不能包含以下内容： （1）导致加速行权或提前解除限售（提前归属）的情形； （2）降低行权价格、归属价格或授予价格的情形①	董事会 / 独立董事 / 监事会 / 股东大会	董事会决议 / 独立董事意见 / 监事会意见 / 法律意见书 / 股东大会决议（后续）	—

① 因资本公积转增股份、派送股票红利、配股等原因导致降低授予 / 归属价格情形除外。

续上表

步骤	具体步骤	都需要哪些主体审议	主要信息披露文件	备注
终止	在股东大会审议股权激励计划之前拟终止计划的	董事会审议通过即可	董事会决议 / 法律意见书	自决议公告日起 3 个月内，上市公司不可以再审议股权激励计划
	在股东大会之后拟终止股权激励计划	需要由股东大会审议决定	董事会决议 / 股东大会决议 / 法律意见书	

9.2.9 股票期权行权的两种方式

股票期权行权包括自主行权和批量行权两种。

自主行权指的是激励对象在行权期内，自己选择合适的行权时间，然后以约定的价格购买标的股票。

在自主行权模式下，上市公司需要于每季度结束后两个交易日内披露上一季度股票期权行权结果暨股本变动公告。

自主行权的主要优点是上市公司不需要统一收集激励对象意愿，并前往交易所和中登公司办理相关手续；缺点是对二级市场的扰动比批量行权更大，同时利益行为分散，合规控制难度较大。

批量行权指的是上市公司统一为激励对象办理行权，统一前往交易所和中登公司办理相关手续。

建议上市公司约定一段时间内为自主行权期，在这个时期内，激励对象可以自主行权，超过这个时期，则上市公司统一批量行权（在某个时点，只能是自主行权或批量行权）。

另外，批量行权要在公告中明确本次是第几个行权期的第几次行权；自主行权应要在公告中明确行权的起止日期，行权所得股票可于行权日（T 日）后的 2 个交易日（T+2 日）上市交易。

9.2.10 上市公司不可以实施股权激励的主要情形

（1）最近一个会计年度财务会计报告被注册会计师出具否定意见或者无法表示意见的审计报告；

（2）最近一个会计年度财务报告内部控制被注册会计师出具否定意见或无法表示意见的审计报告；

（3）上市后最近 36 个月内出现过未按法律法规、公司章程、公开承诺进行利润分配的情形。

9.2.11 不可以参加股权激励的人员

除表 9.10 所列情形外，上市公司需要对内幕信息知情人在股权激励计划草案公告前 6 个月内买卖上市公司股票及其衍生品种的情况进行自查，说明是否存在内幕交易行为。

表 9.10　不可以参加股权激励的人员

序号	主要情形
1	最近 12 个月内被证券交易所认定为不适当人选
2	最近 12 个月内被中国证监会及其派出机构认定为不适当人选
3	最近 12 个月内因重大违法违规行为被中国证监会及其派出机构行政处罚或者采取市场禁入措施
4	具有《公司法》规定的不得担任公司董事、高级管理人员情形的

知悉内幕信息而买卖本公司股票的和泄露内幕信息而导致内幕交易发生的，也不可以成为激励对象。

9.2.12　中央企业控股上市公司股权激励的额外规定

如果上市公司因发行新股、转增股本、合并、分立、回购等原因导致总股本发生变动或其他原因需要调整股权激励对象范围、授予数量等股权激励计划主要内容或终止本次股权激励计划后重新实施股权激励计划的，需要重新向国资管理部门履行申报程序。

对于股份来源，不可以由单一国有股股东支付或擅自无偿量化国有股权，因此，股权激励对象的股份来源一般为增发的新股。具体额外规定见表 9.11。

表 9.11　中央控股上市公司股权激励的额外规定

序号	名称	具体情形
1	实施股权激励的国有控股上市公司需要额外具备的条件	上市公司外部董事（包含独立董事）占董事会成员半数以上； 薪酬委员会全部由外部董事组成； 近三年无财务违法违规行为和不良记录
2	激励对象人员	上市公司母公司（控股公司）的负责人在上市公司担任职务的，可参加股权激励计划，但只能参与一家上市公司的股权激励计划
3	授予价格	一般情况下，中央控股上市公司期权激励行权价格应为不低于下列价格中的较高者： （一）股权激励计划草案摘要公布前一个交易日的公司标的股票收盘价； （二）股权激励计划草案摘要公布前 30 个交易日内的公司标的股票平均收盘价。

续上表

序号	名称	具体情形
3	授予价格	即实际上，国有控股上市公司期权的行权价格的底价为不低于：（1）前一个交易日交易均价；（2）前一个交易日收盘价；（3）前 20 个交易日、60 个交易日或者 120 个交易日的交易均价之一；（4）前 30 个交易日内收盘价；（5）最近一个会计年度经审计每股净资产 另外，如果股票公平市场价格低于每股净资产的，限制性股票授予价格原则上按照不低于公平市场价格的 60% 确定；但以限制性股票方式实施股权激励的，若授予价格低于公平市场价格的 50%，上市公司应当适当延长限制性股票的禁售期及解锁期，并设置不低于公司近三年平均业绩水平或同行业 75 分位值水平的解锁业绩目标条件。如果上市公司尚未盈利，则限制性股票授予价格按照不低于公平市场价格的 60% 确定。在上市公司实现盈利前，可生效的权益比例原则上不超过授予额度的 40%
4	分次实施股权激励计划	每期股权授予方案的间隔期需要在一个完整的会计年度以上
5	限售期 / 行权限制期	原则上不得少于 2 年（比非国有控股上市公司多一年）
6	解锁期 / 行权有效期	不可以低于三年，并且要采取匀速行权的方法（每年行权数量或者解锁数量相同）
7	审批	上市公司国有控股股东在股东大会审批批准股权激励计划之前，需要事先将上市公司拟实施的股权激励计划报履行国资监管或部门审核，经审核同意之后在提交股东大会
8	股份预留	授予董事、高级管理人员的期权，需要将不低于授予总量的 20% 留至任职（或任期）考核合格后行权；限制性股票，也要将不低于 20% 的部分锁定至任职（或任期）期满后兑现

另外，一般情况下，科创板的国有控股上市公司首次实施股权激励计划授予的权益数量占公司股本总额的比重最高可以由 1% 上浮至 3%，上市公司两个完整会计年度内累计授予的权益数量一般在公司总股本的 3% 以内。如果公司有重大战略转型等特殊需要的可以适当放宽至总股本的 5% 以内。

案例：首家科创板上市公司股权激励计划（第 2 类限制性股票）——乐鑫科技（股票代码：688018）

2019 年 9 月 23 日，乐鑫科技发布 2019 年限制性股票激励计划（草案），拟向当前任职的高级管理人员、核心技术人员等共 21 人，授予 29.28 万股限制性股票。主要条款见表 9.12。

表 9.12　主要条款

项目	内容	备注
股份来源	定向发行普通股票	
授予数量	29.28 万股	占激励计划草案公布时的 0.366%。
授予价格	65 元 / 股	该价格突破了 50% 价格限制（占方案公布前 1 个交易日交易均价的 39.61%；占前 20 个交易日交易均价 41.95%）[①]
有效期限	72 个月（自限制性股票授予之日至激励对象获授的限制性股票全部归属或作废失效之日止）	法规规定最长期限为 10 年
获益条件	包括 12 个月的任职期限	没有限售期，自归属后即可以进行流通

激励对象分为两类，以司龄不同，对不同的激励对象分为两类，其中第 1 类激励对象为在公司连续任职 1 年以上员工，合计 19 人，第 2 类激励对象为在公司任职 1 年以下员工，合计 2 人。

业绩考核指标——公司层面业绩考核指标，具体见表 9.13、表 9.14。

表 9.13　第 1 类激励对象业绩考核指标

归属期	对应考核年度	业绩考核目标 A	业绩考核目标 B
		公司层面归属比例 100%	公司层面归属比例 80%
第 1 个归属期	2019	营业收入较 2018 年增 30% 或毛利较 2018 年增长 30%	营业收入较 2018 年增长 25% 或毛利较 2018 年增长 25%
第 2 个归属期	2020	营业收入较 2018 年增 69% 或毛利较 2018 年增长 69%	营业收入较 2018 年增长 56% 或毛利较 2018 年增长 56%
第 3 个归属期	2021	营业收入较 2018 年增 119% 或毛利较 2018 年增长 119%	营业收入较 2018 年增长 95% 或毛利较 2018 年增长 95%
第 4 个归属期	2022	营业收入较 2018 年增长 185% 或毛利较 2018 年增长 185%	营业收入较 2018 年增长 144% 或毛利较 2018 年增长 144%

① 需提醒上市公司注意的是，虽然限制性股票的授予价格可以突破 50% 的限制，但是也要考虑股份支付费用对净利润的冲击。

表 9.14　第 2 类激励对象业绩考核指标

归属期	对应考核年度	业绩考核目标 A	业绩考核目标 B
		公司层面归属比例 100%	公司层面归属比例 80%
第 1 个归属期	2020	营业收入较 2018 年增长 69% 或毛利较 2018 年增长 69%	营业收入较 2018 年增长 56% 或毛利较 2018 年增长 56%
第 2 个归属期	2021	营业收入较 2018 年增长 119% 或毛利较 2018 年增长 119%	营业收入较 2018 年增长 95% 或毛利较 2018 年增长 95%
第 3 个归属期	2022	营业收入较 2018 年增长 185% 或毛利较 2018 年增长 185%	营业收入较 2018 年增长 144% 或毛利较 2018 年增长 144%
第 4 个归属期	2023	营业收入较 2018 年增长 271% 或毛利较 2018 年增长 271%	营业收入较 2018 年增长 205% 或毛利较 2018 年增长 205%

表 9.13、表 9.14 中的“营业收入”以经上市公司聘请的具有证券期货从业资格的会计师事务所审计的合并报表所载数据为计算依据。

若上市公司未满足上述业绩考核目标 B，则该类所有激励对象对应考核当年计划归属的限制性股票全部取消归属，并作废失效。

业绩考核指标——个人层面业绩考核指标。

激励对象的个人层面绩效考核按照公司现行的相关规定组织实施，并依照激励对象的考核结果确定其实际归属的股份数量。激励对象的绩效考核结果划分为 A- 及以上、B+、B、B-、B- 以下（激励对象考核期内离职的当年个人绩效考核视为 B- 以下）五个档次，届时根据考核评级对应的个人层面归属比例确定激励对象的实际归属的股份数量，见表 9.15。

表 9.15　个人层面归属比例

考核评级	A- 及以上	B+	B	B-	B- 以下
个人层面归属比例	100%	75%	50%	25%	0

激励对象当年实际归属的限制性股票数量 = 个人当年计划归属的数量 × 公司层面归属比例 × 个人层面归属比例。

激励对象当期计划归属的限制性股票因考核原因不能归属或不能完全归属的，作废失效，不可递延至下一年度。

值得注意的是，乐鑫科技的激励计划针对不同的激励对象设置了不同的归属条件，针对不同的业绩目标设置了不同的归属比例（将两名司龄较短的员工分为第 2 类激励对象，使其可以享受股权激励）。而且同主板多以净利润为考核指标不同的是，乐鑫科技公司层面的主考核指标为营业收入或毛利——这也同科创板上市公司的公司特点相关。

9.3 股东股票减持要求

总体来看，科创板公司上市后的股东要遵守的股票减持规则相比主创板更为严格。另外，上市公司股东持有的首发前股份可以在公司上市前托管在为公司提供首次公开发行上市保荐服务的保荐机构，由保荐机构对股东减持首发前股份的交易委托进行监督管理。

9.3.1 发起人减持要求

如果发行人在有限公司整体变更之前引进外部投资者，则外部投资者成为发起人，一年内不能减持。见表 9.16。

表 9.16 发起人减持要求

股份锁定起始日期	时间长度	备注
自股份公司成立之日	一年（12 个月）	即股份公司成立一年后，方可减持股份

9.3.2 控股股东（或第一大股东）、实际控制人的减持要求

股东持有的股份，来源不同，锁定期也各有不同，具体见表 9.17。

表 9.17 控股股东（或第 1 大股东）、实际控制人的减持要求

股份来源	情形	股份锁定时间
首发前股份	情形 1：一般情况	股票上市之日起 36 个月
	情形 2：公司上市时未实现盈利	股票上市之日起 3 个完整会计年度
	情形 3：上市后股价表现不佳	在情形 1、情形 2 基础上锁定期延长 6 个月

续上表

股份来源	情形	股份锁定时间
大宗交易受让	—	股份过户完成 6 个月
集中竞价购买	—	六个月短线交易限制

首发前股份情形 1：

针对首发前股份情形 1，完整表述是自股票上市起 36 个月内，不得转让或委托他人管理其直接间接持有的首发前股份，也不得提议由上市公司回购该部分股份。也就是说，在 36 个月内，一般是不允许控股股东转让首发前股份的，但是如果转让双方存在控制关系或者受同一实际控制人控制的，自公司股票上市之日起 12 月后，可以转让（在同一实际控制人体系内转让，锁定期缩短为 12 月）。

首发前股份情形 2：

如果公司在上市时没有盈利，那么自股票上市之日 3 个完整会计年度内（完整会计年度指的是从公历 1 月 1 日至公历 12 月 31 日不能减持首发前股份，自第 4 个会计年度和第 5 个会计年度内，每年减持的首发前股份不得超过公司股份总数的 2%。

如果公司在上市后前 5 个会计年度内实现盈利，那么可以自当年年度报告披露后次日起遵守减持细则的规定。

首发前股份情形 3：

公司上市后 6 个月内，公司股票连续 20 个交易日收盘价均低于发行价，或者上市 6 个月期末收盘价低于发行价，持有首发前股票的锁定期限在首发前股份情形 1 和 2 的基础上自动延长 6 个月。并且控股股东在锁定期满两年内减持首发前股份的，减持价格需要不低于发行价。

另外，根据科创板上市规则的规定，上市公司控股股东在限售期满后减持首发前股份的，需要明确并披露公司的控制权安排，保证上市公司持续稳定经营。减持方式不同，可以减持的数量不同，减持方式及数量规定见表 9.18。

如果想通过大宗交易的方式减持，出让方与受让方，需要明确其所买卖股份的数量、性质、种类、价格。

表 9.18　减持方式及数量规定

减持方式	情形	减持数量
集中竞价	一般情况	在任意连续 90 日内，减持股份的总数不得超过公司股份总数的 1%（即一年内不能超过 4%）
大宗交易		在任意连续 90 日内，减持股份的总数不得超过公司股份总数的 2%（即一年内不能超过 8%）

以协议转让方式减持的，单个受让方的受让比例不能低于公司股份总数的 5%，转让价格下限比照大宗交易的规定执行。

实际控制人及其一致行动人直接持有的上市公司股份和通过其他主体间接持有的上市公司股份遵循的减持要求和控股股东的减持要求是一致的。

9.3.3　大股东的减持要求（非控股股东）

大股东即持股 5% 以上的股东。根据股份来源不同，相应的锁定期区别见表 9.19。

表 9.19　大股东的减持要求（非控股股东）

股份来源	锁定期	解锁日
首发前股份	自公司股票上市交易之日起一年内不得转让	上市交易之日起一年后
大宗交易	股份过户完成后 6 个月	
上市后以集中竞价方式	无锁定期，且对减持方式、数量均无要求	

如果想通过大宗交易的方式减持，出让方与受让方需要明确其所买卖股份的数量、性质、种类、价格。

以协议转让方式减持的，单个受让方的受让比例不能低于公司股份总数的 5%，转让价格下限比照大宗交易的规定执行。

9.3.4　董事、监事、高管的减持要求

公司上市前，董事、监事、高管、任职期间每年转让的股份不得超过其所持有本公司股份总数的 25%。首发前股份上市后不同锁定期要求见表 9.20。

表 9.20 董事、监事、高管的减持要求

股份来源	上市后首发前股份减持要求	锁定期限	解锁期	减持价格
首发前股份	一般情况下	自公司股票上市交易之日起一年内不得转让	上市交易之日起一年后	锁定期满两年内减持的，减持价格不低于发行价格（减持价格限制不包括监事）
	上市时未盈利	自公司股票上市之日起 3 个完整会计年度内，不得减持首发前股份（该期间离职的，也要遵守这个规定）；如果公司在 3 个完整会计年度内实现盈利，自当年年度报告披露后次日起减持首发前股份	自公司股票上市之日起第 4 个会计年度开始或者前 3 个会计年度内实现盈利后的当年年度报告披露后次日起	

公司上市后且在首发前股份解锁前，董事、监事、高管持有的首发前股份不能转让，以各种方式增持的股份，新增无限售条件的股份每年可转让不得超过其所持有本公司股份总数的 25%，新增有限售条件股份计入次年可转让股份的计算基数。

公司上市且首发前股份解锁后，首发前股份同其他无限售条件的股份一起核算，每年可转让不得超过其所持有本公司股份总数的 25%，新增有限售条件股份计入次年可转让股份的计算基数。

离职后半年内，不得转让其所持有的本公司股份；

上市公司董事、监事和高级管理人员所持股份不超过 1 000 股的，可一次全部转让。

上市公司进行权益分派导致董事、监事和高级管理人所持本公司股份增加的，可同比例增加当年可转让数量。

公司上市后，董事、监事和高管当年可转让但是没有转让的公司股份，应当计入当年末持有的公司股份总数，该总数作为次年可转让股份的计算基数。

9.3.5 通过离职的方式，董事、监事、高管人员是否可以规避减持限制

按照要求，上市公司董事、监事、高管人员（简称董监高）在任期届满

前离职的，仍按其原任期时间，适用公司法规定的减持比例要求。

举个例子：某上市公司董事于 2019 年 3 月 1 日任职，原定任期 3 年至 2022 年 3 月 1 日。但是其已于 2019 年 9 月 1 日离职。则该董事在离职半年内（2020 年 3 月 1 日）不允许转让公司股份，而自 2019 年 3 月 1 日起至 2022 年 9 月 1 日前，即离职董事原定任期及其后的 6 个月内，其减持股份需要遵守每年不超过 25% 的规定。

9.3.6 核心技术人员的减持要求

公司上市前，核心技术人员转让股份是没有限制规定的（上市前离职，也不用遵守离职后半年内不能转让股份的锁定期）；

核心技术人员的首发前股份上市后的锁定期要求见表 9.21。

表 9.21 核心技术人员的减持要求

股份来源	上市后首发前股份减持要求	锁定期限	解锁日
首发前股份	一般情况下	自公司股票上市交易之日起一年内不得转让	上市交易之日起一年后
	上市时未盈利	自公司股票上市之日起 3 个完整会计年度内，不得减持首发前股份（该期间离职的，也要遵守这个规定）；如果公司在 3 个完整会计年度内实现盈利，自当年年度报告披露后次日起减持首发前股份	自公司股票上市之日起第 4 个会计年度开始或者前 3 个会计年度内实现盈利后的当年年度报告披露后次日起

核心技术人员持有的首发前股份上市后在限售期内，是不能减持的。限售期满之日起 4 年内，每年转让的首发前股份不得超过上市时所持公司首发前股份总数的 25%，减持比例可以累积使用。

9.3.7 短线交易限制

公司上市后，公司董事、监事、高级管理人员、持有上市公司股份 5% 以上的股东，将其持有的该公司的股票在买入后 6 个月内卖出，或者在卖出后 6 个月内又买入，由此所得收益归该公司所有。

公司董事会要负责收回所得收益。如果董事会没有在 30 日内执行，那么中小股东是有权利以自己名义直接向法院提起诉讼的。

上述“买入后 6 个月内卖出”是指最后一笔买入时点起算 6 个月内卖出的；“卖出后 6 个月内又买入”是指最后一笔卖出时点起算 6 个月内又买入的。

9.3.8 违法违规情况下对大股东、董事、监事和高管人员的减持限制

违法违规情况下对大股东、董事、监事和高管人员的减持限制见表 9.22。

表 9.22 违法违规情况下对大股东、董事、监事和高管人员的减持限制

相关主体	违法情形
大股东 / 董事 / 监事 / 高管	相关主体因涉嫌证券期货违法犯罪，在被中国证监会立案调查或者被司法机关立案侦查期间，以及在行政处罚决定、刑事判决作出之后未满 6 个月的①
	违反上交所业务规则，被公开谴责未满 3 个月的
控股股东、实际控制人、董监高及其一致行动人	上市公司存在下列情形之一，触及退市风险警示标准的，自相关决定作出之日起至公司股票终止上市或者恢复上市前不可以减持
	上市公司因欺诈发行或者因重大信息披露违法受到中国证监会行政处罚
控股股东、实际控制人、董监高及其一致行动人	上市公司因涉嫌欺诈发行罪或者因涉嫌违规披露、不披露重要信息罪被依法移送公安机关
	其他重大违法退市行为

9.3.9 信息敏感期不能进行股票减持的期间

除表 9.23 所列期间外，上市公司如果因为维护公司价值及股东权益所必需而回购股份的，则上市公司董监高、控股股东、实际控制人、回购股份提议人自上市公司首次披露回购股份事项之日起至发布回购结果暨股份变动公告期间，不得直接或间接减持本公司股份。

表 9.23 信息敏感期不能进行股票减持的期间

序号	期间
1	上市公司定期报告（年度报告、半年报和季度报告）公告前 30 日内

① 如果上市公司出现相应情形的，大股东也要在判决 6 个月后，才可以减持。

续上表

序号	期间
2	上市公司业绩预告、业绩快报公告前10日内
3	能对本公司股票交易价格产生重大影响的重大事项发生之日或在决策过程中，至依法披露后2个交易日内

9.3.10 申报前突击入股的股东锁定期要求

如果某个自然人具备多重身份，同时是大股东、董监高、核心技术人员，则其要同时适用对大股东、董事、监事和高级管理人员、核心技术人员的所有减持要求。申报前突击入股的股东锁定期要求见表9.24。

表9.24 申报前突击入股的股东锁定期要求

入股时间	股份来源	锁定期起始日	锁定时长
申报前六个月	增资入股	完成工商变更登记之日起	3年
	从控股股东、实际控制人处受让	比照控股股东、实际控制人减持规定减持	
早于申报前六个月	不限	自公司股票上市交易之日起	1年

9.3.11 股东的一致行动人

上市公司股东减持所持股份需要与其一致行动人所持股份合并计算，即计算减持股份数量时需要包括登记在其名下的股份，也包括登记在其一致行动人名下的股份，共用减持额度。

一致行动人减持时要首先确定是否存在其他一致行动人已经在减持，要注意合计减持的数量不要违反上述规定，比如在任意连续90日内，减持股份的总数不得超过公司股份总数的1%，1%减持额度是所有的一致行动人共同享有的额度。

一致行动，是指投资者通过协议、其他安排，与其他投资者共同扩大其所能够支配的一个上市公司股份表决权数量的行为或者事实。

一致行动人的认定参考上市公司收购及相关股份权益变动中对一致行动人的认定。

如无相反证据，投资者有表9.25所列情形之一的，为一致行动人：

表 9.25　一致行动人

序号	一致行动人关系	备注
1	投资者之间有股权控制关系	母子公司（直接股权控制和间接股权控制）
2	投资者受同一主体控制	—
3	投资者的董事、监事或者高级管理人员中的主要成员，同时在另一个投资者担任董事、监事或者高级管理人员	—
4	投资者参股另一投资者，可以对参股公司的重大决策产生重大影响	在判断投资者参股另一投资者是否可以对参股公司的重大决策产生重大影响，主要从两方面进行判断，一方面是通过计算投资者的直接和间接持股比例，如果达到了 20%，则一般被认为是对参股公司的重大决策有重大影响的（除了考虑现行表决权外，也要考虑潜在表决权的影响，如可转换债券和可交换债券）；另一方面，也要判断投资者是否派驻董事进入另外一投资者的董事会，是否以行使提案权和对提案进行表决的方式对其生产经营施加影响
5	银行以外的其他法人、其他组织和自然人为投资者取得相关股份提供融资安排	只有银行提供的融资才不界定为股东的一致行动人，其他证券、基金、信托、保险等其他组织或者自然人为股东取得相关股份提供融资都会被界定成一致行动人
6	投资者之间存在合伙、合作、联营等其他经济利益关系	假设甲公司和乙公司共同设立联营企业丙公司，则甲公司和乙公司，甲公司和丙公司，乙公司和丙公司之间，都构成一致行动人关系
7	持有投资者 30% 以上股份的自然人，与投资者持有同一上市公司股份	自然人持股必须在 30% 以上，才构成一致行动人
8	在投资者任职的董事、监事及高级管理人员，与投资者持有同一上市公司股份	—
9	持有投资者 30% 以上股份的自然人和在投资的公司任职的董事、监事及高级管理人员，其父母、配偶、子女及其配偶、配偶的父母、兄弟姐妹及其配偶、配偶的兄弟姐妹及其配偶等亲属与投资者持有同一上市公司股份	第 9 种是在第 7 种和第 8 的基础上自然人一定范围内的亲属人员，构成一致行动人的情形

续上表

序号	一致行动人关系	备注
10	在上市公司任职的董事、监事、高级管理人员及其前项所述亲属同时持有本公司股份的，或者与其自己或者其前项所述亲属直接或者间接控制的企业同时持有本公司股份	第10条构成一致行动人的情形包括三种：（1）上市公司董监高和其相关亲属之间；（2）上市公司董监高和自己直接或间接控制的企业之间；（3）上市公司董监高和其亲属直接或间接控制的企业①
11	上市公司董事、监事、高级管理人员和员工与其所控制或者委托的法人或者其他组织持有本公司股份	第11条是在第10条的基础之上，把一致行动人的范围扩展到了上市公司员工，但是普通员工的亲属以及亲属实际控制的企业不包括在内

9.3.12 股东如果开立多个账户，如何计算

股东开立多个证券账户的，对各证券账户的持股合并计算；股东开立客户信用证券账户的，对客户信用证券账户与普通证券账户的持股合并计算。

股东开立多个证券账户、客户信用证券账户的，各账户可减持数量按各账户内有关股份数量的比例分配确定。

9.3.13 股东减持的股份性质认定

大股东通过集中竞价交易取得的股份并不受限制，具体通过以下原则把握：

（1）在规定的减持比例范围内，视为优先减持限售股份。比如大股东在任意连续90日内，通过集中竞价方式减持股份0.01%（未超过1%），则所减持的股份均视为受到减持规定限制的股份。

（2）在规定的减持比例范围外，视为优先减持不受到减持规定限制的股份。比如，大股东在任意连续90日内，通过集中竞价方式减持股份1.5%（超过1%），超出部分视为减持不受减持规定限制的股份。

（3）首次公开发行前股份视为优先于非公开发行股份进行减持。如果股东同时持有IPO前股份和认购了非公开发行股份，则IPO前股份优先进入减持份额。

① 上市公司董监高和自己直接或间接参股（不构成控制）的企业或上市公司董监高和其亲属直接或间接参股（不构成控制）互相不构成一致行动人关系。

9.3.14 没有实际控制人，股东如何减持

按照科创板上市规则的规定，如果公司没有或者难以认定实际控制人，为了确保公司股权结构稳定、正常生产经营不因公司控制权发生变化而受到影响，要求公司股东按持股比例从高到低依次承诺所持股份自上市之日起锁定 36 个月，直至锁定股份总数不低于发行前 A 股股份总数的 51%。

如果本应位列上述应予以锁定 51% 股份范围的股东，符合表 9.26 所列情形之一的，可以豁免遵守锁定 36 月的规定。

表 9.26 没有实际控制人，公司股东所持公司股票如何减持

序号	情形
1	员工持股计划
2	持股 5% 以下的股东
3	非公司第一大股东且符合一定条件的创业投资基金股东

其中，符合一定条件的创业投资基金股东是指符合《私募基金监管问答——关于首发企业中创业投资基金股东的认定标准》中的创业投资基金。即符合表 9.27 所列全部条件的创业投资基金。

表 9.27 创业投资基金

序号	条件
1	创业投资基金首次投资该首发企业时，该首发企业成立不满 60 个月
2	创业投资基金首次投资该首发企业时，该首发企业同时符合以下条件：经企业所在地县级以上劳动和社会保障部门或社会保险基金管理单位核定，职工人数不超过 500 人；根据会计师事务所审计的年度合并会计报表，年销售额不超过 2 亿元、资产总额不超过 2 亿元
3	截至首发企业发行申请材料接收日，创业投资基金投资该企业已满 36 个月
4	按照《私募投资基金监督管理暂行办法》，已在中国证券投资基金业协会备案为“创业投资基金”
5	该创业投资基金的基金管理人已在中国证券投资基金业协会登记，规范运作并成为中国证券投资基金业协会会员

投资时点以创业投资基金投资后，被投企业取得市场监管部门核发的营业执照或工商核准变更登记通知书为准。相关指标按投资时点之上一年末的数据进行认定。投资时点以第 1 次投资为准，后续对同一标的企业的投资均

按初始时点确认。

9.3.15 大股东、董事、监事、高级管理人员以集中竞价方式减持股份的信息披露要求

大股东、董监高通过集中竞价交易减持股份的，需要在首次卖出股份的15个交易日前向上交所报告备案减持计划，并予以公告。

减持计划的内容，需要包括但不限于拟减持股份的数量、来源、减持时间区间、方式、价格区间、减持原因等信息，且每次披露的减持时间区间最长为6个月。

在减持时间区间内，大股东、董监高在减持数量过半或减持时间过半时，需要披露减持进展情况。

另外，公司控股股东、实际控制人及其一致行动人减持达到公司股份总数1%的，还需要在该事实发生之日起2个交易日内就该事项作出公告。

如果在减持时间区间内，上市公司披露高送转或筹划并购重组等重大事项的，大股东、董监高需要立即披露减持进展情况，并说明本次减持与前述重大事项是否有关。

大股东、董监高通过上交所集中竞价交易减持股份的，需要在股份减持计划实施完毕或者披露的减持时间区间届满后的2个交易日内公告具体减持情况。

9.4 创业投资基金股东的特殊减持要求

如果创业投资基金符合一定条件，则可以适用股份减持解禁期和投资期限反向挂钩的政策。

9.4.1 创业投资基金适用特殊减持方式的条件

《上市公司创业投资基金股东减持股份的特别规定》发布后（2018年3月2日始）在基金业协会新备案的增量创投基金，需要同时符合表9.28所列

的条件，才可以适用特殊减持方式。

表 9.28 增量创投基金主要符合条件

序号	条件
1	投资范围限于未上市公司（所投资企业上市后所持股份的未转让部分及通过上市公司分派或者配售新股取得的部分除外）
2	投资方式限于股权投资或者依法可转换为股权的权益投资（可转债）
3	$\frac{\text{早期中小企业和高新技术企业的未上市股权和可转债权的投资本金之和}}{\text{所有股权投资本金之和}} \geqslant 50\%$

《上市公司创业投资基金股东减持股份的特别规定》发布前存量已备案的创投基金，要同时符合表 9.29 所列的条件，才可以适用特殊减持方式。

表 9.29 存量已备案的创投基金主要符合条件

序号	条件
1	特别规定发布前（含 2018 年 3 月 2 日）的对外投资金额中，对未上市企业进行股权或者可转换为股权（可转债）的投资金额占比 50% 以上（含 50%）
2	特别规定发布后的对外投资金额中，对早期中小企业和高新技术企业的合计投资金额占比 50% 以上（含 50%），且投资范围和投资方式符合表 9.28 中 1 项和 2 项的规定

表 9.29 中条件 1 提到的 50% 计算公式为：

未上市股权和可转债投资本金之和 / 所有项目投资本金之和大于等于 50%

表 9.29 第 2 条件中提到的 50% 计算公式为：

早期中小企业和高新技术企业的未上市股权和可转债权的投资本金之和 / 所有股权投资本金之和大于等于 50%

投资本金，具体来说，就是实际到位的投资合同金额。纳入计算投资本金的项目既包括基金未退出的项目也包括基金已完全退出或部分退出的项目。

投资于上市公司股票（包括上市公司定向增发、大宗交易和协议转让等）的不属于未上市公司股权投资；

若基金既直接投资项目企业，又投资其他创业投资基金，投资其他创业投资基金的部分不纳入计算；

境外投资也不纳入计算范围。

《上市公司创业投资基金股东减持股份的特别规定》发布前已在基金业协会备案的私募证券投资基金、私募股权投资基金或者其他投资基金，可以变更备案为创业投资基金后，如果符合上表的条件，可以适用特殊减持方式。

创业投资基金管理人在确认创业投资基金符合上述条件后，可以向保荐机构提出书面申请，经保荐机构和律师核查后认为符合上述标准的，由保荐机构向审核部门提出书面申请。

9.4.2 减持方式

如果创业投资基金符合一定的条件，则可以适用股份减持解禁期和投资期限反向挂钩的政策。即如果截至发行申请材料受理日，投资期限不满 36 个月的，创业投资基金一年合计最多减持不超过 12%（集中竞价 4% 和大宗交易 8%）；

截至发行申请材料受理日，投资期限 满 36 个月但不足 48 个月的，现行规定中减持比例（集中竞价交易 1%、大宗交易 2%）的减持时间区间由任意连续 90 日缩短至 60 日，一年合计最多减持不超过 18%（集中竞价 6% 和大宗交易 12%）；

截至发行申请材料受理日，投资期限在 48 个月以上的，则由任意连续 90 日缩短至 30 日，一年合计最多减持不超过 36%（集中竞价 12% 和大宗交易 24%）。

具体见表 9.30。

表 9.30 一定条件

投资对象	减持方式	投资期限	减持数量	备注
在所投资早期中小企业或者高新技术企业上市后	集中竞价减持其持有的公司首次公开发行前发行的股份	截至发行申请材料受理日，投资期限不满 36 个月的	在 3 个月内减持股份的总数不得超过公司股份总数的 1%	同一般大股东减持方式一致，仍为一年最多减持 4%
		截至发行申请材料受理日，投资期限在 36 个月以上但不满 48 个月的	在 2 个月内减持股份的总数不得超过公司股份总数的 1%	一年可以最多减持到 6%
		截至发行申请材料受理日，投资期限在 48 个月以上的	在 1 个月内减持股份的总数不得超过公司股份总数的 1%	一年可以最多减持到 12%
	大宗交易方式减持其持有的公司首次公开发行前发行的股份	截至发行申请材料受理日，投资期限不满 36 个月的	在 3 个月内减持股份的总数不得超过公司股份总数的 2%	同一般大股东股东减持方式一致，仍为一年最多减持 8%
		截至发行申请材料受理日，投资期限在 36 个月以上但不满 48 个月的	在 2 个月内减持股份的总数不得超过公司股份总数的 2%	一年可以最多减持到 12%
		截至发行申请材料受理日，投资期限在 48 个月以上的	在 1 个月内减持股份的总数不得超过公司股份总数的 2%	一年可以最多减持到 24%

9.4.3 早期中小企业或者高新技术企业认定标准

早期中小被投企业标准：早期中小企业是指创业投资基金首次投资该企业时，该企业符合表 9.31 所列条件。

表 9.31 早期中小企业或者高新技术企业认定标准

序号	条件
1	创业投资基金首次投资该首发企业时，该首发企业成立不满 60 个月
2	创业投资基金首次投资该首发企业时，该首发企业同时符合以下条件：经企业所在地县级以上劳动和社会保障部门或社会保险基金管理单位核定，职工人数不超过 500 人；根据会计师事务所审计的年度合并会计报表，年销售额不超过 2 亿元、资产总额不超过 2 亿元

高新技术企业标准：高新技术企业是指截至发行申请材料受理日，该企业依据《高新技术企业认定管理办法》已取得高新技术企业证书。

9.5 上市公司如何进行股份回购

目前，科创板股票尚不能作为股票质押回购及约定购回交易标的证券。上市公司的控股股东、实际控制人可以为上市公司回购股份依法提供资金支持。

9.5.1 上市公司可以进行股份回购的主要情形

除表 9.32 所列情形外，上市公司不得收购本公司股份。另外，如果属于表 9.32 第 2 项、表 9.32 第 3 项、表 9.32 第 4 项情形的，公司合计持有的本公司股份数不得超过本公司已发行股份总额的 10%。

表 9.32 上市公司可以进行股份回购的主要情形

序号	股份回购情形	回购方式	回购实施期限	公司决策①	注销期限	回购期间是否可以减持
1	减少公司注册资本②	可以通过公开的集中交易	董事会或者股东大会审议通过最终回购股份方案之日起不超过 12 个月	需要通过股东大会，且需要三分之二表决权通过	10 天内注销	可以
2	将股份用于员工持股计划或者股权激励	必须通过公开的集中交易	董事会或者股东大会审议通过最终回购股份方案之日起不超过 12 个月	经三分之二以上董事出席的董事会会议决议通过即可	在发布回购结果暨股份变动公告后 3 年内转让或注销	可以
3	将股份用于转换上市公司发行的可转换为股票的公司债券	必须通过公开的集中交易	董事会或者股东大会审议通过最终回购股份方案之日起不超过 12 个月	经三分之二以上董事出席的董事会会议决议通过即可	在发布回购结果暨股份变动公告后 3 年内转让或注销	可以

① 回购方案的终止也需要提交股东大会或董事会审议通过。
② 注意要履行通知债权人的相关程序。

续上表

序号	股份回购情形	回购方式	回购实施期限	公司决策	注销期限	回购期间是否可以减持
4	为维护公司价值及股东权益所必需	必须通过公开的集中交易	董事会或者股东大会审议通过最终回购股份方案之日起不超过 3 个月	经三分之二以上董事出席的董事会会议决议通过即可	在发布回购结果暨股份变动公告后 3 年内转让或注销	董监高、控股股东、实际控制人、回购股份提议人自公司首次披露回购股份事项之日起至发布回购结果暨股份变动公告期间，不得直接或间接减持本公司股份

总的来说，如果是为实施员工持股计划或股权激励，或者转换上市公司发行的可转换为股票的公司而进行的股份回购，需要在 3 年内按照依法披露的用途进行转让，未按照披露用途转让的，需要在 3 年期限届满前注销。如果是为维护公司价值及股东权益所必需而回购的股份，在满足一定条件下，可以通过集中竞价交易方式出售，不过 3 年内未依法转让的，也需要在期限届满前注销。

“为维护公司价值及股东权益所必需”主要指的是表 9.33 所列的情况。

表 9.33　主要情况

序号	主要情况
1	公司股票收盘价格低于最近一期每股净资产
2	连续 20 个交易日内公司股票收盘价格跌幅累计达到 30%

为维护公司价值及股东权益所必需回购股份完成后，如果打算出售回购股份的，必须要在回购方案中说明，否则不能在回购完成后出售。

另外，回购期间不可以发行新股募集资金（可以发行优先股或债券）。而且，上市公司需要开立回购专用账户，回购专用账户仅限于存放所回购的股份①。

① 另外，需要说明的是，上市公司回购专用账户中的股份，不享有股东大会表决权、利润分配、公积金转增股本、认购新股和配股、质押等权利。

另外，上市公司以现金为对价，采用集中竞价方式、要约方式回购股份的，当年已实施的股份回购金额视同现金分红，可以纳入该年度现金分红的相关比例计算。

9.5.2 回购方式

回购方式主要是集中竞价和要约回购[①]（以集中竞价方式回购为主）。

另外，采用集中竞价回购，申报价格有一定限制，主要见表9.34。

表9.34 主要限制

序号	主要限制
1	申报价格不得为公司股票当日交易涨幅限制的价格
2	不得在开盘集合竞价、收盘前半小时内及股票价格无涨跌幅限制的交易日内进行股份回购申报

9.5.3 回购实施条件

如果是为维护公司价值及股东权益所必需且同时回购股份用于注销的，则可以不需要满足表9.35所列公司股票上市已满一年的要求。

表9.35 实施条件

序号	实施条件
1	公司股票上市已满一年
2	回购股份后，公司具备债务履行能力和持续经营能力
3	回购股份后，公司的股权分布原则上需要符合上市条件

第3点股权分布原则上需要符合上市条件指的是指社会公众股东持有的股份连续20个交易日低于上市公司总股本的25%；上市公司股本总额超过人民币4亿元的，低于上市公司总股本的10%。

上述社会公众股东指不包括下列股东的上市公司其他股东：

（1）持有上市公司10%以上股份的股东及其一致行动人；

（2）上市公司的董事、监事、高级管理人员及其关联人。

① 上市公司以现金为对价。

9.5.4 回购资金来源

只要是合法资金，均可以用作回购资金来源，不限于自有资金，发行优先股、债券募集的资金、发行普通股取得的超募资金、募投项目节余资金和已依法变更为永久补充流动资金的募集资金、金融机构借款等。

9.5.5 回购价格

回购股份价格有个上限，一般要求不能超过董事会通过回购股份决议前 30 个交易日公司股票交易均价① 的 150% 的（超过的，要在方案中说明合理性）。

9.5.6 每日回购股份数量的限制

如果是因为表 9.32 所列第 1、第 2、第 3、情形回购股份的，每 5 个交易日回购股份的数量，不得超过首次回购股份事实发生之日前 5 个交易日该股票成交量之和的 25%（但是如果每 5 个交易日回购数量不超过 100 万股除外）。

即对每日回购股份数量的限制既看绝对量，也看比例，如果每 5 个交易日回购数量不超过 100 万股，则不需满足 25% 的比例限制，如果每 5 个交易日回购数量超过 100 万股，则需要同时不得超过首次回购股份事实发生之日前 5 个交易日该股票成交量之和的 25%）。

如果是因为表 9.32 第 4 项情形回购股份的，没有每日回购股份数量的限制。

9.5.7 禁止回购股份期间

（1）上市公司定期报告、业绩预告或者业绩快报公告前 10 个交易日内；

（2）自可能对本公司股票交易价格产生重大影响的重大事项发生之日或者在决策过程中，至依法披露后 2 个交易日内。

另外，如果公司因为为维护公司价值及股东权益所必需回购股份，并在回购股份完成后减资的，不受禁止回购股份期间限制。

---

① 交易均价按照董事会通过回购股份决议前 30 个交易日的股票交易总额除以股票交易总量计算。

9.5.8 上市公司回购方案设计

回购股份可以同时用于多种用途，这种情况下，需要在回购股份方案中明确各用途具体对应的拟回购股份数量或者资金总额。上市公司回购股份方案至少要包括表 9.36 所列内容。

表 9.36 回购方案设计

序号	内容
1	回购股份的目的、方式、价格区间
2	拟回购股份的种类、用途、数量和占公司总股本的比例、拟用于回购的资金总额
3	回购股份的资金来源
4	回购股份的实施期限
5	预计回购后公司股权结构的变动情况
6	管理层关于本次回购股份对公司经营、盈利能力、财务、研发、债务履行能力、未来发展及维持上市地位等可能产生的影响分析
7	上市公司董监高、控股股东、实际控制人在董事会作出回购股份决议前 6 个月内买卖本公司股份的情况，以及在回购期间是否存在增减持计划的说明
8	本次回购股份方案的提议人、提议时间、提议人在提议前 6 个月内买卖本公司股份的情况，以及提议人在回购期间是否存在增减持计划的说明（如存在提议人）
9	回购股份后依法注销或者转让的相关安排
10	防范侵害债权人利益的相关安排
11	对董事会办理本次回购股份事宜的具体授权（如适用）
12	向董监高、控股股东、实际控制人、回购提议人、持股 5% 以上的股东自回购方案公告之日的未来三个月、六个月的减持计划情况①

关于 9.36 第 2 项，要在方案中明确说明拟回购的资金或回购股份数量的上限不能超过下限一倍（不管是股份数量还是资金总额，至少明确一项的上下限，且上限不可以超过下限一倍）。

9.5.9 股份回购的相关知情人报备

上市公司董事会在披露股份回购方案的同时，还需要向上交所报送股份回购方案的相关知情人信息。具体见表 9.37。

① 如果存在股东未向公司回复未来减持计划的，公司需要在回购方案报告书中说明未来股东的减持风险。

表 9.37　股份回购的相关知情人报备

序号	人员
1	上市公司及其董监高
2	上市公司的控股股东或 1 大股东，及其实际控制人、董监高（含主要负责人）
3	回购股份方案的提议人，及其控股股东或 1 大股东、实际控制人、董监高（含主要负责人）（如适用）
4	为本次回购股份提供服务以及参与本次回购股份的咨询、制订、论证等各环节的证券服务机构，及其法定代表人和经办人（如适用）
5	1 至 4 的自然人的配偶、父母和子女
6	其他在公司回购股份前通过直接或间接方式知悉本次回购信息的知情人及其配偶、父母和子女

9.5.10　可以向上市公司提议进行股份回购的提议人的资格

具备董事会、股东大会提案权的提议人可以向上市公司董事会提议进行股份回购。并且如果是为了为维护公司价值及股东权益所必需而回购股份的，则需要在出现公司股票收盘价格低于最近一期每股净资产或连续 20 个交易日内公司股票收盘价格跌幅累计达到 30% 的 10 个交易日内，提议人向上市公司董事会提议进行股份回购。

9.5.11　上市公司股份回购实施程序及相关信息披露

上市公司可以自行决定进行股份回购，也可以在收到提议人的回购股份提议后，立即召开董事会审议。上市公司股份回购实施程序及相关信息披露具体见表 9.38。

表 9.38　上市公司股份回购实施程序及相关信息披露

阶段	信息披露时间点	主要信息披露文件名称内容
有提议人提议股份回购	收到股份回购提议后，立即召开董事会审议	回购股份提议与董事会决议（提议人的基本情况及提议时间、提议人提议回购股份的原因和目的、提议人提议回购股份的种类、用途、方式、价格区间、数量和占公司总股本的比例、拟用于回购的资金总额、提议人在提议前 6 个月内买卖本公司股份的情况，以及提议人在回购期间是否存在增减持计划的说明、提议人将推动公司尽快召开董事会或者股东大会审议回购股份事项，并对公司回购股份议案投赞成票的承诺）
决策——董事会审议①	董事会审议通过后	董事会决议、独立董事意见、股份回购方案
决策阶段——无须过股东大会决议	披露回购股份方案后 5 个交易日内	董事会公告回购股份决议的前一个交易日登记在册的前 10 大股东和前 10 大无限售条件股东的名称及持股数量、比例
决策阶段——过股东大会决议	股东大会召开前 3 日	披露股东大会的股权登记日登记在册的前 10 大股东和前 10 大无限售条件股东的名称及持股数量、比例
回购期间②	首次回购股份事实发生的次日予以公告	回购进展情况公告书（至少要包括公告前已回购股份数量、购买的最高价和最低价、已支付的总金额）
	回购股份占上市公司总股本③的比例每增加 1% 的，应当在事实发生之日起 3 日内予以公告	
	每个月的前 3 个交易日内公告截至上月末的回购进展情况	

① 如果还需要股东大会审议，再及时召开股东大会通知，将方案提交股东大会审议（只有回购用于减资的，才必须要股东大会审议通过）。
② 另外，如果上市公司在回购股份方案规定的回购实施期限过半时，仍未实施回购的，董事会需要公告未能实施回购的原因和后续回购安排，公告期间可以继续回购，无须停止。
③ 总股本以上市公司最近一次公告的总股本为准，不扣减回购专用账户中的股份。

续上表

阶段	信息披露时间点	主要信息披露文件名称内容
回购期限届满或者实施完毕	上市公司需要停止回购行为并在两个交易日发布	回购结果暨股份变动公告书（至少要包括实际回购股份数量、比例、使用资金总额与董事会或者股东大会审议通过的最终回购股份方案相应内容进行对照，就回购股份执行情况与方案的差异作出解释，并就股份回购方案的实施对公司的影响作出说明（董监高、控股股东、实际控制人、回购股份提议人在此期间进行股票买卖的，也需要在公告中进行说明））
如果涉及集中竞价方式减持已回购股份	首次卖出股份的 15 个交易日前	减持预披露公告（减持已回购股份的董事会决议、原因、目的和方式、拟减持的数量及占总股本的比例、价格区间、实施期限、减持所得资金的用途及具体使用安排、预计减持完成后公司股权结构的变动情况、管理层关于本次减持已回购股份对公司经营、财务及未来发展影响等情况的说明、上市公司董监高、控股股东、实际控制人、回购提议人在董事会作出减持决议前 6 个月内买卖本公司股份的情况）
减持期间	首次减持已回购股份事实发生的次日	减持进展情况公告[①]（已减持股份数量及占公司总股本的比例、减持最高价和最低价、减持均价、减持所得资金总额）
	减持已回购股份占上市公司总股本的比例每增加 1% 的，自该事实发生之日起 3 日内	
	每个月的前 3 个交易日内公告截至上月末的减持进展情况	
减持期限届满或减持计划已实施完毕	停止减持行为，并在两个交易日内公告	减持结果暨股份变动公告（实际减持已回购股份数量、比例、减持所得资金总额与减持计划相应内容进行对照，就减持执行情况与减持计划的差异作出解释，并就本次减持对公司的影响作出说明）

① 公告期间可以继续进行减持，无须停止。

股份回购并不强制上市公司聘请中介，上市公司可以自主决定聘请财务顾问、律师事务所、会计师事务所等证券服务机构出具专业意见。

9.5.12　股份注销程序

上市公司计划注销所回购的股份的，需要向上交所提交回购股份注销申请和公告，以及中国证券结算公司出具的回购专用账户持股数量查询证明。

9.5.13　已回购股份的处理

上市公司如果由于为维护公司价值及股东权益所必需而回购股份的，可以在发布回购结果暨股份变动公告 12 个月后采用集中竞价交易方式减持。使用集中竞价方式出售已回购股份，要遵循表 9.39 所列规定。

表 9.39　已回购股份的处理

序号	主要规定
1	需要董事会审议通过
2	需要事先在股份回购方案中明确已回购股份用于出售
3	减持时间区间不可以超过 6 个月
4	减持获得的资金需要用于主营业务，不可以用于股票、债券等金融产品投资
5	申报价格不得为公司股票当日交易跌幅限制的价格
6	不得在开盘集合竞价、收盘前半小时内及股票价格无涨跌幅限制的交易日内进行减持申报
7	每日减持的数量不得超过减持预披露日前 20 个交易日日均成交量的 25%，但每日减持数量不超过 20 万股的除外
8	在任意连续 90 日内，减持股份的总数不得超过公司股份总数的 1%

但是，表 9.40 所列期间不可以采用集中竞价交易方式出售已回购股份。

表 9.40　主要期间

序号	主要期间
1	上市公司定期报告、业绩预告或者业绩快报公告前 10 个交易日内
2	自可能对本公司股票交易价格产生重大影响的重大事项发生之日或者在决策过程中，至依法披露后 2 个交易日内

9.5.14 另外两种可以进行股份回购的情形

另外两种可以进行股份回购的情形分别为与持有本公司股份的其他公司合并和股东因对股东大会作出的公司合并、分立决议持异议，要求公司收购其股份，见表 9.41。

表 9.41 股份回购情形

序号	股份回购情形	回购方式	公司决策	注销期限
1	与持有本公司股份的其他公司合并	可以通过公开的集中交易	需要通过股东大会，且需要三分之二表决权通过	6 个月内转让或注销
2	股东因对股东大会作出的公司合并、分立决议持异议，要求公司收购其股份	可以通过公开的集中交易	—	6 个月内转让或注销

9.6 上市公司如何设立员工持股计划

员工持股计划指的是上市公司根据员工意愿，通过合法方式使员工获得本公司股票并长期持有，股份权益按约定分配给员工的制度安排。

员工可以自愿选择是否参加员工持股计划，上市公司不能强迫员工参加。

9.6.1 员工持股计划参加对象

上市公司可以自行设定参加员工持股计划员工的范围标准。一般来说，公司员工均可以参加，并不局限于公司高管。

如果董事、监事和高管参与员工持股计划的，上市公司需要在员工持股计划草案中披露相关人员姓名及其合计持股份额、所占比例；其他员工参与持股计划的，只需要披露合计参与人数及合计持股份额、所占比例。

9.6.2 员工持股计划份额持有人发生变动，其持有的员工持股计划份额的处理

需要注意的是，如果将员工持股计划份额重新授予给新增员工，则还需

要经过董事会审议，具体见表 9.42。

表 9.42　建议处理方式

具体情形	建议处理
被降职（但仍留在公司或子公司任职）	可以按照初始认购金额收回部分或全部，在分配给其他符合条件的员工
劳动合同解除、终止的	可以按照初始认购金额收回，在分配给其他符合条件的员工
丧失劳动能力	不作调整
退休离职	不作调整
死亡	由其合法继承人依法继承

9.6.3　员工持股计划的资金来源

一般将其委托给下列具有资产管理机构资质的机构管理，主要包括：信托公司、保险资管公司、证券公司、基金管理公司进行管理。

员工持股计划的资金只要是合法合规获得的资金收入都可以（大股东可以向员工持股计划提供资金借贷）。

9.6.4　员工持股计划的股票来源和股票数量

股票来源的方式很多，包括：上市公司回购本公司股票；二级市场购买；认购非公开发行股票；股东自愿赠与等（以二级市场购买为主）。

如果采用二级市场购买方式（不限于竞价交易、大宗交易和协议转让等方式）实施员工持股计划的，员工持股计划管理机构需要在股东大会审议通过员工持股计划后 6 个月内，根据员工持股计划的安排，完成标的股票的购买。

最终标的股票股数需要根据实际购买执行情况确定，但是需要保证全部有效的员工持股计划所持有的股票总数累计不得超过公司股本总额的 10%；单个员工所获股份权益对应的股票总数累计不得超过公司股本总额的 1%。

需要说明的是，员工持股计划持有的股票总数不包括员工在公司首次公开发行股票上市前获得的股份、通过二级市场自行购买的股份及通过股权激励获得的股份。

9.6.5 员工持股计划锁定期

一般情况下，员工持股计划所获标的股票的锁定期为 12 个月，自上市公司公告最后一笔购买之标的股票登记至资管计划时起计算（如果是以非公开的方式获取的股票，则锁定期至少为 36 个月[①]）。

在锁定期内，上市公司发生资本公积转增股本、派送股票红利时，员工持股计划因持有公司股份而新取得的股份一并锁定，不得在二级市场出售或以其他方式转让，该等股票的解锁期与相对应股票相同。

9.6.6 员工持股计划存续期届满后继续展期需要履行的程序

员工持股计划的存续期届满前，或如因公司股票停牌或者窗口期较短等情况，导致本期员工持股计划所对应持有的股票权益无法在存续期届满前全部变现时，经持有人会议同意并提交公司董事会审议通过后，员工持股计划的存续期可以延长。

9.6.7 主要实施程序及信息披露

独立董事、监事会需要分别就员工持股计划是否有利于上市公司的持续发展，是否损害上市公司及全体股东利益，上市公司是否以摊派、强行分配等方式强制员工参加本公司持股计划发表意见。主要实施程序及信息披露见表 9.43。

表 9.43 主要实施程序及信息披露

序号	具体情形及信息披露时间点	主要信息披露文件
职代会征询意见	需要通过职工代表大会征询员工意见	职代会决议、员工持股计划草案
董事会审议	需要董事会审议通过，同时独立董事、监事会也要发表明确意见，董事会审议通过后 2 个交易日内	董事会决议、独立董事意见、监事会意见、资产管理协议、员工持股计划草案摘要
股东大会审议	需要经过出席股东大会的股东所持表决权半数通过，股东大会审议通过后 2 个交易日内	股东大会决议（关联股东需要回避表决）、员工持股计划全文

① 目前，科创板尚未公布非公开发行具体细则，参照主板非公开细则的要求，认购非公开发行的员工持股计划份额的锁定期为 36 个月。

续上表

序号	具体情形及信息披露时间点	主要信息披露文件
完成标的股票购买	在完成标的股票的购买或将标的股票过户至员工持股计划名下的2个交易日内	发布临时公告，披露获得的股票价格、数量、时间等情况
变更、终止实施员工持股计划（如涉及）	需要持有人大会、董事会和股东大会分阶段审议通过	及时披露相关决议

另外，上市公司需要聘请律师事务所对员工持股计划出具法律意见书，并在召开关于审议员工持股计划的股东大会前公告法律意见书。

采取二级市场购买方式实施员工持股计划的，上市公司需要每月公告一次购买股票的时间、数量、价格、方式等具体情况。

另外，上市公司还需要在员工持股计划届满前6个月公告到期计划持有的股票数量。

员工持股计划终止后，员工持股计划在扣掉税费完成清算后，按照员工持股计划份额占总份额的比例分配剩余资产。

9.6.8 在如下信息敏感期，上市公司不得买卖股票

（1）上市公司定期报告（年度报告、半年报和季度报告）公告前30日内；

（2）上市公司业绩预告、业绩快报公告前10日内；

（3）能对本公司股票交易价格产生重大影响的重大事项发生之日或在决策过程中，至依法披露后2个交易日内。

9.7 国有控股上市公司实施员工持股计划的额外规定

需要说明的是，中央企业二级（含）以上企业以及各省、自治区、直辖市及计划单列市和新疆生产建设兵团所属一级企业暂不开展员工持股试点。

9.7.1 试点企业条件

（1）主业处于充分竞争行业和领域的商业类企业；

（2）非公有资本股东所持股份应达到一定比例，上市公司董事会中有非公有资本股东推荐的董事；

（3）治理结构健全，建立市场化的劳动人事分配制度和业绩考核评价体系，形成管理人员能上能下、员工能进能出、收入能增能减的市场化机制；

（4）营业收入和利润 90% 以上来源于所在企业集团外部市场。

9.7.2 员工入股要求

公司及国有股东不可以向持股员工承诺年度分红回报或设置托底回购条款。且员工持股计划需要以增发的方式入股。具体要求见表 9.44。

表 9.44　员工入股要求

项目	具体情形备注
员工范围	在关键岗位工作并对上市公司经营业绩和持续发展有直接或较大影响的科研人员、经营管理人员和业务骨干（党中央、国务院和地方党委、政府及其部门、机构任命的国有企业领导人员不可以持股。外部董事、监事（含职工代表监事）不参与员工持股。在公司的直系亲属，只能一人持股）
员工出资	可以以货币资金或技术成果出资（以非货币财产出资，需要提供所有权证明，并且要办理评估和财产权转移手续），一般为货币出资
入股价格	不可以低于每股净资产评估值
股权结构	实施员工持股后，需要保证国有股东控股地位，且其持股比例不可以低于公司总股本的 34%
持股方式	如果以资产管理计划方式持股，不可以使用杠杆融资
持股锁定期	至少要为 36 个月
监管审核	在股东大会审议通过之后，报履行出资人职责的机构备案

9.8 上市后相关主体权益变动要求

控股股东、实际控制人转让控制权前，要先归还违规占用上市公司的资金；清偿对上市公司债务或者解除上市公司为其提供的担保；如果有对上市公司或者其他股东的承诺，则要履行完毕对上市公司或者其他股东的承诺。

完成上述事项后，控股股东、实际控制人才可以转让控制权。

如果“三类股东”持有公司股份在5%以上，则契约型基金、信托计划或资产管理计划，需要在权益变动文件中披露支配股份表决权的主体，以及该主体与上市公司控股股东、实际控制人是否存在关联关系

另外，如果“三类股东”计划成为上市公司控股股东、第一大股东或者实际控制人的，则首先要权益变动文件中披露支配股份表决权的主体，以及该主体与上市公司现有控股股东、实际控制人是否存在关联关系，其次还需要在权益变动文件中穿透披露至最终投资者。

也就是说，在科创板公司上市后，“三类股东”可以成为上市公司控股股东、第一大股东或者实际控制人。

9.9 上市公司股东大会运作

必须经过股东大会审议的事项不可以授权给董事会或其他个人行使。

9.9.1 必须经过股东大会审议的事项

必须经过股东大会审议的事项具体见表9.45。需要注意的是，关于表9.45中的第12项，审议批准下列担保事项。上市公司年度报告是必须要经过具有执行证券、期货相关业务资格的会计师事务所审计的，因此担保事项中“最近一期经审计”中的净资产或总资产一般用年度报告数。但是如果上市公司拟实施送股或以资本公积转增股本的，所依据的半年度报告或季度报告的财务会计报告也需要审计。

因此，如果半年度报告或季度报告数据是经过审计的，则可以使用半年度报告或季度报告数据，如果未经审计，则必须使用年度报告数据。

表 9.45 审议事项

序号	审议事项
1	决定公司的经营方针和投资计划
2	选举和更换非由职工代表担任的董事、监事，决定有关董事、监事的报酬事项
3	审议批准董事会的报告
4	审议批准监事会报告
5	审议批准公司的年度财务预算方案、决算方案
6	审议批准公司的利润分配方案和弥补亏损方案
7	对公司增加或者减少注册资本作出决议
8	对发行公司债券作出决议
9	对公司合并、分立、解散、清算或者变更公司形式作出决议
10	修改公司章程
11	对公司聘用、解聘会计师事务所作出决议
12	审议如下相关担保事项
	（1）公司及本公司控股子公司的对外担保总额，达到或超过最近一期经审计净资产的 50% 以后提供的任何担保
	（2）公司的对外担保总额，达到或超过最近一期经审计总资产的 30% 以后提供的任何担保
	（3）按照担保金额连续 12 个月累计计算原则，超过公司最新一期经审计总资产 30% 的担保
	（4）为资产负债率超过 70% 的担保对象提供的担保
	（5）单笔担保额超过最近一期经审计净资产 10% 的担保
	（6）对股东、实际控制人及其关联方提供的担保
13	审议公司在一年内购买、出售重大资产超过公司最近一期经审计总资产 30% 的事项
14	审议批准变更募集资金用途事项
15	审议股权激励计划
16	达到股东大会审议批准标准的重大交易事项（不包括提供担保，提供担保由第 12 条规定）
17	达到股东大会审议批准标准的关联交易事项
18	如果公司设置了特别表决权差异安排，改变特别表决权股份享有的表决权数量（但是将相应数量的特别表决权股份转换为普通股份不需要经过股东大会，只需要相关股东立即通知上市公司即可）
19	审议员工持股计划
20	其他经过股东大会审议的事项

9.9.2 需要经过股东大会特别决议通过的事项

股东大会作出特别决议，需要由出席股东大会的股东（包括股东代理人）所持表决权的三分之二通过。表 9.46 所列事项由股东大会以特殊决议通过。

表 9.46 具体事项

序号	具体事项
1	公司增加或者减少注册资本（包括发行新股、资本公积金转增股本、盈余公积金转增股本、派发股票股利）
2	公司合并、分立、解散、清算或者变更公司形式
3	修改公司章程
4	公司在一年内购买、出售重大资产或者担保金额超过公司最近一期经审计总资产 30% 的
5	股权激励计划
6	其他特别决议事项

9.9.3 股东大会的召集

年度股东大会每年召开 1 次，必须在上一会计年度结束后的 6 个月内举行。

有表 9.47 所列情形之一的，必须召开临时股东大会，临时股东大会要在相关事项两个月内召开。

表 9.47 必须召开临时股东大会

序号	情形
1	董事人数不足 5 人或公司章程规定人数的 2/3
2	公司未弥补的亏损达实收股本总额 1/3 时
3	单独或者合计持有公司 10% 以上股份的股东请求召开时
4	董事会提请召开
5	监事会提请召开
6	其他

需要提醒注意的是，如果上市公司董事人数在 5 人以上，但不足公司章程规定的人数的 2/3 时（董事人数最高可以到 19 人），也必须召开临时股东大会。

关于第 3 点，股东在所持股份达到 10% 的当天便可以提议召开，没有连续持有天数的要求。

独立董事不可以单独直接提议召开临时股东大会，必须向董事会提议召开。

9.9.4 累积投票制

科创板上市公司要根据相关规则采用累积投票制，累积投票制适用于股东大会选举董事（包括独立董事）和监事，不适用于选举高级管理人员。

累积投票制是指股东大会选举董事或监事时，每一普通股（含表决权恢复的优先股）股份拥有与应选董事或者监事人数相同的表决权，股东拥有的表决权可以集中使用。股东可以将手中的投票权集中投给其中一位候选人，也可以平均分散投给几位候选人，按得票多少依次决定董事入选的表决权制度。

案例一：

某上市公司召开股东大会采用累积投票制对进行董事会、监事会改选，应选董事 5 名，董事候选人有 6 名；应选独立董事 2 名，独立董事候选人有 3 名；应选监事 2 名，监事候选人有 3 名。需投票表决的事项见表 9.48。

表 9.48　累积投票议案

累积投票议案				
4.00	关于选举董事的议案	应选董事（5）人		
4.01	例：陈 ××	□	—	□
4.02	例：赵 ××	□	—	□
4.03	例：蒋 ××	□	—	□
……	……	□	—	□
4.06	例：宋 ××	□	—	□
5.00	关于选举独立董事的议案	应选独立董事（2）人		
5.01	例：张 ××	□	—	□
5.02	例：王 ××	□	—	□
5.03	例：杨 ××	□	—	□

续上表

6.00	关于选举监事的议案	应选监事（2）人		
6.01	例：李 ××	□	—	□
6.02	例：陈 ××	□	—	□
6.03	例：黄 ××	□	—	□

某投资者在股权登记日收市后持有该公司 100 股股票，采用累积投票制，他(她)在议案 4.00“关于选举董事的议案”就有 500 票的表决权，在议案 5.00“关于选举独立董事的议案”有 200 票的表决权，在议案 6.00“关于选举监事的议案”有 200 票的表决权。

该投资者可以以 500 票为限，对议案 4.00 按自己的意愿表决。他（她）既可以把 500 票集中投给某一位候选人，也可以按照任意组合分散投给任意候选人。

案例二：

某公司要选 5 名董事，公司股份共 1 000 股，股东共 10 人，其中 1 名大股东持有 510 股，即拥有公司 51% 股份；其他 9 名股东共计持有 490 股，合计拥有公司 49% 的股份。若按直接投票制度，每一股有一个表决权，则控股 51% 的大股东就能够使自己推选的 5 名董事全部当选，其他股东毫无话语权。但若采取累积投票制，表决权的总数就成为 1 000 × 5=5 000（票），控股股东总计拥有的票数为 2 550 票，其他 9 名股东合计拥有 2 450 票。按照累计投票制的原理，大股东最多获取 3 个董事席位，中小股东最少也能有 2 个董事席位。

如果单一股东及一致行动人拥有权益的股份比例在 30% 以上，上市公司必须实行累积投票制，并在公司章程中规定细则。

累积投票制是保护中小股东权益，防止董事会的董事席位全部为大股东所得的制度。

9.9.5 股东大会的提案与通知

召开年度股东大会的，要在会议召开 20 日前将会议召开的时间、地点和审议的事项通知各股东；

召开临时股东大会的，要在会议召开 15 日前将会议召开的时间、地点和审议的事项通知各股东。

在计算起始期限时，不包括会议召开当天。

董事会、监事会以及单独或合并持有公司 3% 以上股份的股东，有权向公司提出提案。

只有单独或者合计持有公司 3% 以上股份的股东，才可以在股东大会召开 10 日前提出临时提案并书面提交董事会。董事会应当在收到提案后 2 日内通知其他股东，并将该临时提案提交股东大会审议。

需要说明的是，在股东大会的通知发出之后，只有以临时提案的方式才可以修改股东大会通知中已列明的提案或增加新的提案。

另外，如果上市公司设置了表决权差异安排的，还需要在股东大会通知中列明持有特别表决权股份的股东、所持特别表决权股份数量及对应的表决权数量，以及股东大会议案是不是涉及到等量表决权事项。

9.9.6 股东大会的召开方式

股东大会要以现场会议的方式召开，除此之外，上市公司还需要提供网络投票方式为股东参加股东大会提供便利（包括上交所系统投票平台和互联网投票平台：vote.sseinfo.com 两种方式）①。

现场会议时间、地点的选择需要便于股东参加，并不强制为公司住所所在地。

发出股东大会通知后，无正当理由，股东大会现场会议召开地点不得变更。确需变更的，召集人应当在现场会议召开日前至少 2 个交易日公告并说明原因。

股东大会网络或其他方式投票的开始时间，不得早于现场股东大会召开前一日下午 3:00，并不得迟于现场股东大会召开当日上午 9:30，其结束时间不得早于现场股东大会结束当日下午 3:00。

股权登记日与会议日期之间的间隔不能多于 7 个工作日，股权登记日一

① 采用上海证券交易所网络投票系统，通过交易系统投票平台的投票时间为股东大会召开当日的交易时间段，即 9:15—9:25，9:30—11:30，13:00—15:00；通过互联网投票平台的投票时间为股东大会召开当日的 9:15—15:00。

经确定，不得变更，并且股权登记日和网络投票日之间至少要间隔2个交易日。

需要说明的是，股权登记日应为交易日。

上市公司的法人股东要由法定代表人或者法定代表人委托[①]的代理人出席会议。

9.9.7 可以征集股东投票权的主体

只有董事会、独立董事和符合规定的股东才可以向公司股东征集其在股东大会上的股东投票权。需要注意的是，监事会并没有征集股东投票权的权利。

对于征集股东投票权的具体规定见表9.49。

表9.49 征集股东投票权

序号	具体规定
1	上市公司及股东大会召集人不可以对股东征集投票权设定最低持股比例限制
2	必须是无偿方式，不可以为有偿方式
3	征集投票权可以是公开的方式，也可以不是公开的方式
4	必须要向被征集人充分披露具体投票意向等信息
5	可以只针对部分提案征集投票权，无须对股东大会全部提案或某事项的全部提案征集投票权
6	独立董事征集投票权，必须取得全体独立董事半数同意才可以进行
7	上市公司召开股东大会审议股权激励计划时，独立董事必须就股权激励计划向所有的股东征集委托投票权

9.9.8 律师见证

上市公司召开股东大会，需要聘请律师事务所对股东大会的召集、召开程序、出席会议人员的资格、召集人资格、表决程序及表决结果等事项出具法律意见书，并与股东大会决议一并披露。

① 授权委托书要载明分别对列入股东大会议程的每一审议事项投赞成票、反对票还是弃权票的指示，委托书还要注明如果股东不作具体指示，股东代理人是否可以按自己的意思表决。

9.10 科创板上市公司重大交易事项审议公告标准

交易主要指的是非日常经营相关的交易行为，因此，购买或者出售资产不包括购买原材料、燃料和动力，出售产品和商品等与日常经营相关的交易行为（这些日常交易行为适用 9.10.6 的公告披露标准）。

9.10.1 对交易的界定

交易包括如下十一项行为：

（1）购买或者出售资产；

（2）对外投资（购买银行理财产品的除外）；

（3）转让或受让研发项目；

（4）签订许可使用协议；

（5）提供担保；

（6）租入或者租出资产；

（7）委托或者受托管理资产和业务；

（8）赠与或者受赠资产；

（9）债权、债务重组；

（10）提供财务资助；

（11）上交所认定的其他交易。

9.10.2 上市公司重大交易的公告披露标准

上市公司发生的交易（提供担保、购买银行理财产品、日常经营相关的交易行为除外）达到表 9.50 标准之一的，上市公司要及时发布公告，进行披露。

表 9.50 重大交易的公告披露标准

适用指标	披露标准
资产总额	交易涉及的资产总额（同时存在账面值和评估值的，以高者为准）占上市公司最近一期经审计总资产的 10% 以上
成交金额	交易的成交金额占上市公司市值的 10% 以上
资产净额	交易标的（如股权）的最近一个会计年度资产净额占上市公司市值的 10% 以上

续上表

适用指标	披露标准
营业收入	交易标的（如股权）最近一个会计年度相关的营业收入占上市公司最近一个会计年度经审计营业收入的10%以上，且超过1000万元
交易利润	交易产生的利润占上市公司最近一个会计年度经审计净利润的10%以上，且超过100万元
净利润	交易标的（如股权）最近一个会计年度相关的净利润占上市公司最近一个会计年度经审计净利润的10%以上，且超过100万元

成交金额，是指支付的交易金额和承担的债务及费用等。交易安排涉及未来可能支付或者收取对价的、未涉及具体金额或者根据设定条件确定金额的，预计最高金额为成交金额。

市值，指交易前10个交易日收盘市值的算术平均值。

未盈利的上市公司可以豁免适用利润指标。

9.10.3 重大交易需要提交股东大会审议的一般标准

上市公司发生的交易（提供担保、购买银行理财产品、日常经营相关的交易行为除外）达到表9.51标准之一的，上市公司需要提交股东大会审议。

表9.51 提交股东大会审议

适用指标	披露标准
资产总额	交易涉及的资产总额（同时存在账面值和评估值的，以高者为准）占上市公司最近一期经审计总资产的50%以上
成交金额	交易的成交金额占上市公司市值的50%以上
资产净额	交易标的（如股权）的最近一个会计年度资产净额占上市公司市值的50%以上
营业收入	交易标的（如股权）最近一个会计年度相关的营业收入占上市公司最近一个会计年度经审计营业收入的50%以上，且超过5 000万元
交易利润	交易产生的利润占上市公司最近一个会计年度经审计净利润的50%以上，且超过500万元
净利润	（交易标的（如股权）最近一个会计年度相关的净利润占上市公司最近一个会计年度经审计净利润的50%以上，且超过500万元

交易标的为股权资产的，上市公司需要提供交易标的最近一年又一期财务报告的审计报告；交易标的为股权以外的非现金资产的，应当提供评估报

告。经审计的财务报告截止日距离审计报告使用日不得超过 6 个月，评估报告的评估基准日距离评估报告使用日不得超过 1 年。审计报告和评估报告都需要由具有执行证券、期货相关业务资格的证券服务机构出具。

成交金额和市值含义相同。

未盈利的上市公司可以豁免适用利润指标。

9.10.4 上市公司重大交易需要提交股东大会审议的特殊标准

上市公司购买、出售资产交易，涉及资产总额或成交金额连续 12 个月内累计计算超过公司最近一期经审计总资产 30% 的，如果购买、出售的资产是股权资产，则需要对股权资产进行审计（提供股权资产一年一期财务报告的审计报告；如果购买、出售的资产是非股权资产，则需要对相应资产进行评估。

以上交易事项需要提交股东大会审议，并且经出席股东大会的股东所持表决权的 2/3 通过。

9.10.5 标准的计算口径

受托经营、租入资产或者委托他人管理、租出资产，导致公司合并报表范围发生变更的，应当视为购买或者出售资产。具体计算口径见表 9.52。

表 9.52 标准的计算口径

序号	计算口径
1	如果上市公司分期实施交易的，需要以交易总额为基础适用 9.10.2 和 9.10.3（也需要及时披露分期交易的实际发生情况）
2	上市公司与同一交易方同时发生第 9.10.1 条规定的同一类别且方向相反的交易时，按照其中单向金额，适用第 9.10.2 和 9.10.3
3	上市公司进行第 9.10.1 条规定的同一类别且与标的相关的交易时，需要按照连续 12 个月累计计算的原则，适用 9.10.2 和 9.10.3（担保和委托理财除外）（如果相关交易行为已经按照 9.10.2 和 9.10.3 进行公告和股东大会审议相关义务，则不再纳入累计计算范围）
4	上市公司发生股权交易：（1）导致上市公司合并报表范围发生变更的，需要以该股权所对应公司的相关财务指标作为计算基础；（2）股权交易未导致合并报表范围发生变更的，需要按照公司所持权益变动比例计算相关财务指标

续上表

序号	计算口径
5[①]	上市公司直接或者间接放弃控股子公司股权的优先受让权或增资权，导致子公司不再纳入合并报表的，应当视为出售股权资产，以该股权所对应公司相关财务指标作为计算基础适用 9.10.2 和 9.10.3（上市公司部分放弃控股子公司或者参股子公司股权的优先受让权或增资权，未导致合并报表范围发生变更，但公司持股比例下降，需要按照公司所持权益变动比例计算相关财务指标作为计算基础适用 9.10.2 和 9.10.3）
6	上市公司提供财务资助，需要以交易发生额作为成交额，适用 9.10.2 和 9.10.3 的第 2 项
7	上市公司连续 12 个月滚动发生委托理财的，以该期间最高余额为成交额，适用 9.10.2 和 9.10.3 的第 2 项
8	上市公司发生租入资产或者受托管理资产交易的，应当以租金或者收入为计算基础，适用 9.10.2 和 9.10.3 的第 4 项（上市公司发生租出资产或者委托他人管理资产交易的，应当以总资产额、租金收入或者管理费为计算基础，适用第 9.10.2 第 1 项、第 4 项或者第 9.10.3 第 1 项、第 4 项）

9.10.6　日常经营范围内的交易公告披露的特殊规定

上市公司发生日常经营范围内的交易，达到表 9.53 标准之一的，应当及时进行公告披露。

表 9.53　日常经营范围内的交易公告披露标准

序号	具体标准
1	交易金额占上市公司最近一期经审计总资产的 50% 以上，且绝对金额超过 1 亿元
2	交易金额占上市公司最近一个会计年度经审计营业收入或营业成本的 50% 以上，且超过 1 亿元
3	交易预计产生的利润总额占上市公司最近一个会计年度经审计净利润的 50% 以上，且超过 500 万元
4	其他可能对上市公司的资产、负债、权益和经营成果产生重大影响的交易

未盈利的上市公司可以豁免适用利润指标。

上市公司发生日常经营范围内的交易，如果不是关联交易，只需要公告披露即可，不需要经过股东大会审议。

① 上市公司对其下属非公司制主体放弃或部分放弃收益权，参照执行。

9.10.7 对外提供担保的特殊规定

上市公司提供担保的，应当提交董事会或者股东大会进行审议，并及时披露。

只要是担保，一律要经过董事会审议，除应当经全体董事的过半数通过外，还应当经出席董事会会议的三分之二以上董事同意。

表 9.54 所列担保事项需要在董事会审议通过后提交股东大会审议。

表 9.54 对外提供担保的特殊规定

序号	具体担保事项
1	单笔担保额超过公司最近一期经审计净资产 10%的担保
2	公司及其控股子公司的对外担保总额，超过公司最近一期经审计净资产 50%以后提供的任何担保
3	为资产负债率超过 70%的担保对象提供的担保
4	按照担保金额连续 12 个月累计计算原则，超过公司最近一期经审计总资产 30%的担保
5	公司的对外担保总额，达到或超过最近一期经审计总资产的 30% 以后提供的任何担保
6	对股东、实际控制人及其关联方提供的担保

需要注意的是，表 9.54 第 4 项的担保事项需要股东大会的特别决议，即三分之二的表决权通过才可生效；其他担保事项均需股东大会一半表决权通过即可生效。

另外，只要对股东提供担保就需要过股东大会审议，对股东的持股数量没有要求。

上市公司为全资子公司提供担保，或者为控股子公司提供担保且控股子公司其他股东按所享有的权益提供同等比例担保，可以豁免适用表 9.55 第 1 项到第 3 项规定。

上市公司为控股股东、实际控制人及其关联方提供担保的，控股股东、实际控制人及其关联方应当提供反担保措施。

另外，上市公司提供担保，如果被担保人于债务到期后 15 个交易日内未履行偿债义务，或者被担保人出现破产、清算或其他严重影响其偿债能力情形的，上市公司还需要及时发布公告进行披露。

9.10.8 股东大会豁免审议的重大交易事项

如果是上市公司单方面获得利益的交易，股东大会可以豁免审议，不限于受赠现金资产、获得债务减免、接受担保和资助等。

9.11 科创板关联交易事项公告审议标准

相对于传统主板、创业板来说，科创板关联交易审议标准新增了市值标准。

9.11.1 关联交易定义

上市公司或者其合并报表范围内的子公司等其他主体与上市公司关联人之间发生的交易，包括日常经营范围内的交易和日常经营范围外（9.10.1）的交易。

9.11.2 关联人定义

由间接持有上市公司5%以上股份的法人或其他组织直接或间接控制的、上市公司独立董事担任董事、高管人员的和关联自然人担任监事的，除了上市公司及其控股子公司以外的法人或其他组织，均不属于科创板公司的关联人。

根据表9.55中关联自然人（4）情形规定，直接或间接控制上市公司的法人或其他组织的董事、监事和高管人员或其他主要负责人的关系密切的家庭成员，都不属于科创板公司的关联人。

表9.55 关联人具体情形

关联人类型	关联人具体情形
关联法人	（1）直接或间接控制上市公司的法人或其他组织
	（2）直接持有上市公司5%以上股份的法人或其他组织
	（3）由（1）和（2）所述的关联法人或下列五项关联自然人直接或间接控制的，或由下列五项关联自然人（独立董事除外）担任董事、高管的法人或其他组织，
	（4）间接持有上市公司5%以上股份的法人或其他组织

续上表

关联人类型	关联人具体情形
关联法人	上市公司与本项第（1）所列法人或其他组织直接或间接控制的法人或其他组织受同一国有资产监督管理机构控制的，不因此而形成关联关系，但该法人或其他组织的法定代表人、总经理、负责人或者半数以上董事兼任上市公司董事、监事或者高级管理人员的除外
关联自然人	（1）直接或间接控制上市公司的自然人
	（2）直接或间接持有上市公司 5% 股份的自然人
	（3）上市公司董事、监事和高级管理人员
	（4）前述（1）—（3）所述关联自然人关系密切的家庭成员、包括配偶、年满 18 周岁的子女及其配偶、父母及配偶的父母、兄弟姐妹及其配偶、配偶的兄弟姐妹、子女配偶的父母
	（5）直接或间接控制上市公司的法人或其他组织的董事、监事、高管人员或其他主要负责人
视同关联人	具有下列情形之一的法人或自然人，视同上市公司的关联人
	（1）相关交易协议生效或安排实施后 12 月内，具有前述关联情形之一的法人、其他组织或自然人（也称为潜在关联人）
	（2）在交易发生之日前 12 月内，曾经具有前述关联情形之一的法人、其他组织或自然人（也称之为历史关联人）
兜底关联人	证监会、上交所或上市公司根据实质重于形式原则认定的其他与上市公司有特殊关系、可能导致上市公司利益对其倾斜的自然人、法人或其他组织

9.11.3　科创板上市公司关联交易的公告披露标准

上市公司与关联人发生的交易（提供担保除外）达到下列标准之一的，应当及时公告披露：

（1）与关联自然人发生的成交金额在 30 万元以上的交易；

（2）与关联法人发生的成交金额占上市公司最近一期经审计总资产或市值 0.1% 以上的交易，且超过 300 万元。

9.11.4　科创板上市公司关联交易股东大会审议标准

（1）上市公司与关联人发生的交易金额（提供担保除外）占上市公司最近一期经审计总资产或市值 1% 以上的交易，且超过 3 000 万元，提交股东大会审议。

并且在提交股东大会审议时提供评估报告或审计报告（交易标的为股权的，上市公司应当提供交易标的最近一年又一期财务报告的审计报告；交易标的为股权以外的非现金资产的，需要提供评估报告。经审计的财务报告截止日距离审计报告使用日不得超过6个月，评估报告的评估基准日距离评估报告使用日不得超过1年）。

但是与日常经营相关的关联交易可免于审计或者评估。

（2）上市公司为关联人提供担保的，应当在董事会审议过后提交股东大会审议。

9.11.5 科创板上市公司关联交易审议的其他重要事项

（1）上市公司向关联方提供提供财务资助或委托理财的，在连续12个月内累计计算，以发生额作为披露的计算标准，根据发生额不同分别进行公告披露或股东大会审议（已经进行完毕公告披露或股东大会审议的，则不在连续12个月内累计计算范围）。

（2）与同一关联人进行的交易以及与不同关联人进行交易标的类别相关的交易都要适用连续12个月内累计计算的原则，对应9.11.3和9.11.4分别进行公告披露和股东大会审议。

同一关联人，包括与该关联人受同一实际控制人控制，或者存在股权控制关系，或者由同一自然人担任董事或高级管理人员（担任监事不认定为同一关联人）的法人或其他组织。

同样，已经进行完毕公告披露或股东大会审议的，则不在连续12个月内累计计算范围。

9.11.6 日常关联交易的审议程序

（1）上市公司可以按类别合理预计日常关联交易年度金额，履行审议程序并披露；实际执行超出预计金额的，应当按照超出金额重新履行审议程序并披露；

（2）上市公司年度报告和半年度报告应当分类汇总披露日常关联交易；

（3）上市公司与关联人签订的日常关联交易协议期限超过3年的，需要每 3 年重新履行相关审议程序和披露义务；

（4）须提交股东大会审议的关联交易，应当在提交董事会审议前，取得独立董事的事前认可意见。

9.11.7 可以豁免按照关联交易审议的事项

表 9.56 所列的事项可以豁免按照关联交易进行审议：

表 9.56 可以豁免按照关联交易审议的事项

序号	事项
1	一方以现金方式认购另一方公开发行的股票、公司债券或企业债券、可转换公司债券或者其他衍生品种，如果以资产认购或者是认购的非公开发行的股票、债券都要按照关联交易审议程序进行审议和公告披露
2	一方作为承销团成员承销另一方公开发行的股票、公司债券或企业债券、可转换公司债券或者其他衍生品种，承销的非公开发行的股票或者债券，需要按照关联交易审议程序进行审议和公告披露
3	一方依据另一方股东大会决议领取股息、红利或者薪酬，股东领取红利、股息或者董事、监事和高级管理人员领取报酬都不认定为关联交易
4	一方参与另一方公开招标或者拍卖，招标或者拍卖价格要公允
5	上市公司单方面获得利益的交易，包括受赠现金资产、获得债务减免、接受担保和资助等，一定要是单方面获取，不能有利益流出，且豁免股东大会审议
6	关联交易定价为国家规定
7	关联人向上市公司提供资金，利率水平不高于中国人民银行规定的同期贷款基准利率，且上市公司对该项财务资助无相应担保
8	上市公司按与非关联人同等交易条件，向董事、监事、高级管理人员提供产品和服务

还需要注意的是，这几项是豁免按照关联交易进行审议和披露，但是还是要按照重大交易事项进行审议和披露。不过第 5 项只需要进行公告披露即可（如果达到重大交易公告披露标准）。

9.12 科创板上市公司董事会人员设置及议事规则

董事会成员人数要控制在 5 ～ 19 人，可以有职工代表（不是必须有职工代表）。

董事会设一个董事长，可以（不是必须）设副董事长，董事长和副董事长由董事会以全体董事的过半数选举产生。

董事由股东大会选举更换，但如果董事会中有职工代表董事，职工代表董事由公司职工通过职工代表大会、职工大会选举产生，直接进入董事会。

董事可以由高级管理人员兼任，兼任经理或者其他高级管理人员职务的董事以及由职工代表担任的董事，总计不得超过公司董事总数的 1/2。

监事不可以兼职董事，但是可以列席董事会会议。

公司的法定代表人由公司董事长或总经理担任，其他董事和高管是不能担任的。

9.12.1　科创板上市公司董事任期的规定

董事每届任期不得超过 3 年。董事任期届满，连选可以连任。（公司章程可以制订低于 3 年的任期）

董事任期届满未及时改选，或者董事在任期内辞职导致董事会成员低于法定人数的，在改选出的董事就任前，原董事仍要履职。

9.12.2　必须要经过董事会审议的事项

董事会是对股东大会负责，因此职权性质一般是制订相关事项并提交股东大会决议，但董事会对表 9.57 中第 3、8、9、10、11、13 和 15 的事项可以直接决定。

表 9.57　必须要经过董事会审议的事项

序号	审议事项
1	召集股东大会，并向股东大会报告工作
2	执行股东大会的决议
3	决定公司的经营计划和投资方案
4	制订公司的年度财务预算方案、决算方案
5	制订公司的利润分配方案和弥补亏损方案
6	制订公司增加或减少注册资本、发行债券或其他证券发行上市的方案
7	拟订公司重大收购、收购公司股票或合并、分立、解散及变更公司形式的方式

续上表

序号	审议事项
8	在股东大会授权范围内，决定公司对外投资、收购出售资产、资产抵押、对外担保事项、委托理财、关联交易等事项
9	决定公司内部管理机构的设置
10	聘任或者解聘公司经理、董事会秘书；根据经理的提名，聘任或者解聘公司副经理、财务负责人等高级管理人员，并决定其报酬事项和奖惩事项
11	制订公司的基本管理制度
12	制订公司章程的修改方案
13	管理公司信息披露事项
14	向股东大会提请聘请或更换为公司审计的会计师事务所
15	听取公司经理的工作汇报并检查经理的工作

9.12.3 科创板上市公司董事会议事规则

董事会下设董事会办公室，负责处理日常事务。由董事会秘书或者证券事务代表兼任董事会办公室负责人，保管董事会和董事会办公室印章。

董事会会议分为定期会议和临时会议。董事会需要每年至少在上下两个半年度各召开一次定期会议。

董事会召开临时会议的情形见表 9.58。

表 9.58 召开临时会议的情形

序号	主要情形
1	代表十分之一以上表决权的股东提议
2	三分之一以上董事联名提议
3	监事会提议
4	董事长提议
5	二分之一以上独立董事提议
6	经理提议

表 9.58 中的提议人如有召开董事会临时会议的意愿，则可以通过董事会办公室或直接向董事长提交经提议人签字的书面提议。书面提议需要至少载明表 9.59 所列事项。

表 9.59　书面提议具体事项

序号	具体事项
1	提议人的姓名或者名称
2	提议理由或者提议所基于的客观事由
3	提议会议召开的时间或者时限、地点和方式
4	明确和具体的提案
5	提议人的联系方式和提议日期等

与提议有关的材料需要一并提交。

董事会办公室收到上述提议及相关材料后，需要当日转交给董事长。董事长认为提案内容不明确，具体或者有关材料不充分的，可以要求提议人补充或提交。

董事长需要自收到提议 10 日内，召集董事会会议并主持会议

董事应当对董事会的决议承担责任。董事会的决议违反法律、行政法规或者公司章程、股东大会决议，致使公司遭受严重损失的，参与决议的董事对公司负赔偿责任。但经证明在表决时曾表明异议并记载于会议记录的，该董事可以免除责任。

9.12.4　会议通知

召开董事会定期会议的，董事会办公室需要提前 10 天将盖有董事会印章的书面通知通过直接送达、传真、电子邮件或者其他方式，提交全体董事和监事以及经理、董事会秘书。非直接送达的，还需要通过电话进行确认并做相应记录。

如果是临时会议，则需要提前 5 天通知（在情况紧急，需要立即召开董事会临时会议的情况下，可以随时通过电话或者其他口头方式发出会议通知，但召集人需要在会议上作出说明）。

董事会需要有过半数的董事出席方可举行。

9.12.5　科创板上市公司董事会会议的委托

董事因故不能出席，可以书面委托其他董事代为出席，委托书中应载明代理人的姓名，代理事项、授权范围和有效期限，并由委托人签名或盖章。

代为出席会议的董事应当在授权范围内行使董事的权利。董事未出席董事会会议，亦未委托代表出席的，视为放弃在该次会议上的投票权。

关于委托出席的限制见表 9.60。

表 9.60　董事委托出席的限制

序号	限制情形
1	只能委托其他董事出席，不能委托董事以外其他人员
2	只能采取书面形式，不能采取口头形式
3	在审议关联交易事项时，非关联董事不得委托关联董事代为出席；关联董事也不得接受非关联董事的委托
4	独立董事不得委托非独立董事代为出席，非独立董事也不得接受独立董事的委托
5	董事不得在未说明其本人对提案的个人意见和表决意向的情况下全权委托其他董事代为出席，有关董事也不得接受全权委托和授权不明确的委托
6	一名董事不得接受超过两名董事的委托，董事也不得委托已经接受两名其他董事委托的董事代为出席

涉及表决事项的，委托人应当在委托书中明确对每一事项发表同意、反对或者弃权的意见；董事对表决事项的责任不因委托其他董事出席而免除。

9.12.6　会议召开方式

以现场召开会议为原则，但是也可以通过视频、电话、传真或者电子邮件表决等方式召开（需要提议人、召集人同意）；

非以现场方式召开的，以视频显示在场的董事、在电话会议中发表意见的董事、规定期限内实际收到传真或者电子邮件等有效表决票，或者董事事后提交的曾参加会议的书面确认函等计算出席会议的董事人数。

9.12.7　科创板上市公司董事会专门委员会

董事会下强制设立审计委员会，战略、提名、薪酬考核委员会不是强制设立。专门委员会是对董事会负责的，提案提交董事会审议。专门委员会成员全部由董事组成，其中审计委员会、提名委员会、薪酬与考核委员会中独立董事占多数并担任召集人（战略委员会中独立董事人数没有要求）。

审计委员会的召集人为会计专业人士。内部审计部门对审计委员会负责，向审计委员会报告工作。

审计委员会的主要职责范围见下表 9.61。

表 9.61　具体职责

序号	具体职责
1	监督及评估外部审计工作，提议聘请或更换外部审计工作
2	监督及评估内部审计工作，审计内部审计与外部审计的协调
3	审核公司的财务信息及披露
4	监督及评估公司的内部控制

9.12.8　科创板上市公司董事会会议的决议方式

董事会作出决议，必须经全体董事的过半数通过，且实行一人一票（董事会不能设置特殊投票权）。

董事与董事会会议决议事项所涉及的企业有关联关系的，不得对该项决议行使表决权，也不得代理其他董事行使表决权。该董事会会议由过半数的无关联关系董事出席即可举行，董事会会议所作决议须经无关联关系董事过半数通过。出席董事会的无关联董事人数不足 3 人的，应将该事项提交股东大会审议。

案例：

比如甲上市公司共有董事 9 人，其中股东乙派出的董事有 4 人。如果甲上市公司与股东乙进行关联交易，在董事会对该项关联交易进行表决时，首先股东乙派出的 4 名董事为关联董事，不能参与表决，余下非关联董事为 5 名，要有过半数（即达到 3 名）董事出席，董事会会议才有效，所作决议也要至少达到过半数（即达到 3 名）董事通过才有效。如果出席董事会的无关联董事人数不足 3 人的，应将该事项直接提交股东大会审议。

另外，董事会权限范围内的担保事项，除应当经全体董事的过半数通过外，还应当经出席董事会会议的三分之二以上董事同意。

9.12.9　科创板上市公司董事会会议记录签名

董事会应当对会议所议事项的决定做成会议记录，出席会议的董事应当在会议记录上签名。董事会会议记录作为公司档案保存，保存期限不少于 10 年。

9.12.10 关于是否引入董监高责任险

董监高责任险，全称为董事、监事、高级管理人员及公司赔偿责任保险，是对公司董事、监事及高级职员在行使其职责时所产生的错误或疏忽的不当行为进行赔偿的保险合同。董监高责任险的赔偿责任主要包括两部分：一部分是个人应承担的责任及公司为个人责任进行的补偿，另一部分是公司自身的责任。承保范围包括庭外和解、判决或和解损失、律师费以及对于公司事务正式调查的抗辩费用。

购买董监高责任险的现实意义见表 9.62。

表 9.62　董监高责任险的现实意义

序号	意义
1	上市公司可以转移未来面临的诉讼风险
2	可以更好地发挥董监高人员的主观能动性，解除董事、监事和高管在公司治理过程中的后顾之忧

截至 2019 年 8 月底，科创板首批 28 家企业中已有 13 家企业购买了董监高责任险。

9.13 独立董事职责

需要说明的是，独立董事行使相应职权应当取得全体独立董事的二分之一以上同意。独立董事聘请中介机构的费用及其他行使职权时所需的费用由上市公司承担。

9.13.1 独立董事可以行使的特别职权

2 名或 2 名以上独立董事可联名书面向董事会提出延期召开董事会会议或延期审议相关事项，董事会应予以采纳。具体职权见表 9.63。

表 9.63　具体职权

序号	独立董事可以行使的主要职权
1	向董事会提议聘用或解聘会计师事务所
2	可以向董事会提请召开临时股东大会
3	提议召开董事会
4	独立聘请会计师事务所、律师事务所等证券服务机构对相关事项进行审计、核查或者发表意见
5	可以在股东大会召开前公开向股东征集投票权（如果是股权激励事项，则独立董事必须征求委托投票权）

9.13.2　独立董事必须发表独立意见的情形

独立董事除履行上述职责外，还需要对表 9.64 所列事项向董事会或股东大会发表独立意见。

表 9.64　独立董事必须发表的独立意见的主要事项

序号	主要事项
1	提名、任免董事
2	聘任或解聘高级管理人员
3	公司董事、高级管理人员的薪酬
4	上市公司的股东、实际控制人及其关联企业对上市公司现有或新发生的总额高于 300 万元或高于上市公司最近经审计净资产值的 5%的借款或其他资金往来，以及公司是否采取有效措施回收欠款
5	对公司开展新业务的意见
6	独立董事应当就主动终止事项是否有利于公司长远发展和全体股东利益充分征询中小股东意见，在此基础上发表独立意见，独立意见应当与股东大会召开通知一并公告
7	发表对重大关联交易的事前认可意见（上市公司拟进行须提交股东大会审议的关联交易，应当在提交董事会审议前，取得独立董事事前认可意见）①
8	如果上市公司定期报告未经董事会审议或者审议未通过的，独立董事要发表意见
9	如果上市公司财务会计报告被会计师事务所出具非标准审计意见的，独立董事要对审计意见涉及事项发表意见

① 独立董事作出判断前，可以聘请中介机构出具独立财务顾问报告，不强制独立董事聘请。

续上表

序号	主要事项
10	如果上市公司无法按照既定的现金分红政策或最低现金分红比例确定当年利润分配方案的，独立董事需要对此情况发表明确意见； 上市公司年度报告期内盈利且累计未分配利润为正，未进行现金分红或拟分配的现金红利总额（包括中期已分配的现金红利）与当年归属于上市公司股东的净利润之比低于 30% 的，独立董事要对未进行现金分红或现金分红水平较低的合理性发表独立意见
11	对高送转方案的合理性与可行性发表意见
12	上市公司股份回购事项发表意见
13	对员工持股计划是否有利于上市公司的持续发展，是否损害上市公司及全体股东利益，公司是否以摊派、强行分配等方式强制员工参加本公司持股计划发表意见
14	对股权激励的相关事项发表独立意见
15	上市公司董事、高级管理人员在拟分拆所属子公司安排持股计划的，该事项需要由独立董事发表专项意见，作为独立议案提交股东大会表决，并须经出席股东大会的中小股东所持表决权的半数以上通过

独立董事的意见不涉及监事的选举、更换和报酬事项。

另外，经 1/2 以上独立董事同意，独立董事可以聘请会计师事务所对募集资金存放与使用情况出具鉴证报告，费用由上市公司承担。

9.14 对于科创板上市公司高管、经理、董秘和证代的规定

上市公司的经理、副经理、董事会秘书和财务负责人是公司的高管，除此之外，上市公司还可以在公司章程中规定其他人员为上市公司高管。

9.14.1 关于高管的认定

在上市公司控股股东单位担任除董事、监事以外其他行政职务的人员，不得担任公司的高级管理人员。也就是说，在上市公司担任高管的人员，在上市公司的控股股东单位处只能担任董事或者监事。

9.14.2 经理的职权

经理对董事会负责，行使表 9.65 所列职权。

表 9.65 经理主要职权

序号	主要职权
1	主持公司的生产经营管理工作，组织实施董事会决议，并向董事会报告工作
2	组织实施公司年度经营计划和投资方案
3	拟订公司内部管理机构设置方案
4	制定公司的基本管理制度
5	制定公司的具体规章
6	提请董事会聘任或者解聘公司副经理、财务负责人
7	决定聘任或者解聘除应由董事会决定聘任或者解聘以外的负责管理人员

9.14.3 对于董事会秘书的相关规定

上市公司必须应当设立董事会秘书，负责公司的信息披露事务。

董事会秘书空缺期间，上市公司应当及时指定一名董事或者高级管理人员代行董事会秘书职责。空缺超过 3 个月的，公司法定代表人应当代行董事会秘书职责。

9.14.4 对于证券事务代表的相关规定

上市公司必须设立证券事务代表（简称证代），协助董事会秘书履行职责。董事会秘书不能履行职责或董事会秘书授权时，证券事务代表应当代为履行职责。在此期间，并不当然免除董事会秘书对公司信息披露所负有的责任。

9.15 科创板上市公司监事会人员设置及议事规则

上市公司监事会每 6 个月召开一次，监事可以提议召开临时监事会会议。

监事会决议要经过半数以上监事通过。

9.15.1 监事的产生程序

监事会成员不得少于 3 人。监事分为职工代表监事和非职工代表监事。职工代表监事由职工大会选举产生，非职工代表监事由股东大会选举产生。其中，职工代表监事比例不得低于三分之一[①]。

监事会设主席一人，可以设副主席，监事会主席和副主席都是由全体监事过半数选举产生。

董事、高级管理人员不可以兼任监事。

9.15.2 监事会的职权

监事要出席股东大会会议，可以列席董事会会议，并对董事会决议事项提出质询或者建议。除此之外，还包括表 9.66 所列主要职权：

表 9.66　监事会主要职权

序号	主要职权
1	对董事会编制的公司定期报告进行审核并提出书面审核意见
2	检查公司财务
3	对董事、高级管理人员执行公司职务的行为进行监督，对违反法律、行政法规、公司章程或者股东会决议的董事、高级管理人员提出罢免的建议
4	当董事、高级管理人员的行为损害公司的利益时，要求董事、高级管理人员予以纠正
5	提议召开临时股东大会会议，在董事会不履行本法规定的召集和主持股东大会会议职责时召集和主持股东大会会议
6	向股东大会会议提出提案
7	对董事、高级管理人员提起诉讼
8	发现公司经营情况异常，可以进行调查；必要时，可以聘请会计师事务所等协助其工作，费用由公司承担

9.15.3 监事会必须发表意见的重大事项

监事任期每届为 3 年。监事任期届满，连选可以连任。监事任期届满未及时改选，或者监事在任期内辞职导致监事会成员低于法定人数的，在改选出的监事就任前，原监事仍要正常履职。必须发表意见的重大事项见表 9.67。

① 公司章程中要写明职工代表监事的具体比例。

表 9.67　监事会必须发表意见的重大事项

重大事项	具体
年度报告	就持有特别表决权股份的股东是否持续符合股东适格规定
	特别表决权股份是否出现转股情形并及时转股
	上市公司特别表决权比例是否持续符合相关规定
	持有特别表决权股份的股东是否存在滥用特别表决权或者其他损害投资者合法权益的情形
	对定期报告进行审核，并出具审核意见
	当财务会计报告被会计师事务所出具非标准审计意见的，要对董事会专项说明发表意见出具决议
公司公告	如果对公告存在异议的，要在公告中作出相应声明并说明理由
上市后设置股权激励计划	对激励对象名单进行核实并发表意见
	向激励对象授出权益前，监事会对激励对象获授权益的条件是否成就发表意见
	上市公司向激励对象授出权益与股权激励计划的安排存在差异时，监事会需要发表意见
	激励对象在行使权益前，监事会对激励对象行使权益的条件是否成就发表意见
	股东大会审议通过股权激励方案之前可对其进行变更，监事会要对变更后的方案是否有利于上市公司的持续发展，是否存在明显损害上市公司及全体股东利益的情形发表意见
	对股权激励计划草案发表的意见
上市公司设置员工持股计划	就员工持股计划是否有利于上市公司的持续发展，是否损害上市公司及全体股东利益，公司是否以摊派、强行分配等方式强制员二参加本公司持股计划发表意见
现金分红	董事会存在未严格执行现金分红政策和股东回报规划、未严格履行现金分红相应决策程序、未能真实、准确、完整披露现金分红政策及其执行情况情况的，监事会需要发表明确意见
上市公司运用募集资金	只有募投项目实施地点变更，才不需要监事会发表意见，其余监事会均需要发表意见。

9.16　如何管理运用募集资金

经董事会批准后，上市公司在募集资金托管行开立募集资金专户，募集资金专户只允许存放募集资金，不得存放非募集资金，或用作其他用途。

募集资金专户可以包括多个银行的多个账户。

9.16.1 签订募集资金监管协议

上市公司需要最晚在募集资金到账后一个月内与保荐机构、存放募集资金的商业银行签订募集资金专户存储三方监管协议。协议至少应当包括表 9.68 所列内容。

表 9.68 监管协议主要内容

序号	主要内容
1	上市公司应当将募集资金集中存放于募集资金专户
2	商业银行应当每月向上市公司提供募集资金专户银行对账单，并抄送保荐机构
3	上市公司 1 次或 12 个月以内累计从募集资金专户支取的金额超过 5000 万元且达到发行募集资金总额扣除发行费用后的净额的 20% 的，上市公司需要及时通知保荐机构，并提供专户的支出清单
4	保荐机构可以随时到商业银行查询募集资金专户资料
5	上市公司、商业银行、保荐机构的违约责任

上市公司需要在上述协议签订后 2 个交易日内报送上交所备案并公告①。

9.16.2 对募投项目的可行性、预计收益进行重新论证

募投项目出现表 9.69 所列情形的，上市公司应当对该募投项目的可行性、预计收益等重新进行论证，决定是否继续实施该项目 并在最近一期定期报告中披露项目的进展情况、出现异常的原因以及调整后的募投项目（如果决定实施新募投项目）：

表 9.69 募投项目主要情形

序号	主要情形
1	募投项目涉及的市场环境发生重大变化
2	募投项目搁置时间超过 1 年
3	超过募集资金投资计划的完成期限且募集资金投入金额未达到相关计划金额 50%

① 如果上述协议在有效期届满前因保荐机构或商业银行变更等原因提前终止的，上市公司需要自协议终止之日起两周内与相关当事人签订新的协议，并在新的协议签订后 2 个交易日内报上交所备案并公告。

9.16.3　上市公司使用募集资金的禁止性行为

上市公司募集资金原则上应当用于主营业务。上市公司使用募集资金不得有表 9.70 所列情形。

表 9.70　募集资金禁止性主要情形

序号	主要情形
1	除金融类企业外，募投项目为持有交易性金融资产和可供出售的金融资产、借予他人、委托理财等财务性投资，直接或者间接投资于以买卖有价证券为主要业务的公司
2	通过质押、委托贷款或其他方式变相改变募集资金用途
3	将募集资金直接或者间接提供给控股股东、实际控制人等关联人使用，为关联人利用募投项目获取不正当利益提供便利

9.16.4　如何置换之前自筹投入的资金

上市公司可以在募集资金到账后 6 个月内，以募集资金置换自筹资金。

募集资金置换只需要通过董事会决议即可（不需要通过股东大会），但是同时需要会计师事务所出具鉴证报告，并由独立董事、监事会、保荐机构发表明确同意意见。需要在董事会会议后两个交易日内在上交所公告。

9.16.5　暂时闲置的募集资金的现金管理

暂时闲置的募集资金可进行现金管理，其投资的产品须符合以下条件：

（1）安全性高，满足保本要求，产品发行主体能够提供保本承诺；

（2）流动性好，不得影响募集资金投资计划正常进行。

投资产品不得质押，产品专用结算账户（如适用）不得存放非募集资金或者用作其他用途，开立或者注销产品专用结算账户的，上市公司需要在 2 个交易日内报上交所备案并公告。

使用闲置募集资金投资产品的，需要经上市公司董事会审议通过，独立董事、监事会、保荐机构都需要发表明确同意意见（不需要经过股东大会审议）。上市公司需要在董事会会议后 2 个交易日内进行公告。

9.16.6 关于对闲置募集资金暂时补流的要求

上市公司以闲置募集资金暂时用于补充流动资金的，需要符合表 9.71 所列要求。

表 9.71 募集资金暂时用于补充流动资金的主要情形

序号	主要情形
1	不得变相改变募集资金用途，不得影响募集资金投资计划的正常进行
2	仅限于与主营业务相关的生产经营使用，不得通过直接或者间接安排用于新股配售、申购，或者用于股票及其衍生品种、可转换公司债券等的交易
3	单次补充流动资金时间不得超过 12 个月
4	已归还已到期的前次用于暂时补充流动资金的募集资金

上市公司以闲置募集资金暂时用于补充流动资金的，需要经上市公司董事会审议通过，独立董事、监事会、保荐机构都需要发表明确同意意见。上市公司需要在董事会会议后 2 个交易日内报告上交所并公告（不需要经过股东大会审议）。

补充流动资金到期日之前，上市公司需要将该部分资金归还至募集资金专户，并在资金全部归还后 2 个交易日内报告上交所并公告。

9.16.7 关于超募资金的使用

上市公司实际募集资金净额超过计划募集资金金额的部分称为超募资金。

超募资金可用于永久补充流动资金或者归还银行贷款，但每 12 个月内累计使用金额不得超过超募资金总额的 30%，且应当承诺在补充流动资金后的 12 个月内不进行高风险投资以及为他人提供财务资助。

超募资金用于永久补充流动资金或者归还银行贷款的，应当经上市公司董事会、股东大会审议通过，并为股东提供网络投票表决方式，独立董事、监事会、保荐机构发表明确同意意见。

上市公司还需要出具在补充流动资金后的 12 个月内不进行高风险投资以及为他人提供财务资助的承诺。

上市公司需要在董事会会议后 2 个交易日内报告上交所并公告。

9.16.8 关于单个募投项目节余募集资金的使用

单个募投项目完成后，上市公司将该项目节余募集资金（包括利息收入）用于其他募投项目的，需要经董事会审议通过，且经独立董事、保荐机构、监事会发表明确同意意见后方可使用（不需要经过股东大会审议）。

节余募集资金（包括利息收入）低于100万元或者低于该项目募集资金承诺投资额5%的，直接在年报中披露使用情况即可，不需要履行前款程序。

上市公司单个募投项目节余募集资金（包括利息收入）用于非募投项目（包括补充流动资金）的，审议程序和变更募投项目相同，需要保荐机构、独立董事和监事会出具意见，董事会和股东大会审议通过后变更。

9.16.9 关于募投项目全部完成后节余募集资金的使用

募投项目全部完成后，节余募集资金（包括利息收入）在募集资金净额10%以上的，上市公司应当经董事会和股东大会审议通过，且经独立董事、保荐机构、监事会发表明确同意意见后方可使用节余募集资金。上市公司应在董事会会议后2个交易日内报告上交所并公告。

节余募集资金（包括利息收入）低于募集资金净额10%的，应当经董事会审议通过，且独立董事、保荐机构、监事会发表明确同意意见后方可使用。上市公司应在董事会会议后2个交易日内报告上交所并公告。

节余募集资金（包括利息收入）低于500万或者低于募集资金净额5%的，可以免于履行上述程序，其使用情况应在最近一期定期报告中披露。

9.16.10 募集资金投向变更

上市公司募投项目发生变更的，必须经董事会、股东大会审议通过，且经独立董事、保荐机构、监事会发表明确同意意见后方可变更。变更后的募投项目须投资于主营业务。

上市公司变更募投项目用于收购控股股东或者实际控制人资产（包括权益）的，需要确保在收购后能够有效避免同业竞争及减少关联交易。

9.16.11 募集资金相关的管理监督的信息披露

上市公司董事会应当每半年度全面核查募投项目的进展情况，对募集资金的存放与使用情况出具《公司募集资金存放与实际使用情况的专项报告》。

募投项目实际投资进度与投资计划存在差异的，上市公司应当在《募集资金专项报告》中解释具体原因。当期存在使用闲置募集资金投资产品情况的，上市公司应当在《募集资金专项报告》中披露本报告期的收益情况以及期末的投资份额、签约方、产品名称、期限等信息。上市公司董事会还需要在《募集资金专项报告》中披露保荐机构专项核查报告和会计师事务所鉴证报告的结论性意见。

《募集资金专项报告》需要经董事会和监事会审议通过，并应当在提交董事会审议后 2 个交易日内报告上交所并公告。

年度审计时，上市公司应当聘请会计师事务所对募集资金存放与使用情况出具鉴证报告，并于披露年度报告时向上交所报告并公告。

9.16.12 募集资金管理中发表意见事项及审议程序总结（表 9.72）

上市公司仅变更募投项目实施地点的，可以免于股东大会审议，但需要经上市公司董事会审议通过，并在 2 个交易日内报告上交所并公告改变原因及保荐机构的意见。

表 9.72　审议程序总结

相关规定	保荐机构	独立董事	监事会	董事会	股东大会
置换预先已投入募投项目的自筹资金	需要	需要	需要	需要	不需要
闲置募集资金暂时补流	需要	需要	需要	需要	不需要
闲置募集资金用于现金管理	需要	需要	需要	需要	不需要
超募资金用于永久补流或者偿还银行贷款	需要	需要	需要	需要	需要
募集资金投向变更	需要	需要	需要	需要	需要
募集资金实施地点变更	需要	不需要	不需要	需要	不需要
单个募投项目完成后，节余募集资金用于其他募投项目	需要	需要	需要	需要	不需要
单个募投项目完成后，节余募集资金用于非募投项目	需要	需要	需要	需要	需要
募投项目全部完成后，节余募集资金（包括利息收入）在募集资金净额 10% 以上，使用节余募集资金	需要	需要	需要	需要	需要
节余募集资金（包括利息收入）低于募集资金净额 10%，使用节余募集资金	需要	需要	需要	需要	不需要

9.17 上市公司现金分红相关要求

确定可供分配利润时，以母公司报表口径为基础。

9.17.1 上市公司可以选择的股利分配政策

预期盈利稳定增长的公司在运用超额股利政策时，可以在固定金额股利的基础上，确定目标股利成长率，以保证公司的现金红利水平逐年递增具体政策见表 9.73。

表 9.73 股利分配政策

序号	股利政策名称	具体内容
1	固定金额政策	确定在未来一段期间内每年发放的现金红利为固定金额
2	固定比率政策	按实现的可分配利润的固定比例发放现金红利
3	超额股利政策	在按固定金额政策或固定比率政策支付股利的基础上，如同时满足利润增长和可支配现金增加等条件时，向股东附加发放额外现金红利
4	剩余股利政策	上市公司根据未来投资项目和资金来源测算出所需的内部筹资额，从未分配利润中予以扣除后，将剩余的未分配利润作为现金红利分配给股东

9.17.2 现金分红相关的信息披露内容（表 9.74）

上市公司将表 9.74 第 3 项和第 4 项的利润分配议案提交股东大会审议时，需要为投资者提供网络投票便利条件，同时按照参与表决的 A 股股东的持股比例分段披露表决结果。分段区间为持股 1% 以下、1% ～ 5%、5% 以上 3 个区间；对持股比例在 1% 以下的股东，还需要按照单一股东持股市值 50 万元以上和以下两类情形，进一步披露相关 A 股股东表决结果。

相关议案要经过三分之二表决权通过。

表 9.74 现金分红相关的信息披露内容

序号	披露方式	信息披露内容
1	年度报告（全部需要披露）	上市公司需要在在年度振告“董事会报告”部分中详细披露现金分红政策的制订及执行情况
2	年度报告（符合情况披露）	如果上市公司无法按照既定的现金分红政策或最低现金分红比例确定当年利润分配方案的，需要在年度报告中披露具体原因以及独立董事的明确意见
3	年度报告（符合情况披露）	如果上市公司采用剩余股利政策，还需要在披露具体利润分配方案时，披露未来投资项目的基本情况，包括资金来源、预计收益率，以及是否建立除因不可抗力外达不到预计收益率的内部问责机制等事项； 在后续年度报告中还应当对涉及投资项目的实际收益和预计收益情况进行比对披露。如果上市公司已建立相关内部问责机制，如实际收益率低于预计收益率，还需要说明内部问责机制的执行情况①
4	董事会公告（符合情况披露）	如果上市公司年度报告期内盈利且累计未分配利润为正，未进行现金分红或拟分配的现金红利总额（包括中期已分配的现金红利）与当年归属于上市公司股东的净利润之比低于 30% 的，需要在审议通过年度报告的董事会公告中进行披露相关事项，主要包括未进行现金分红或现金分红水平较低原因的说明、留存未分配利润的确切用途以及预计收益情况、董事会会议的审议和表决情况和独立董事的意见

9.18 上市公司实施高送转的要求

上市公司送红股或以盈余公积金、资本公积金转增股份（转增股），合计比例达到每 10 股送转 5 股以上，称为高送转。

送红股和转增股的区别见表 9.75：

表 9.75 送红股和转增股的区别

	送红股	转增股
来源	当年税后利润	盈余公积金、资本公积金②
条件	需要当年盈利	不需要当年盈利

① 如果上市公司年度内拟分配的现金红利总额（包括中期已分配的现金红利）与年度归属于上市公司股东的净利润之比不低于 30% 的，第 3 条事项则不用披露。

② 以盈余公积金转增，需要缴纳税收（股息、红利所得税），而以资本公积金（股本溢价）转增不需要缴纳税收，所以在公司新股发行超募较多的情况下，往往有资本公积金（股本溢价）转增需求。

两者共同点都是会增大总股本（会进行除权处理），资产、负债和股东权益总额不变，每股净资产降低。

9.18.1 实施高送转条件

首先，上市公司最近两年同期净利润[①]应当持续增长，且每股送转比例不得高于上市公司最近两年同期净利润的复合增长率（也就是说，如果送转比例想要达到 10 送 5，那么最近两年同期净利润的复合增长率要达到 50% 以上）[②]。

如果上市公司在报告期内实施再融资、并购重组导致净资产有较大变化的，每股送转比例可以不受两年同期净利润的复合增长率规定的限制，但也不能高于上市公司报告期末净资产较之于期初净资产[③]的增长率。

如果上市公司最近两年净利润持续增长且最近 3 年每股收益均不低于 1 元，每股送转比例可以不受前面两项规定的限制，但其送转后每股收益不得低于 0.5 元。

也就是说，高送转需要高速增长的业绩与之匹配，在披露高送转方案的同时，需要同时披露业绩预告或业绩快报（如果当时业绩预告或业绩快报未公布）。

9.18.2 禁止实施高送转方案的情况

上市公司披露高送转方案的，还需要同时披露向相关股东问询其未来减持计划的具体过程，包括但不限于未来 3 个月、未来 6 个月的减持计划情况等，并披露相关股东的回复。禁止实施高送转方案的情况见表 9.76。

表 9.76 禁止实施高送转方案的情况

序号	具体情况
1	上市公司送转股方案提出的最近一个报告期净利润或预计净利润为负值、净利润同比下降 50% 以上、或者送转后每股收益低于 0.2 元的，不得披露高送转方案

① 归属于公司普通股股东的净利润，不包括少数股东损益金额。
② 最近两年同期净利润的复合增长率，是指（第 N 年净利润 / 第 N-2 年净利润绝对值）$^{\frac{1}{2}}$-1；若分子采用第 N 年中期净利润的，分母相应为第 N-2 年同期的净利润。
③ 是指归属于公司普通股股东的期末净资产，不包括少数股东权益金额。

续上表

序号	具体情况
2	上市公司提议股东、控股股东及其一致行动人、董事、监事及高级管理人员在前 3 个月存在减持情形或者后 3 个月存在减持计划的，公司不得披露高送转方案[①]
3	上市公司存在限售股（股权激励限售股除外）的，在相关股东所持限售股解除限售前后 3 个月内，不得披露高送转方案

9.18.3 高送转相关的信息披露

高送转方案需要经过董事会和股东大会审议通过，独立董事还需要对高送转方案的合理性和可行性发表意见。

如果董事会没有通过高送转方案，单独或合计持有公司 3% 以上的股东及其一致行动人可以直接向股东大会提出议案。

9.19 上市公司定期报告的编制和披露

定期报告包括年度报告、半年度报告和季度报告。

上市公司应当在每个会计年度结束之日起 4 个月内披露年度报告，在每个会计年度的上半年结束之日起 2 个月内披露半年度报告，在每个会计年度前 3 个月、9 个月结束之日起 1 个月内披露季度报告。第一季度季度报告的披露时间不得早于上一年度年度报告的披露时间。

上市公司预计不能在规定期限内披露定期报告的，还需要及时公告不能按期披露的原因、解决方案以及预计披露的时间。

公司还需要向上交所预约定期报告的披露时间，如果需要变更披露时间的，还需要提前 5 个交易日向上交所申请变更。

9.19.1 是否需要经过审计

年度报告的财务会计报告必须经具有执行证券、期货相关业务资格的会计师事务所审计。一般情况下，半年报报告和季度报告不需要审计，但是如

① 限制上市公司用高送转方案配合股东高价减持。

果上市公司拟实施送股或者以资本公积转增股本的，所依据的半年度报告或者季度报告的财务会计报告应当审计（但是如果仅实施现金分红的，可以不用审计）。

9.19.2 如果被出具非标准审计报告，需要披露的文件

如果上市公司财务会计报告被会计师事务所出具非标准审计意见的，至少需要披露表 9.77 所列文件。

表 9.77 主要文件

序号	主要文件
1	定期报告
2	董事会对审计意见涉及事项的专项说明和决议
3	独立董事对审计意见涉及事项发表的意见
4	监事会对董事会专项说明的意见和决议
5	会计师事务所和注册会计师出具的专项说明

9.19.3 非标准审计报告的含义

非标准审计意见指的是注册会计师对财务报表发表的非无保留意见或者是带有解释性说明的无保留意见。

非无保留意见指的是注册会计师对财务报表发表的保留意见、否定意见和无法表示意见。

带有解释性说明的无保留意见指的是对财务报表发表的带有强调事项段、持续经营重大不确定性段落的无保留意见或者其他信息段落中包含其他信息未更正重大错报说明的无保留意见。

9.19.4 董事会对保留意见审计报告涉及的相关事项出具的专项说明

如果公司财务报表被会计师出具保留意见审计报告，上市公司董事会要对保留意见涉及的相关事项作出专项说明，至少要包括表 9.78 所列内容。

表 9.78　主要内容

序号	主要内容
1	保留意见涉及事项的详细情况
2	相关事项对上市公司财务报表的影响金额；如果确认影响金额不可行，要详细说明不可行的原因
3	上市公司董事会、独立董事和监事会对该事项的意见
4	消除相关事项及其影响的具体措施，预期消除影响的可能性和时间

9.19.5　董事会对否定意见或无法表示意见专项说明

如果公司财务报表被会计师出具否定意见或无法表示意见审计报告，上市公司董事会要对保留意见涉及的相关事项作出专项说明，至少要包括表 9.79 所列内容。

表 9.79　主要内容

序号	主要内容
1	否定意见或无法表示意见涉及事项的详细情况
2	相关事项对上市公司财务报表的影响金额；如果确认影响金额不可行，要详细说明不可行的原因
3	上市公司董事会、独立董事和监事会对该事项的意见
4	消除相关事项及其影响的具体措施，预期消除影响的可能性和时间

9.19.6　董事会需要对解释性说明涉及的相关事项出具的专项说明

如果财务报表被注册会计师出具了解释性说明的审计报告，上市公司董事会需要对解释性说明涉及的相关事项作出专项说明，至少要包括表 9.80 所列内容。

表 9.80　主要内容

序号	主要内容
1	解释性说明涉及事项的详细情况
2	上市公司董事会、独立董事和监事会对该事项的意见
3	如果存在其他信息重大错报或者持续经营重大不确定性段落，进一步说明消除相关事项及其影响的具体措施、预期消除影响的可能性及其时间

9.19.7 没能在规定期限内披露定期报告需要采取的停牌措施

如果上市公司未在规定的期限内披露季度报告，公司股票需要于报告披露期限届满当日停牌一天，届满日为非交易日的，于次一交易日停牌一天。

上市公司未在规定期限内披露年度报告或者半年度报告的，上市公司股票应当于报告披露期限届满日起停牌，直至公司披露相关定期报告的当日复牌。公告披露日为非交易日的，则在公告披露后的 1 个交易日复牌。

上市公司因未披露年度报告或者半年度报告的停牌期限不超过 2 个月。停牌期间，上市公司需要至少发布 3 次风险提示公告。

9.19.8 财务会计报告停牌事项

上市公司财务会计报告因存在重大会计差错或者虚假记载，被中国证监会责令改正但未在规定期限内改正的，公司股票应当停牌，直至公司披露改正后的财务会计报告当日复牌。公告披露日为非交易日的，则在公告披露后的 1 个交易日复牌。

公司因未按要求改正财务会计报告的停牌期限不超过 2 个月。停牌期间，公司应当至少发布 3 次风险提示公告。

9.20 需要发布业绩快报或业绩预告情形

如果上市公司预计年度经营业绩将出现表 9.81 所列情形之一的，需要在会计年度结束之日起 1 个月内进行业绩预告。

表 9.81　需要发布业绩快报或业绩预告情形

序号	主要内容
1	净利润为负值
2	净利润与上年同期相比上升或者下降 50% 以上
3	实现扭亏为盈

如果上市公司预计半年度和季度业绩出现表 9.81 所列三个情形之一的，公司可以自主决定是否进行业绩预告。

另外，如果上市公司被实施退市风险警示的，需要于会计年度结束之日起1个月内预告全年营业收入、净利润、扣除非经常性损益后的净利润和净资产。

9.20.1 需要发布业绩预告更正公告的情形

如果上市公司披露业绩预告后，预计本期业绩与业绩预告差异幅度达到20%以上或者盈亏方向发生变化的，应当及时披露更正公告。

9.20.2 需要发布业绩快报的情形

如果上市公司预计不能在会计年度结束之日起2个月内披露年度报告的，需要在该会计年度结束之日起2个月内披露业绩快报。

业绩快报需要披露的数据包括本期及上年同期营业收入、营业利润、利润总额、净利润、总资产、净资产、每股收益、每股净资产和净资产收益率等主要财务数据和指标。

另外，如果上市公司需要在定期报告披露前向国家有关机关报送未公开的定期财务数据，预计无法保密的，也需要及时发布业绩快报。

如果定期报告披露前出现业绩提前泄露，或者因业绩传闻导致公司股票交易异常波动的，上市公司也需要及时披露业绩快报。

9.20.3 需要发布业绩快报更正公告的情形

如果定期报告披露前，上市公司发现业绩快报与定期报告财务数据和指标差异幅度达到10%以上的，需要及时发布业绩快报的更正公告。

9.21 科创板上市公司重大资产重组

上市公司重大资产重组、发行股份购买资产的，标的资产应当与上市公司主营业务具有协同效应，有利于促进主营业务整合升级和提高上市公司持续经营能力。

只能购买控股权，不能购买参股权。

9.21.1 重大资产重组认定标准

上市公司及其控股或者控制的公司购买、出售资产，达到表 9.82 所列标准之一的，构成重大资产重组。

表 9.82 重大资产重组认定标准

序号	具体标准
1	购买、出售的资产总额占上市公司最近一个会计年度经审计的合并财务会计报告期末资产总额的比例达到 50% 以上
2	购买、出售的资产在最近一个会计年度所产生的营业收入占科创公司同期经审计的合并财务会计报告营业收入的比例达到 50% 以上，且超过 5 000 万元人民币
3	购买、出售的资产净额占上市公司最近一个会计年度经审计的合并财务会计报告期末净资产额的比例达到 50% 以上，且超过 5000 万元人民币

9.21.2 发行股份购买资产价格

科创公司发行股份的价格不得低于市场参考价的 80%。市场参考价为本次发行股份购买资产的董事会决议公告日前 20 个交易日、60 个交易日或者 120 个交易日的公司股票交易均价之一。

9.21.3 监管审核

由上海证券交易所对科创公司发行股份购买资产进行审核，并对信息披露、中介机构督导等进行自律管理。

上海证券交易所经审核同意科创公司发行股份购买资产的，报证监会履行注册程序。

中国证监会收到上海证券交易所报送的审核意见等相关文件后，在 5 个交易日内对科创公司注册申请作出同意或者不予注册的决定。

9.22 导致科创板上市公司退市的情形

如果上市公司触及上交所规定的退市情形，上交所将会对其启动退市程序。上市公司被实施退市风险警示的，在其股票简称前会标注“*ST”字样。

同主板不同的是，科创板股票被实施退市风险警示期间，并不进入风险警示板交易。

需要说明的是，如果上市公司出现不止一项导致退市风险警示的情形，则按照先触及先适用的原则实施退市风险警示、终止上市。相对应的，只有满足全部的退市风险警示的撤销条件，方可申请撤销风险警示①。

总体来说，科创板对于上市公司退市的规定相较主板、创业板更为严格，包括取消了暂停上市、恢复上市环节、退市时间缩短为两年。

9.22.1 重大违法强制退市情形

主要是表 9.83 所列的两种情形。

表 9.83 重大违法强制退市情形

序号	具体情形
1	上市公司存在欺诈发行、重大信息披露违法或者其他严重损害证券市场秩序的重大违法行为，且严重影响上市地位，主要为下面三项： （1）上市公司首次公开发行股票申请或者披露文件存在虚假记载、误导性陈述或重大遗漏，被中国证监会依据《证券法》第 189 条作出行政处罚决定，或者被人民法院依据《刑法》160 条作出有罪生效判决 （2）上市公司发行股份购买资产并构成重组上市，申请或者披露文件存在虚假记载、误导性陈述或者重大遗漏，被中国证监会依据《证券法》189 条作出行政处罚决定，或者被人民法院依据《刑法》160 条作出有罪生效判决 （3）上市公司披露的年度报告存在虚假记载、误导性陈述或者重大遗漏，根据中国证监会行政处罚决定认定的事实，导致其相关财务指标已实际触及上交所规定的退市标准
2	上市公司存在涉及国家安全、公共安全、生态安全、生产安全和公众健康安全等领域的违法行为，情节恶劣，严重损害国家利益、社会公共利益，或者严重影响上市地位，其股票应当被终止上市的情形，主要为下面两项：
2	（1）上市公司或其主要子公司被依法吊销营业执照、责令关闭或者被撤销 （2）上市公司或其主要子公司被依法吊销主营业务生产经营许可证，或者存在丧失继续生产经营法律资格的其他情形

注：《证券法》一百八十九条规定为，发行人不符合发行条件，以欺骗手段骗取发行核准，尚未发行证券的，处以三十万元以上六十万元以下的罚款；已经发行证券的，处以非法所募资金金额百分之一以上百分之五以下的

① 上市公司申请撤销退市风险警示的，需要聘请保荐机构就公司是否符合撤销退市风险警示的条件进行核查并发表明确意见。

罚款。对直接负责的主管人员和其他直接责任人员处以三万元以上三十万元以下的罚款。发行人的控股股东、实际控制人指使从事前款违法行为的，依照前款的规定处罚。

《刑法》一百六十条规定为，在招股说明书、认股书、公司、企业债券募集办法中隐瞒重要事实或者编造重大虚假内容，发行股票或者公司、企业债券，数额巨大、后果严重或者有其他严重情节的，处五年以下有期徒刑或者拘役，并处或者单处非法募集资金金额百分之一以上百分之五以下罚金。单位犯前款罪的，对单位判处罚金，并对其直接负责的主管人员和其他直接责任人员，处五年以下有期徒刑或者拘役。

9.22.2 交易类强制退市情形

上市公司出现表 9.84 所列情形之一的，上交所会终止其股票上市。表 9.85 中的交易日，不包含公司股票停牌日和公司首次公开发行股票上市之日起的 20 个交易日。

表 9.84 交易类强制退市情形

序号	主要情形①
1	通过上交所交易系统连续 120 个交易日实现的累计股票成交量低于 200 万股
2	连续 20 个交易日股票收盘价均低于股票面值
3	连续 20 个交易日股票市值均低于 3 亿元
4	连续 20 个交易日股东数量均低于 400 人

针对表 9.84 中的第 1 项，上市公司出现连续 90 个交易日（不包含公司股票停牌日）通过上交所交易系统实现的累计股票成交量低于 150 万股的，需要在次一交易日发布公司股票可能被终止上市的风险提示公告，其后每个交易日披露一次，直至自上述起算时点起连续 120 个交易日（不包含公司股票停牌日）内通过上交所交易系统实现的累计成交量达到 200 万股以上或者上交所作出公司股票终止上市的决定之日止（以先达到的日期为准）。

针对表 9.84 表中的第 2 项、第 3 项和第 4 项，上市公司连续 10 个交易日（不包含公司股票停牌日）出现表 9.85 情形之一的，需要在次一交易日发布公司股

① 证券市场出现重大异常波动等情形的，上交所可能会调整相应指标。

票可能被终止上市的风险提示公告，其后每个交易日披露一次，直至相应的情形消除或者上交所作出公司股票终止上市的决定之日（以先达到的日期为准）。

表 9.85　具体情形

序号	具体情形
1	每日股票收盘价均低于股票面值
2	每日股票市值均低于 3 亿元
3	每日股东数量均低于 400 人

另外，上市公司出现表 9.85 中情形之一的，其股票需要自情形出现的次一交易日起停牌。

上交所自公司股票停牌之日起 5 个交易日内，会向公司发出拟终止其股票上市的事先告知书。

9.22.3　财务类强制退市和被实施退市风险警示情形

上市公司出现表 9.86 所列情形之一，明显丧失持续经营能力，达到上交所规定标准的，上交所将对其股票启动退市程序。

表 9.86　主要情形

序号	主要情形
1	主营业务大部分停滞或者规模极低
2	经营资产大幅减少导致无法维持日常经营
3	营业收入或者利润主要来源于不具备商业实质的关联交易
4	营业收入或者利润主要来源于与主营业务无关的贸易业务

上市公司出现表 9.87 所列情形之一的，上交所对其股票实施退市风险警示。

表 9.87　主要情形

序号	主要情形
1	最近一个会计年度经审计的扣除非经常性损益之前或者之后的净利润（含被追溯重述）为负值，且最近一个会计年度经审计的营业收入（含被追溯重述）低于 1 亿元
2	最近一个会计年度经审计的净资产（含被追溯重述）为负值

需要说明的是，上市公司营业收入主要来源于与主营业务无关的贸易业务或者不具备商业实质的关联交易，公司明显丧失持续经营能力的。上交所在计算上表中的营业收入指标时，可能会扣除相应营业收入数据。

如果以市值标准第五项上市（预计市值不低于人民币 40 亿元，主要业务或产品需经国家有关部门批准，市场空间大，目前已取得阶段性成果。医药行业企业需至少有一项核心产品获准开展二期临床试验，其他符合科创板定位的企业需具备明显的技术优势并满足相应条件一称为研发型上市公司），自上市之日起第 4 个完整会计年度才适用本节中提到的规定。

另外，研发型上市公司主要业务、产品或者所依赖的基础技术研发失败或者被禁止使用，且公司无其他业务或者产品符合市值标准第 5 项要求的，上交所也会对其股票实施退市风险警示。

9.22.4 规范类强制退市情形

公司股票终止上市后，公司或其代办机构需要在终止上市后的 10 个工作日内到中国证券登记结算有限责任公司办理证券交易所市场的退出登记手续。规范类强制退市情形见表 9.88。

表 9.88 规范类强制退市情形

序号	主要情形
1	因财务会计报告存在重大会计差错或者虚假记载，被中国证监会责令改正但公司未在规定期限内改正，此后公司在股票停牌 2 个月内仍未改正
2	未在法定期限内披露年度报告或者半年度报告，此后公司在股票停牌 2 个月内仍未披露
3	因信息披露或者规范运作等方面存在重大缺陷，被本所责令改正但公司未在规定期限内改正，此后公司在股票停牌 2 个月内仍未改正
4	因公司股本总额或股权分布发生变化，导致连续 20 个交易日不再具备上市条件，此后公司在股票停牌 1 个月内仍未解决
5	最近一个会计年度的财务会计报告被会计师事务所出具无法表示意见或者否定意见的审计报告
6	公司可能被依法强制解散
7	法院依法受理公司重整、和解和破产清算申请

如果公司或其代办机构未在规定时间内办理退出登记手续，中国证券登记结算有限责任公司在公司终止上市 10 个工作日后，将科创板股票持有人名册等证券登记相关数据发送给公司。

第 10 章

本书主要参考法律法规

本书内容主要参照如下法律法规整理编写。

10.1 中国证监会出台的法规

法规名称	出台或最新修正时间
科创板上市公司重大资产重组特别规定（〔2019〕19 号证监会公告）	2019 年 8 月 23 日
上市公司分析所属公司境内上市试点若干规定（征求意见稿）	2019 年 8 月 23 日
公开发行证券的公司信息披露内容与格式准则第 41 号——科创板公司招股说明书（证监会公告〔2019〕6 号）	2019 年 3 月 1 日
公开发行证券的公司信息披露内容与格式准则第 42 号——首次公开发行股票并在科创板上市申请文件（证监会公告〔2019〕7 号）	2019 年 3 月 1 日
修改上市公司章程指引的决定（证监会公告〔2019〕10 号）	2019 年 4 月 17 日
首发业务若干问题解答（一）	2019 年 3 月 25 日
首发业务若干问题解答（二）（〔2019〕10）	2019 年 3 月 25 日
公开发行证券的公司信息披露编报规则第 24 号——科创板创新试点红筹企业财务报告信息特别规定	2019 年 3 月 7 日
科创板首次公开发行股票注册管理办法（试行）	2019 年 3 月 1 日
科创板上市公司持续监管办法（试行）（〔2019〕8 号）	2019 年 3 月 1 日
上海证券交易所设立科创板并试点注册制的实施意见（证监会令〔2019〕第 153 号）	2019 年 1 月 30 日
公开发行证券的公司信息披露内容与格式准则低 40 号 - 试点红筹企业公开发行存托凭证并上市申请文件（证监会令〔2018〕第 154 号）	2018 年 11 月 19 日
上市公司治理准则	2018 年 9 月 30 日
上市公司股权激励管理办法（〔2018〕15 号）	2018 年 8 月 15 日
首次公开发行股票并上市管理办法的规定	2018 年 6 月 6 日
上市公司创业投资基金股东减持股东的特别规定	2018 年 6 月 2 日
公开发行证券的公司信息披露编报规则第 19 号——财务信息的更正及相关披露（〔2018〕29 号）	2018 年 4 月 27 日
信息编报规则 14 号——非标准审计意见以及涉及事项的处理	2018 年 4 月 19 日

续上表

法规名称	出台或最新修正时间
发行监管问答——首次公开发行股票申请审核过程中有关中止审查等事项的要求（证监会令〔2017〕第 148 号）	2017 年 12 月 7 日
证券发行上市保荐业务管理办法（证监会令〔2017〕第 141 号）	2017 年 12 月 7 日
发行监管问答——关于首发企业中创业投资基金股东的锁定期安排（〔2018〕4 号）	2017 年 6 月 2 日
私募基金监管问答——关于首发企业中创业投资基金股东的认定标准	2017 年 6 月 2 日
上市公司重大资产重组管理办法（〔2018〕7 号）	2016 年 9 月 8 日
公开发行证券公司信息披露内容与格式准则第 1 号 - 招股说明书	2016 年 1 月 1 日
上市公司监管指引第 2 号——上市公司募集资金管理和使用的监管要求	2015 年 10 月 12 日
关于在上市公司实施员工持股计划试点的指导意见（证监会令 137 号）	2015 年 10 月 12 日
上市公司收购管理办法	2014 年 10 月 23 日
私募投资基金监督管理暂行办法	2014 年 8 月 21 日
关于上市公司实施员工持股计划试点的指导意见（证监会令 127 号）	2014 年 6 月 20 日
关于首次公开发行股票并上市公司招股说明书财务报告审计截止日后主要财务信息及经营状况信息披露指引（证监会公告〔2015〕32 号）	2014 年 1 月 22 日
上市公司监管指引第 4 号——上市公司实际控制人、股东、关联方、收购人以及上市公司承诺及履行	2013 年 12 月 27 日
关于进一步推进新股发行体制改革的意见	2013 年 11 月 30 日
北京证监局拟上市公司辅导工作监管指引（证监会令 108 号）	2011 年 10 月 25 日
上市公司董事、监事和高级管理人员所持本公司股份及其变动管理规则（证监会令 105 号）	2007 年 4 月 5 日
公开发行证券信息编报规则——非经常性损益（证监会公告〔2014〕33 号）	2007 年 2 月 2 日
国有控股上市公司实施股权激励试行办法（证监会公告〔2013〕45 号）	2006 年 9 月 30 日
关于规范境内上市公司所属企业到境外上市的通知（证监会公告〔2013〕55 号）	2004 年 7 月 21 日
关于在上市公司建立独立董事制度的指导意见（〔2013〕42 号）	2001 年 8 月 16 日

10.2 上海证券交易所出台法律法规

法规名称文号	出台或最新修正时间
上海证券交易所科创板上市公司重大资产重组审核规则（征求意见稿）（上证公告〔2019〕42 号）	2019 年 8 月 23 日
科创板上市公司信息披露工作备忘录第四号——股权激励信息披露指引（包括公告模板）（上证函〔2019〕1163 号）	2019 年 7 月 12 日
科创板上市公司信息披露工作备忘录第八号——融资融券、转融通相关信息披露要求（包括公告模板）（上证函〔2019〕1163 号）	2019 年 7 月 12 日
科创板上市公司信息披露工作备忘录第二号——信息报送及资料填报业务指南（包括公告模板）（上证函〔2019〕1163 号）	2019 年 7 月 12 日
科创板上市公司信息披露工作备忘录第六号——业务操作事项（包括公告模板）（上证函〔2019〕1163 号）	2019 年 7 月 12 日
科创板上市公司信息披露工作备忘录第七号——年度报告相关事项（包括公告模板）（上证函〔2019〕1163 号）	2019 年 7 月 12 日
科创板上市公司信息披露工作备忘录第三号——日常信息披露指引（包括公告模板）（上证函〔2019〕1163 号）	2019 年 7 月 12 日
科创板上市公司信息披露工作备忘录第五号——退市信息披露指引（包括公告模板）（上证函〔2019〕1163 号）	2019 年 7 月 12 日
科创板上市公司信息披露工作备忘录第一号——信息披露业务办理指南（包括公告模板）（上证函〔2019〕1163 号）	2019 年 7 月 12 日
科创板上市公司持续监管适用通用业务规则及业务指南目录（上证发〔2019〕79 号）	2019 年 7 月 12 日
关于科创板财务信息相关事项的通知（上证发〔2019〕78 号）	2019 年 7 月 8 日
上海证券交易所科创板首次公开发行股票发行与上市业务指南（上证函〔2019〕1026 号）	2019 年 6 月 21 日
科创板上市公告书格式指引（上证发〔2019〕65 号）	2019 年 6 月 8 日
科创板存托凭证上市格式指引（上证发〔2019〕65 号）	2019 年 6 月 8 日
科创板红筹公司董事声明及承诺书（上证函〔2019〕934 号）	2019 年 6 月 8 日
科创板上市公司董事声明及承诺书（上证函〔2019〕934 号）	2019 年 6 月 8 日
上海证券交易所科创板股票上市规则（上证发〔2019〕53 号）	2019 年 4 月 30 日
科创板转融通证券出借和转融券业务实施细则（上证发〔2019〕54 号）	2019 年 4 月 30 日
上海证券交易所科创板股票发行与承销业务指引（上证发〔2019〕46 号）	2019 年 4 月 16 日
上海证券交易所科创板股票公开发行自律委员会工作规则（上证发〔2019〕41 号）	2019 年 4 月 4 日

续上表

法规名称文号	出台或最新修正时间
上海证券交易所科创板股票发行上市审核问答(二)(上证发〔2019〕36 号)	2019 年 3 月 24 日
科创板投资者适当性教育（上证发〔2019〕33 号）	2019 年 3 月 19 日
科创板创新试点红筹企业财务报告信息披露指引（上证发〔2019〕32 号）	2019 年 3 月 15 日
保荐人通过上海证券交易所科创板股票发行上市审核系统办理业务指南（上证函〔2019〕436 号）	2019 年 3 月 15 日
上海证券交易所科创板企业上市推荐指引（上证发〔2019〕30 号）	2019 年 3 月 3 日
上海证券交易所科创板股票发行上市审核问答（上证发〔2019〕29 号）	2019 年 3 月 3 日
上海证券交易所科创板股票上市委员会管理办法（上证发〔2019〕19 号）	2019 年 3 月 1 日
上海证券交易所科创板上市保荐书内容与格式指引(上证发〔2019〕24 号)	2019 年 3 月 1 日
上海证券交易所科技创新咨询委员会工作规则（上证发〔2019〕20 号）	2019 年 3 月 1 日
上海证券交易所科创板股票交易风险揭示书必备条款（上证发〔2019〕27 号）	2019 年 3 月 1 日
上海证券交易所科创板股票盘后固定价格交易指引(上证发〔2019〕26 号)	2019 年 3 月 1 日
上海证券交易所科创板股票发行上市申请文件受理指引（上证发〔2019〕25 号）	2019 年 3 月 1 日
上海证券交易所科创板股票交易特别规定（上证发〔2019〕23 号）	2019 年 3 月 1 日
上海证券交易所科创板股票发行与承销实施办法（上证发〔2019〕21 号）	2019 年 3 月 1 日
上海证券交易所科创板股票发行上市审核规则（上证发〔2019〕18 号）	2019 年 3 月 1 日
上海证券交易所上市公司回购股份实施细则（上证发〔2019〕4 号）	2019 年 1 月 11 日
上海证券交易所上市公司筹划重大事项停复牌业务指引（上证发〔2018〕117 号）	2018 年 12 月 28 日
上海证券交易所上市公司可转换公司债券发行实施细则（上证发〔2018〕115 号）	2018 年 12 月 28 日
上海证券交易所高送转信息通知（上证发〔2018〕100 号）	2018 年 11 月 23 日
首次公开发行股票网上实施细则（上证发〔2018〕40 号）	2018 年 6 月 15 日
上海证券交易所上市公司创业投资基金股东减持股份实施细则（上证发〔2018〕9 号）	2018 年 3 月 2 日
上海证券交易所上市公司股东及董事、监事、高级管理人员减持股份实施细则（上证发〔2017〕24 号）	2017 年 5 月 27 日
上海证券交易所上市公司独立董事备案及培训工作指引（修订稿）（上证发〔2016〕48 号）	2016 年 9 月 30 日
上海证券交易所科创板信息披露公告类别索引表(上证函〔2016〕105 号)	2016 年 1 月 21 日
上海证券交易所员工持股计划信息披露工作指引（上证发〔2014〕58 号）	2014 年 9 月 22 日

续上表

法规名称文号	出台或最新修正时间
上海证券交易所大宗交易系统专场业务办理指南（上证函〔2014〕201号）	2014年5月15日
上海证券交易所上市公司募集资金管理办法（2013年修订）（上证公字〔2013〕13号）	2013年3月29日
上海证券交易所上市公司募集资金管理办法（上证公字〔2013〕13号）	2013年3月29日
上海证券交易所现金分红指引（上证公字〔2013〕1号）	2013年1月7日
上海证券交易所董事会议事规则（上证上字〔2006〕325号）	2006年5月12日
上海证券交易所监事会议事规则（上证上字〔2006〕325号）	2006年5月12日

10.3 其他法律法规

法律法规名称文号	出台或最新修正时间	出台单位
外商投资准入特别管理措施（负面清单）（2019）（商务部25号令）	2019年6月30日	发改委/商务部
科创板首次公开发行股票承销业务规范（中证协发〔2019〕148号）	2019年5月31日	中国证券业协会
科创板首次公开发行股票网下投资者管理细则	2019年5月31日	中国证券业协会
深证证券交易所创业板股票上市规则（深证上〔2019〕245号）	2019年4月30日	深圳证券交易所
深圳证券交易所股票上市规则（深证上〔2019〕245号）	2019年4月30日	深圳证券交易所
中华人民共和国商标法	2019年4月23日	全国人民代表大会常务委员会
科创板新试点红筹企业财务报告信息审计指引	2019年3月28日	中国注册会计师协会
全国中小企业股份转让系统终止挂牌业务指南（股转系统公告〔2019〕315号）	2019年3月8日	全国中小企业股份转让系统
全国中小企业股份转让系统做市商做市业务管理规定（试行）（股转系统公告〔2019〕141号）	2019年1月25日	全国中小企业股份转让系统
中华人民共和国公司法	2018年10月26日	全国人民代表大会常务委员会
关于进一步明确规范金融机构资产管理业务指导意见有关事项的通知	2018年7月20日	人行/银保监会/证监会

续上表

法律法规名称文号	出台或最新修正时间	出台单位
关于规范金融机构资产管理业务的指导意见（银发〔2018〕106 号）	2018 年 4 月 28 日	人行 / 银保监会 / 证监会
国务院办公厅转发证监会关于开展创新企业境内发行股票或存托凭证试点若干意见的通知（国办发〔2018〕21 号）	2018 年 3 月 30 日	国务院办公厅
全国中小企业股份转让系统股票转让方式确定及变更指引（股转系统公告〔2017〕506 号）	2017 年 12 月 23 日	全国中小企业股份转让系统
关于国有控股混合所有制企业开展员工持股试点的意见（国资发改革〔2016〕133 号）	2016 年 8 月 19 日	国务院国有资产监督管理委员会
企业国有资产交易监督管理办法（国务院国资委财政部令第 32 号）	2016 年 6 月 24 日	国资委 / 财政部
中华人民共和国证券法	2014 年 8 月 31 日	全国人民代表大会常务委员会
公司注册资本登记管理规定（工商总局 64 号文）	2014 年 2 月 20 日	工商总局
关于进一步规范党政领导干部在企业兼职（任职）问题的意见（中组发〔2013〕18 号）	2013 年 10 月 19 日	中央组织部
中华人民共和国专利法（主席令第 8 号）	2009 年 10 月 1 日	全国人民代表大会常务委员会
关于外国投资者并购境内企业的规定（商务部令 2009 年第 6 号）	2009 年 6 月 22 日	商务部
关于规范国有控股上市公司股权激励有关问题的通知（国资发分配〔2008〕171 号）	2008 年 10 月 21 日	国资委
合伙企业法	2007 年 6 月 1 日	全国人民代表大会常务委员会
中华人民共和国土地管理法	2004 年 8 月 28 日	全国人民代表大会常务委员会
划拨土地使用权管理暂行办法（国家土地管理局令〔1992〕第 1 号）	1992 年 3 月 8 日	国土部
国有资产评估管理办法（国务院令 91 号）	1991 年 11 月 16 日	国务院